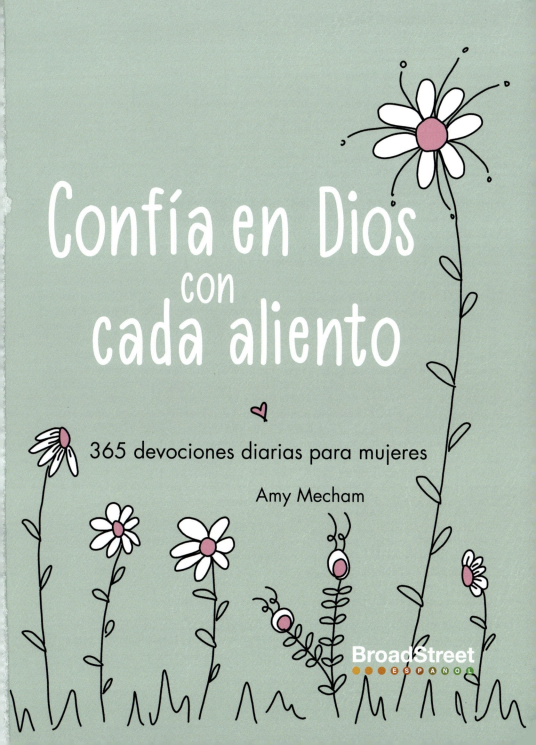

BroadStreet Publishing® Group, LLC
Savage, Minnesota, E.U.A.
BroadStreetPublishing.com

Confía en Dios con cada aliento: 365 devociones diarias para mujeres
Edición en español © 2025 por BroadStreet Publishing®
Publicado originalmente en inglés con el título *Trusting God with Every Breath: 365 Daily Devotions for Women*, © 2023 por Amy Mecham
Todos los derechos reservados.

ISBN: 978-1-4245-6964-9 (piel símil)
e-ISBN: 978-1-4245-6965-6 (libro electrónico)

Todos los derechos reservados. Ninguna parte de esta publicación puede ser reproducida, distribuida o transmitida en cualquier forma o por cualquier medio, incluyendo fotocopias, grabaciones u otros métodos electrónicos o mecánicos, sin el permiso previo por escrito de la editorial, excepto en el caso de breves citas incorporadas en revisiones críticas y ciertos otros usos no comerciales permitidos por la ley de derechos de autor.

Las escrituras marcadas como «NVI» son tomadas de la Santa Biblia, NUEVA VERSIÓN INTERNACIONAL® NVI® © 1999, 2015 por Biblica, Inc.® Usada con permiso de Biblica, Inc.® Todos los derechos reservados en todo el mundo. / Las escrituras marcadas como «NTV» son tomadas de la Santa Biblia, Nueva Traducción Viviente, © 2010 por Tyndale House Foundation. Usada con permiso de Tyndale House Publishers, Inc., 351 Executive Dr., Carol Stream, IL 60188, Estados Unidos de América. Todos los derechos reservados. / Las escrituras marcadas como «NBLA» son tomadas de la Nueva Biblia de las Américas (NBLA), Copyright © 2005 por The Lockman Foundation. Usadas con permiso. www.NuevaBiblia.com. / Las escrituras marcadas como «RVR1960» son tomadas de la versión Reina-Valera 1960® © Sociedades Bíblicas en América Latina, 1960. Renovado © Sociedades Bíblicas Unidas, 1988. Utilizado con permiso. Reina-Valera 1960® es una marca registrada de Sociedades Bíblicas Unidas, y se puede usar solamente bajo licencia. / Las escrituras marcadas como «RVC» han sido tomadas de la versión Reina Valera Contemporánea® © Sociedades Bíblicas Unidas, 2009, 2011. Todos los derechos reservados. / Las escrituras marcadas como «TLA» son tomadas de la Traducción en lenguaje actual, © 2000 Sociedades Bíblicas Unidas. Usada con permiso. / Las escrituras marcadas como «NBV» son tomadas de la Nueva Biblia Viva © 2006, 2008 por Biblica, Inc.® Usada con permiso de Biblica, Inc.® Todos los derechos reservados en todo el mundo.

Se pueden comprar ediciones en stock o personalizadas de los títulos de BroadStreet Publishing en grandes cantidades para usos educativos, comerciales, ministeriales, de recaudación de fondos o promocionales. Para obtener más información, envíe un correo electrónico a orders@broadstreetpublishing.com.

Diseño de portada e interior por Garborg Design Works | garborgdesign.com

Traducción, adaptación del diseño y corrección en español por LM Editorial Services | lmeditorial.com | lydia@lmeditorial.com con la colaboración de Yvette Fernández-Cortez (traducción) y produccioneditorial.com (tipografía)

Impreso en China / Printed in China
25 26 27 28 29 * 6 5 4 3 2 1

Bienvenida

No se trata de mí. De veras, no lo es. Todos tenemos una historia. Todos pasamos por pruebas. Estas vienen en diferentes formas. Pero esta es la única razón por la que me siento obligada a compartir: libertad. Dios quiere tomar nuestras cargas, grandes y pequeñas. Él quiere que todo sea nuevo. Sin embargo, debemos dejar que Él lo haga. Debemos pedírselo a Él.

Entonces, ¿cuál es mi historia? Así era yo hace una docena de años: una maestra en su primer año de trabajo a tiempo completo (por primera vez), un hijo rebelde y airado, una hija cuya vida pendía de un hilo, un esposo que se declaró homosexual después de veinte años de matrimonio, la muerte de un perro al que amábamos y un divorcio no deseado. Tiempo después, Dios me trajo otro esposo maravilloso. Sin embargo, la vida todavía está llena de luchas nuevas y antiguas.

Esos detalles sencillamente no importan. Lo que hacemos con nuestras pruebas es lo que nos define. ¿Somos de las que vuelven a meterse en la cama o de las que enfrentan cada momento con la fortaleza de Dios? ¿Bendecimos a Dios o maldecimos nuestra propia existencia?

Esta es la mejor parte: Dios llegó a mi vida e hizo todo nuevo. Él puede hacer lo mismo por ti. Su fidelidad nos permite mantener nuestra cabeza en alto liberando nuestro corazón para amar. A Dios le importan todas nuestras pruebas. ¿Sabes qué? Tú le importas a Él.

¿También quieres eso? ¿Confiar en Dios con todo tu ser? Pide. Ríndete ante Dios, y Él será fiel. Desde tapar mi boca con cinta adhesiva hasta sanar mi corazón, Dios ha obrado sus hazañas maravillosas en mi vida. ¡Qué hermoso es estar al otro lado! ¿Me acompañas? Tenemos mucho espacio.

Bienvenida a mi historia. Agarra una silla y sentémonos un rato. Voy a prepararte un café. Dios ya está aquí. Esperando. Él es bueno. Demasiado bueno.

Enero

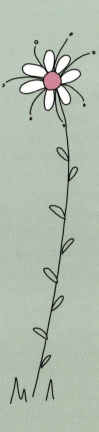

1 de enero

Los detalles de la vida

> El Señor dirige los pasos de los justos;
> se deleita en cada detalle de su vida.
> SALMOS 37:23 NTV

Dios me ha bendecido de muchas maneras. Cada vez que doy la vuelta, Él aparece. ¿Dónde? En los detalles. Está en el rostro dulce de un niño de kínder que dice: "Mi maestra es muy linda". Está en las flores que me enviaron mis queridos amigos. Está en el empleo que tengo porque Él me animó para obtener mi licencia como maestra, sabiendo que pronto la necesitaría para sostener a mi familia. Dios está en la voz de mi abuelo cuando me habla por teléfono y me pregunta si recientemente he tenido una cita amorosa. Está en la voz de mi hijo cuando me pregunta qué tal estuvo mi día. Está en el estudiante que me asegura que soy su maestra favorita de matemáticas.

Veo a Dios en todas partes. Absolutamente en todas. Sus huellas digitales están encima de todas esas pequeñeces que, a veces, damos por sentadas. Ninguna de ellas viene de mis planes o mis pensamientos. Los detales provienen de Dios y me recuerdan cuán importante soy para Él. Dios está aquí. También está contigo. Cuando Él esté en los detalles más pequeños de la vida, identifícalos. Presta atención. La provisión de Dios en los momentos de la vida diaria te llenará de alegría.

¿Cuáles son algunos de los detalles que Dios te ha dado? Piensa en eso hoy. ¿Hay algo que resalte? Piensa en la semana pasada, el mes pasado, el año pasado. Toma un cuaderno y empieza tu listado, escribe los detalles personales que Dios ha orquestado para tu vida.

2 de enero

Piezas de rompecabezas

Pero los planes del Señor se mantienen firmes para siempre; sus propósitos nunca serán frustrados.

SALMOS 33:11 NTV

¿No te parece alentador pensar sobre los detales que Dios ha puesto en tu vida? Dios, quien creó todas las cosas, te conoce. Te da pequeños regalos porque Él te presta atención. Coordina todo el panorama porque le importas mucho. Date cuenta de cómo Él lo ha colocado todo para ti. Todo. Tiene un plan, y todo lo que debes hacer es confiar en Él. ¡Vaya!, sí, es difícil, pero es todo lo que podemos hacer.

En vez de eso, algunas de nosotras optamos por preocuparnos. Nos obsesionamos por los detalles y la planificación, creamos cargas enormes para planear y ejecutar nuestro futuro. No gracias. Yo prefiero que el Dios del universo, el Creador de todo, planee mi futuro. Él conoce el principio y el final. Conoce todas mis opciones y arma mi futuro como a un rompecabezas. Solo puedo imaginar el estrés al tratar de armar cada pieza de mi rompecabezas usando mis propias fuerzas. Aparte de eso, yo ni siquiera tengo la fotografía final. Y, además, lo más probable es que habría perdido una o dos piezas; culpando a mi dulce perrito. ¿Sabes quién tiene el panorama completo de nuestro rompecabezas? Dios. Porque Él lo diseñó. Para Él eso no es un rompecabezas.

¿Ya hiciste ese listado de detalles o, por lo menos, lo has empezado? Cuando la vida te golpea, es fácil dejar que la preocupación te domine. Pero cuando tienes una lista de los detalles que Dios ha orquestado para tu vida, la fe vuelve a tomar las riendas. Busca un cuaderno bonito. Quizá hasta un bolígrafo nuevo. Reúne algunos momentos y escribe los detalles donde Dios se ha ocupado de ti. Continúa así, porque Él no ha terminado de bendecirte.

3 de enero

Confianza absoluta

Aun cuando yo pase por el valle más oscuro, no temeré, porque tú estás a mi lado. Tu vara y tu cayado me protegen y me confortan.

SALMOS 23:4 NVI

Estas palabras representan la profundidad de la confianza que debemos tener. Cuando estamos completamente en la oscuridad, sin poder ver o soportar ver qué hay ante nosotras, Dios nos toma de la mano y nos lleva a casa. Él sabe a dónde vamos. Tiene el mapa porque Él lo creó. Cuando no podemos ver, ponemos nuestra mano en la suya y dejamos que Él nos guíe. ¿Preferirías ir a tientas en la oscuridad, volviéndote histérica porque no puedes encontrar tu camino? Yo prefiero rogarle a Dios, quien creó el universo, que me guíe en *todo*. Prefiero buscar su rostro, rendirme a su voluntad y los planes para mi futuro.

Sé que Dios quiere lo mejor de lo mejor para mí. Mi gozo y mi confianza lo complacen. Él quiere bendecirme. Todo lo que debo hacer es darle una confianza absoluta. Debo *saber*, encima de la más mínima sospecha, que Dios me protege y me guiará en paz y protegida. ¡Tendrá siempre mi vida momento de oscuridad absoluta? ¿Me revelará Dios su plan para mí en algún momento? Sí. En la vida hay momentos de luz *y* de oscuridad. Dios es el mismo en cada evento de nuestra vida. Él sencillamente está a la espera para que nosotras tomemos su mano fuerte.

Ya sea grande o pequeño, Dios quiere que tomes su mano, que le permitas guiarte por su camino de paz. Mientras estés en la oscuridad, aférrate a su mano. Proponte confiar en Él en todo. Empieza ahora.

4 de enero

Andar en confianza absoluta

Pero el Señor es fiel, y él los fortalecerá y los protegerá del maligno.
2 Tesalonicenses 3:3 NVI

La oscuridad me está tragando. Se ha adueñado completamente de mi visión. Ya no puedo ver nada. ¿A dónde se fue todo? Los entornos conocidos han desaparecido. No reconozco nada. Todo está frío y mojado. El dolor de la soledad aunado con la pérdida de la visión me ha puesto de rodillas. No puedo pensar. Estoy desesperada. Estoy perdida. Estoy muriendo. En lo único que puedo pensar es en pronunciar el nombre de Jesús. Tiene que estar aquí, en alguna parte. Él prometió nunca dejarnos.

Jesús, te necesito. No puedo ver. Mi vida parece haber llegado a su fin, y el caos me abruma. No puedo respirar. Jesús… ayúdame. Siento un toque gentil en el hombro. No puedo ver quién es, pero siento su paz formando ondas a través de mi cuerpo. Siento la presencia de Dios en la oscuridad. La esperanza empieza a surgir. El temor se va. Nada puedo ver todavía, pero siento la mano de Dios sobre mi hombro, guiándome a mis pies. Puedo sentir su brazo sosteniendo el mío y mis pies al ritmo de los suyos. Su presencia gentil y su agarre fuerte y firme sueltan la atadura del temor. Todavía estoy ciega en la oscuridad, pero no me preocupa. Mi Dios está conmigo, y me llevará a donde esté protegida. Él me rodeará y protegerá. Soy su hija, y le importo.

¿Alguna vez te has sentido desesperada y necesitando la ayuda de Dios? ¿Has estado al borde de tus límites? Suéltalo. Coloca tu oscuridad en las manos de Dios. Ruégale que te rescate. Luego, confía en Él. Él promete rescatarte cuando se lo pidas. Todo lo que debes hacer es pedírselo.

5 de enero

Descansar en confianza absoluta

Encomienda al S<small>EÑOR</small> tu camino; confía en él y él actuará.

S<small>ALMOS</small> 37:5 NVI

Las cosas cambian en la vida. La imposición de los cambios nos deja sin opciones. Es como la falta de elección que tienen las hojas cuando caen de los árboles. Así como el otoño, las hojas no deciden si deben o no caer del árbol. Simplemente lo hacen. Sin embargo, Dios cuida de esos árboles. Les permite descansar durante los meses de invierno.

Eso fue lo que Dios hizo conmigo durante los momentos más oscuros de mi vida. Me dejó descansar. Sí, me mantuvo andando hacia su plan, pero fue un caminar descansado y apacible. Él se encargó de guiarme. Yo me encargué de confiar. Era una confianza absoluta porque yo no tenía ni idea de a dónde íbamos o qué estábamos haciendo. Yo sabía que necesitaba apartarme del pozo frío y mojado. La vida fue tan extraña y horrible para mí cuando mi familia se desintegró. Sin embargo, saber que estaba en la palma de la mano de Dios marcó la diferencia. Mientras lo buscaba para mi próximo aliento, Él, fielmente, me respondía. Todas y cada una de las veces. En mis propias fuerzas, nunca habría podido encontrar la salida. No tenía el mapa. Pero Dios sí.

Dios tiene tu mapa. Permite que Él lo lea por ti, descansando en el conocimiento de que Él te cuida y mucho más. Conoce el principio y el fin, y eso nos ayuda a confiarle lo que para nosotras es desconocido. Cuando lo busques para salvar tu vida, debes saber que Él te guardará fielmente en la palma de su mano.

¿Estás todavía apegada al plan que crees que va a funcionar? ¿O estás confiando en que Dios te guía en su plan?

6 de enero

Permanecer en confianza absoluta

Aunque ande en valle de sombra de muerte, no temeré mal alguno, porque tú estarás conmigo; tu vara y tu cayado me infundirán aliento.
SALMOS 23:4 RVR1960

Ahora hay una luz tenue. Todavía no sé hacia dónde vamos o qué es lo que debo hacer. Pero cuando confío en mi Dios para que me guíe por el camino de justicia, no me preocupo de a dónde me lleva. Dios me guiará a dónde Él quiera que esté. Él me dará el empleo que quiera para mí. Me dará el hombre que Él quiere para mí. Tendrá cuidado de mí y de mis hijos durante todo el camino, asegurándose de que todo está saliendo muy bien.

Confianza. Confío en Dios de todo corazón. Solamente Él nos puede sacar de la oscuridad. Solo Él nos llevará en sus brazos cuando nuestra fuerza haya desaparecido. Nos susurrará palabras de paz y amor para nuestro corazón quebrantado. Él secará nuestras lágrimas cuando nuestro corazón derrama aflicción. Dios está aquí. Está en espera de que tú confíes en Él para que pueda hacer lo mismo por ti. Todo lo que debes hacer es dejar a un lado tu yo y confiar en Él. La confianza absoluta es una confianza como nunca hayas conocido. Es el tipo de confianza que solamente sucede cuando estás espiritualmente en la oscuridad y no tienes a dónde ir. No tienes otras opciones. Pero a Dios no le importa. Él te ayuda con mucho gusto cuando quieras pedírselo. Todo lo que necesitas hacer es rendirte. Rendirte a Él y dejar que se haga cargo de lo demás. Sucederán cosas sorprendentes. Te lo aseguro.

¿Qué elegirás hoy para confiárselo a Dios? Entrégaselo. Deja que Él lo cargue por ti. Suelta el control y continúa confiando en Dios cada vez que pienses en ello.

7 de enero

Dios te restaurará

*Y después de que hayan sufrido un poco de tiempo,
el Dios de toda gracia, que los llamó a Su gloria eterna en Cristo,
Él mismo los perfeccionará, afirmará, fortalecerá, y establecerá.*

1 Pedro 5:10 NBLA

¿En serio? ¿Dios, quien creó todo, me restaurará personalmente? ¿Tanto le importó? Sí. Más de lo que nosotros podríamos saber. Estamos en sus pensamientos. Conoce el número de cabellos en nuestra cabeza. Cuando nuestras vidas están de cabeza y la vida se enreda, Dios extenderá sus brazos, nos cargará y nos restaurará. Nos completará. Cuando confiamos en Él, nos ayuda a corregir nuestros errores. Si actuamos impulsivamente en nuestra propia dirección, Dios nos dará el apoyo que necesitamos para volver a Él.

Pensé que, si nos sometíamos diariamente, los pasos equivocados serían algo del pasado. Lo sé, pero somos humanas. No somos perfectas. La clave es entregarte, rendir tu tiempo y tu vida a Dios. Cuando cometas errores, y lo harás una y otra vez, Dios será siempre fiel en guiar tu regreso a sus caminos perfectos. ¿Nos veremos iguales cuando Él haya terminado? No. Cuando Dios restaura, lo hace todo nuevo. Hace que las cosas sean aún mejor. Entonces, Dios no solo promete restaurarnos personalmente, sino que también promete hacer todo nuevo. Cuando estás en el pozo de la desesperación, aférrate a esa promesa. Todo estará bien. Dios te cuida, y Él te volverá a la vida. La vida abundante.

Inclínate ante el Dios todo poderoso y pídele que te redima guiándote a la vida eterna. Cuando rindes tu voluntad a Él, poniendo tu confianza absoluta en sus manos, Él será fiel en restaurarte.

8 de enero

Dios mide el valor

¡Eres bella, amada mía! ¡Eres sumamente bella!
Cantares 4:7 TLA

Si fueras la única persona en la tierra, Jesús habría muerto solamente por ti. Él te ama tanto así. Cuando Dios te creo, Él sonrió. Te creó exactamente como lo quería. Él no comete errores. ¿No te gusta tu cabello? ¿Tu cuerpo no está lo suficientemente bien? De todos modos, ¿qué determina lo que es estar "suficientemente bien"? ¿Qué parámetros estás usando? ¿Los del estándar de belleza mundial y constantemente cambiantes? No se puede confiar totalmente en la medida mundial de la belleza. Evoluciona con el cambio de la dirección del viento. Por un minuto, el flequillo es lo último de la moda; y al minuto siguiente, todas se lo están dejando crecer. Pantalones de mezclilla pegados a la piel o acampanados. Cabello volteado hacia afuera o rizos largos y apretados.

Podemos cambiar el color de nuestro cabello, alterar nuestros cuerpos con dieta y ejercicio, adornarnos con cualquier tipo de tela, pero no podemos hacer nada respecto a nuestra estatura, la cual fue decidida por Dios. Aparte de presumir con zapatos de tacón alto, no hay absolutamente nada más que podamos hacer. Tenemos que aceptar lo altas o bajas que somos. ¿Serías más digna de la vida y del amor si tuvieras cierta estatura? No. ¿Valdrías más si fueras talla seis en vez de talla doce? Definitivamente, no. Sí, debemos cuidar de nosotras mismas, pero tu valor no se mide por el tamaño que indica la etiqueta de tu blusa o de los números que aparecen en una balanza. Dios es quien mide tu valor, y Él te ama muchísimo. Eres perfecta ante sus ojos. Hermosa, de hecho.

¿Qué es lo que no te gusta de ti? Dios te hizo a su imagen creándote sencillamente bien. Cuida de ti misma, pero preocúpate de otras cosas. Nuestro cuerpo es temporal. Nuestra alma, no.

9 de enero

Conoce tu valor

Es más preciosa que las joyas, y nada de lo que deseas se compara con ella.
PROVERBIOS 3:15 NBLA

Ahora que recordamos lo incalculablemente valiosas que somos para Dios, ¿qué debemos hacer? Deja de comparar tu cabello o tu cuerpo con el de las demás. Desde el balcón del cielo, no importará qué talla eran tus pantalones de mezclilla. ¿Por qué desperdiciar un momento de nuestro corto tiempo en la tierra para obsesionarnos con cosas sin importancia a la luz de la eternidad? La sociedad ha aceptado la mentira de que nuestra apariencia exterior es todo. *Todo.* Y que no somos diferentes. Derramamos nuestra energía en hacernos ver mejor por fuera.

Desperdiciamos horas y años comparándonos con un estándar imposible y desperdiciamos aún más años siendo infelices por la manera en que fuimos creadas. ¿Y por qué? Nos hemos engañado a nosotras mismas en creer que nuestro valor se mide en números. Estatura. Peso. Talla de ropa. Tamaño de calzado.

Ya no más. Recupera esos años. Tu mente debe saber que eres amada tal como Dios te creó, y que ya no más permitirás que la sociedad te exija que cambies. Mantén tu cabeza en alto, y ámate de la manera que Dios te ama. En la forma en que Dios te hizo. Cada vez que un sentimiento trate de cubrirte y te haga pensar que no sirves, agradece a Dios por tu cerebro sano, por tus brazos que se mueven, tus piernas que te ayudan a caminar y tus ojos que ven.

Concéntrate en la manera en que Dios te ve: perfecta, amada, hija del Rey, una joya valiosa por la cual vale la pena morir. Jesús se encargó de tu vida eterna. Vive como si eso importa. Y sonríe, porque eres hermosa.

10 de enero

Sorpresa

Esta es la confianza que tenemos delante de Él, que si pedimos cualquier cosa conforme a Su voluntad, Él nos oye.

1 Juan 5:14 NBLA

¿Por qué nos sorprendemos cuando Dios aparece y responde nuestras oraciones? Dios promete ser completamente fiel, y que con su fidelidad viene una brecha abierta y el cambio. Entonces, ¿por qué estamos continuamente sorprendidas? ¿Falta de fe? Quizás. ¿Nos toma por sorpresa? Tal vez. ¿Recuerdas cómo es Él en sus detalles? Esos detalles pueden sorprendernos. Un regalito de Dios cae en nuestro regazo, y una sonrisa sube a nuestro rostro. Repentinamente recordamos que Él prometió estar presente.

A todas nos encantan las respuestas a nuestras oraciones. Traen un cierre. Paz. Saber lo que Dios espera de nosotras. Lo que exige de nosotros. Sus deseos para nosotros. A veces Dios llega con una respuesta dicha valientemente en tu cara por parte de la persona menos esperada. Allí es cuando te das cuenta de que Dios es poderoso. Esas veces nos hacen caer de espaldas. Dejarnos sin habla.

Nunca sabremos cuándo Dios responderá nuestras oraciones. Debemos estar listas para encontrarnos con Él ya sea que entre en el cuarto o venga con un aplauso estruendoso. Espéralo. Su tiempo oportuno, precioso y perfecto puede sorprendernos, pero Él llega cuando así lo ordena. No podemos apresurar a la vida ni a Dios. Yo sé que es difícil. Es verdaderamente doloroso no estar a cargo. Busca los detalles que te recuerdan que Dios está trabajando. Luego, cuando Él se presenta en una oración poderosamente respondida, no estaría tan sorprendida. Búscalo cada día. Él está aquí y en todas partes.

¿Te sorprende cuando Dios te ayuda? ¿Lo ves trabajando en tu vida? ¿Sigues buscando, sabiendo que Él llegará? ¿Dónde los ves hoy?

11 de enero

Confianza continua

> Y otra vez: Yo confiaré en él.
> HEBREOS 2:13 RVR1960

Rendirte ante Dios y darle cada gota de preocupación sucederá una y otra vez. ¿Por qué? Porque somos humanas y olvidamos. Nuestras mentes están entrenadas a preocuparse cuando nuestro futuro no está claro. Cuando la vida es tan clara como el lodo, nos preocupamos. Cuando no sabemos lo que va a suceder, automáticamente recurrimos a la preocupación… casi siempre. En lo personal, a mí me gusta planificar a la máxima expresión. Sí, soy una chica de detalles. Planifico las vacaciones del verano a principios del invierno. Compro anticipadamente los regalos para Navidad y para los cumpleaños. Sí, hubo una vez en que yo fui una de esas mujeres que, en un solo día, compraban la comida de todo el mes. ¿Incluyendo la fruta? Bueno, no, y tampoco llegué tan lejos como para congelar la leche, pero todo eso es parte de otra devoción.

El punto es este: muy lejos hacia el futuro, yo quiero saber qué es lo que estaré haciendo. Me gusta esta lista. Preparada para cualquier cosa. (Sí, fui parte del grupo de niñas exploradoras). No soy muy buena para las aventuras improvisadas, así que el desvío que tomó mi vida fue incómodo. Extremadamente incómodo. Eso no estaba en mis planes.

Y de esa manera empieza el patrón: crisis, clamar a Dios, pedirle que lo quite y resuelva cada problema. Él nos da fielmente la fortaleza y la paz, no necesariamente resuelve el problema. La preocupación surge nuevamente. El temor te esclaviza, y tú vuelves a estar en modo de pánico. Recuerdas a Dios y le pides nuevamente que te ayude. Él lo hace, y la paz llena tu alma de valor.

El ciclo de entregarle las cosas a Dios y retomarlas nos afecta a todos. Debemos acordarnos de dejar nuestras preocupaciones al pie de la cruz. ¿Qué acabas de darle a Dios?

12 de enero

Una y otra vez

> El Señor dice: "Te guiaré por el mejor sendero para tu vida;
> te aconsejaré y velaré por ti".
> SALMOS 32:8 NTV

Entrégale tus preocupaciones a Dios, una y otra vez. No hay otro modo. Porque la preocupación vuelve a escabullirse en tu mente por medio de tus momentos vulnerables y descubre tus temores ocultos. Cuando eso sucede, y créeme que sucederá, fija tus ojos en Jesús. Agradécele por tus detalles increíbles que son prueba de su fidelidad a ti. Agradécele por tus lecciones y por lo mucho que has crecido. Al atravesar los incendios de la vida, no salimos ilesas. Tenemos cicatrices. Cicatrices de guerra. Pero esas nos hacen más hermosas. Más reales. Más amables y cercanas a los demás.

Incluso aquellas de nosotras con una fe fuerte tienen días o momentos en que sus corazones se quiebran por la más pequeña desilusión. Está bien. Permítete esa libertad de *no* ser perfecta. Pero en esos momentos, debes reconocer la influencia maligna que quiere llevarte de regreso a ese pozo. Mantente firme y susurra el precioso nombre de Jesús. Pídele que te libre de tus cargas y preocupaciones. Dios te recompensará con paz. La paz dulce que sobrepasa todo entendimiento.

En cambio, no debes permitir que tu mente regrese a esa prisión oscura de preocupación y temor. No entretengas los pensamientos de duda o preocupación. Es imperativo que elijas la vida. Debes confiar, una y otra vez. Pide a Dios que te ayude a planificar tu año, tu día, tus todos y cada uno de tus minutos. Cada vez que la preocupación aparezca en tu cerebro cansado, vuelve a los brazos de Jesús. Él quiere eso, una y otra vez.

*¿Qué es lo que le estás dando a Jesús hoy, en este preciso minuto?
Permanece firme y continúa entregándole tus preocupaciones.*

13 de enero

Él asume la batalla

"No les teman, porque el SEÑOR su Dios es el que pelea por ustedes".
DEUTERONOMIO 3:22 NBLA

No te puedes dar el lujo de acostarte y morir. No puedes rendirte, ni tú ni tu familia, a la muerte o a la derrota. Debes luchar. Lucha como nunca has luchado. Cuando tu familia se esté hundiendo, dependen de ti. Las próximas generaciones dependen de ti. Muchas vidas cambiarán dependiendo de tu voluntad para luchar. ¿Por qué luchas? Estabilidad, libertad. Porque Dios esté siempre presente durante tus pruebas. Para vencer con la fortaleza de Dios. Para sentir su paz y una confianza profunda en Él.

La gente te observa. Sí, te están viendo. Tus hijos, amigos, los hermanos de la iglesia, las personas que conoces, la gente que no te conoce pero que sabe que tu gente está observándote. Lo sé, es un gran listado. ¿Te sientes ligeramente presionada a actuar? Bueno, una presión pequeña y un empujoncito para luchar es bueno, pero no vayas a aceptar ninguna culpa de perfección. Cuando le entregas tu causa a Dios, dejando que luche por ti, Él asume la batalla. Tú eres, sencillamente, la mensajera. No estás actuando para los demás, sino solamente para tu Dios fiel. Él nos llama a pelear por nuestras familias. Si no respondemos al llamado, ¿quién lo hará?

Luchar no es fácil. Es extenuante. ¿Pero no te tranquiliza saber que Dios está justo allí contigo? ¿De qué manera seguirás luchando por tu familia hoy?

14 de enero

La lucha vale la pena

"Nuestro Dios peleará por nosotros".
NEHEMÍAS 4:20 NBLA

Luchar por tu familia puede ser extenuante, pero vale la pena. Tu testimonio permanece. Habla más fuerte que cualquier palabra que grites desde la cumbre. Cuando la vida te abruma y tu mundo se desmorona, la gente espera que caigas; que te rindas. Cuando a cambio te levantas a luchar, la gente se da cuenta. Cuando luchas, dejando que Dios obre a través tuyo, sacando a tu familia del pozo, la gente se da cuenta. Las pruebas personales de la gente real dicen mucho.

Dios se vuelve real ante los demás cuando nosotras hablamos de su fidelidad por medio de nuestras lágrimas. Dios es real para los demás cuando nuestra carne está marcada por las pruebas de la vida. Dios es real para ellos cuando las cicatrices de la batalla están escritas en nuestros rostros proclamando el testimonio de Dios. Ni por un minuto pienses que estás luchando solo por tu familia. No, hay mucho más en juego: tu testimonio y el de Dios. Los demás estarán vigilantes para ver qué harás, cómo reaccionarás y qué hará Dios por ti. Tu lucha empieza en casa, pero su luz se extiende hasta el umbral del mundo.

Cuando luchas por la obra de Dios, eso te bendice a ti, a tu familia y al testimonio de Dios todopoderoso. Es un recorrido largo, y es imposible predecir con exactitud qué tan largo sería. Algunas de nuestras luchas duran más que otras. La preocupación puede establecerse en el momento más inoportuno. Pero anímate, la fidelidad de Dios permanecerá, y con Él a tu lado, cualquier cosa *puede* y *va* a suceder, como por ejemplo los milagros. Sal y lucha. No te rindas. Vale completa y totalmente la pena.

¿Cuál es tu testimonio? ¿Eso te da una razón para mantener tu cabeza en alto? ¿Estás decidida en que, con la ayuda de Dios, algún día tendrás un testimonio para su gloria?

15 de enero

Conversación constante

También mi lengua hablará de Tu justicia todo el día.
SALMOS 71:24 NBLA

Dios quiere todo de ti. Quiere desesperadamente ser todo para ti. ¿De qué manera empiezas a conocer lo que Él siente por ti? Conversación constante es una conversación permanente con Dios. Quizá podrías estar pensando *bromeas ¿verdad?* ¿Dios quiere saber sobre dónde dejo mis calcetas, que la puerta del garaje no sirve o sobre la trampa para ratones? ¡Sí! Él te conoce por dentro y por fuera; y quiere que tú lo conozcas de la misma manera. Tenemos la oportunidad más increíble en el mundo para buscar el rostro de Dios. Nosotros podemos convertirnos en sus acompañantes. ¡Sus acompañantes!

Mis conversaciones con Dios son interminables. Yo hablo de todo con Él. Le agradezco por bendecirme con mis seres queridos, mi trabajo, la iglesia y la abundancia de posesiones materiales, solo para empezar. Le doy gracias a Dios por cuidarme, por darme lo que mi corazón desea. Le pido que Él esté conmigo para planificar cada momento. Le pido que intervenga en varias situaciones, para guiarme por el camino que tiene para mí, y que me dé abundancia de amor por los demás.

Durante el día, me acerco a Él con varias cosas: dar gracias por esa sorpresa inesperada sobre mi escritorio o ayuda cuando empiezo a rendirme una vez más. La única manera en que puedo explicarlo es la conversación constante. Una charla interminable con mi mejor amigo. Él conoce cada uno de mis pensamientos. Está tan cerca como el viento sobre mi rostro. Sus abrazos y su paz tierna me envuelven diariamente.

¿Y tú? ¿Alguna vez hablas con Dios con más de una oración simple una vez al día? Pruébalo. Te sorprenderá cómo marca la diferencia.

16 de enero

Decepción

Alma mía, espera en silencio solamente en Dios, pues de Él viene mi esperanza.
SALMOS 62:5 NBLA

¿Por qué es que esas pequeñeces nos hacen caer al suelo completamente desesperadas? Si dependemos mucho en Dios, los problemitas incluso deberían pasar desapercibidos. Francamente, ni siquiera deberíamos notarlos. Pero lo hacemos. La vida está absolutamente llena de decepciones; sin embargo, debemos tomar cada una con reservas. Las expectativas son una espada de dos filos. Por un lado, nos llenamos de una alegría esperada. Pero al mismo tiempo, podemos derrumbarnos en un instante cuando lo que *pensábamos que* podrían suceder nunca llegó siguiera a materializarse.

¿Cómo podemos en un minuto estar felices y, tristes en el siguiente? ¿Cómo es que nuestras emociones son tan ridículamente inestables, confiando en el poder humano y olvidándose de que Dios tiene el control y es el autor de todas las cosas? ¿Cómo es posible que se nos olvide? Desafortunadamente, es muy fácil. Seguir a Jesús y rendirte ante su perfecta voluntad es un proceso constante. Morir a nosotras mismas es constante, nunca termina. Pero hay buenas noticias: si recordamos que Dios tiene el control y que nos protege, entonces podremos tomar las decepciones con calma. Reconocer que la vida estará llena de veces cuando las cosas no salen como queremos; y eso está bien.

¿Qué decepciones llenan regularmente tu corazón? ¿Cómo reaccionas? Devuélveselo a Dios. Incluso las decepciones más pequeñas. Porque a Dios le importan esas también le importan.

17 de enero

Cómo resolver las decepciones

*Solo Él es mi roca y mi salvación,
mi baluarte, nunca seré sacudido.*
SALMOS 62:2 NBLA

¡Ah!, la decepción. Más bien verdaderamente horrenda, ¿tengo razón? Nunca nadie ha querido ser decepcionada. Pero lo estaremos, una y otra vez. Ya que lo sabemos, ¿qué debemos hacer? ¿Cómo debemos proceder? Ora sobre tu día antes de que pongas los pies en el piso. Recuerda cuánto te ama Dios y quiere ayudarte en cada movimiento. La próxima vez que empieces a tragar la decepción, la próxima vez que tus ojos sean tentados para llenarse de lágrimas, ruégale a Dios que intervenga y que reemplace tu temor por esperanza.

Eso es verdaderamente la esencia de la decepción: el temor. Tememos que (llena el espacio en blanco) que nunca podremos mejorar o que siempre su cabeza horrible está detrás de ti. Observa las palabras *nunca* y *siempre*. Como que hinchan las cosas ¿no? Pero así es como pensamos.

En cambio, mira las cosas desde el prisma de la vida eterna. Desde el balcón del cielo, ¿tu decepción realmente importa? No, no importa. Toda decepción nos parece relevante. Pero, en verdad, en el gran plan de la vida, ¿importa? La próxima vez que enfrentes un momento de decepción, conviértelo en una sonrisa de expectativa. Dios está diciendo no a algo para poder decir sí más tarde. Y si Él nos guarda si Él quiere lo máximo para nosotras, y si tiene un plan, entonces por qué no atreverte a sonreír. Más tarde, es bueno. Más tarde, es lo mejor. Según Dios, así es.

¿Cómo decidirás reaccionar la próxima vez que la decepción te dé una bofetada? ¿Permitirás que el diablo gane al mandar tu actitud por el retrete? Mejor elige la vida.

18 de enero

Decide seguir adelante

*Confíen en Él en todo tiempo, Oh pueblo;
derramen su corazón delante de Él; Dios es nuestro refugio.*
SALMOS 62:8 NBLA

Las decepciones sucederán, muchas veces, con regularidad. Así que, haz un plan. Esa es la mitad de la batalla. ¿Estar decepcionada es aceptable? ¡Por supuesto! Es, en verdad, una emoción. Pero no te estanques allí. Siente la desilusión, pero déjala ir. Entrégasela a Dios. Vuelve diariamente a esa conversación constante. Pide a Dios que la tome, y redirige tus pensamientos hacia la siguiente tarea que tengas cerca. Cuando la decepción se escabulle en tu cerebro, deséchala. Lee el listado de detalles que hiciste. Acuérdate de cuán maravillosa es realmente tu vida.

El peligro proviene de permanecer en la insatisfacción. Al consumir tu mente con la decepción, tus emociones caen en el pozo. Te vuelves un caos, y todo en la vida cae repentinamente en una luz negativa. Ahora tu vida entera parece estar en el retrete. Una vez que caes en el pozo de la desesperación, es muy difícil escalarlo para salir. Es la diferencia entre horas desperdiciadas *versus* momentos desperdiciados. Podemos pasar horas sintiéndonos horriblemente o permitimos un simple momento de decepción antes de decidir seguir adelante. Estar decepcionada está bien. Sucederá, así que ten un plan preparado.

Cambia tus pensamientos ante Dios. Habla con Él al respecto, pídele que te ayude. Sigue adelante. Él te protege, así que toma tu lugar. Ya sea un plato roto, la mala actitud de un hijo o un matrimonio fallido, Dios te cubre. Él sostiene tu futuro. El precio de la desesperación no vale los momentos y las horas de tu autocompasión. Confía en mí, yo le he vivido.

*¿Qué plan tienes para cuando la decepción venga sobre ti?
¿Ya hiciste un listado de los detalles de Dios o sus bendiciones?
Identifica el momento y opta por vivir en paz.*

19 de enero

Cómo esperar la perfección

Espera al Señor; esfuérzate y aliéntese tu corazón. Sí, espera al Señor.
Salmos 27:14 NBLA

¿Estás atorada en el lodo porque esperas algo perfecto? Lamento abrirte los ojos, pero esperarás durante años. Vivimos en un mundo quebrantado y nada es perfecto: ningún plan, situación o persona. Oramos una y otra vez a Dios para que nos revele su plan. Que tome los deseos de nuestro corazón y nos traiga sus bendiciones. Esperamos que Dios lea *nuestro* listado y nos dé la perfección. Esperamos hasta que Él haya complido al pie de la letra nuestro listado.

Cuando Dios te responda, podría no darte un plato perfecto. Su respuesta podría no ser exactamente como lo habías visualizado. Cambia la imagen. Pide a Dios que te llene de *su* plan. Pídele que te llene con los deseos que Él tiene para ti. El trabajo o el plan que tiene para ti podría incluir algo menor al ideal que tienes en mente. Pero debes saber que es para ti cuando Dios lo pone en tu corazón en su tiempo perfecto. A veces, terminamos esperando más de lo que queremos sencillamente porque la respuesta no es perfecta. Su respuesta no es exactamente igual a lo que está en nuestro listado. Asumimos que, si es la voluntad de Dios, todo estaré en un orden perfecto. Los cielos se abrirán y las palabras gloria y aleluya sonarán en nuestros oídos. No esperes la perfección. Ora y confía que Dios te mostrará su camino. Cuando Él entregue, asegúrate de estar en casa. De lo contrario, te lo perderás y estarás preguntándote por qué nunca llegó.

¿Qué esperas? ¿Está eso en tu listado o en el de Dios? Ajusta tu listado a lo que Dios tiene para ti. Deja de esperar que todo esté perfecto antes de actuar.

20 de enero

Primera fila

> Yo te he invocado, oh Dios, porque Tú me responderás;
> inclina a mí Tu oído, escucha mi palabra.
>
> SALMOS 17:6 NBLA

Deja que Dios haga lo que va a hacer. Déjalo así. Relájate. Déjaselo todo a Él. ¿Te sientes ansiosa? Pídele a Dios que obre a través de ti. Conviértete en un vaso por medio del cual Él pueda lograr su gran propósito. Entrégale tu corazón, y también el resto de ti. Pídele que use tus manos y pies para sus propósitos. Lo único que debe hacer es estar dispuesta. ¿Cómo va Él a usar tus palabras de bendición en el corazón de una amiga? ¿Cómo usará tus manos para levantar a un niño asustado? ¿Cómo quitará el dolor de tu hijo a través de tus abrazos? ¿Puede Dios usarte? Por supuesto que sí. Eres importante. Una pieza valiosa del rompecabezas.

¿Puede Dios lograr sus propósitos sin ti? Seguro que sí, porque Él todo lo puede. ¿Pero por qué ibas a querer perderte sus bendiciones? ¿Por qué no tener un lugar en primera fila para ver sus milagros? La duda, esa es la razón. *¿Cómo podría Dios usarme? No tengo nada que dar. Solo soy una persona común, nada especial.* Deja de estar albergando mentiras acerca de tu valía. Dios te creó, y Él nunca comete errores. Cuando nos sometemos a Dios permitiéndole que nos use, sus bendiciones fluyen hacia los corazones y las almas de quienes necesitan desesperadamente un toque de Dios. Tú puedes ser ese toque. Puedes ser las manos y los pies de Jesús. ¿Qué tal si llevas una silla justo a la primera fila? Será el mejor espectáculo que hayas visto.

¿Te someterías a Dios hoy? ¿De qué manera estarías disponible para que Dios te use? Busca maneras para que Él bendiga a los demás a través de tus hábiles manos.

21 de enero

Susurros de duda

Me sacó a un amplio espacio; me libró porque se agradó de mí.
SALMOS 18:19 NVI

Un susurrar en tu oído. Todos los hemos escuchado. Mentiras susurradas en nuestro corazón y nuestra alma. *No vales nada. Jamás harás las cosas como se debe. Él no te ama realmente. Eres fea. Tu jefe sencillamente espera una oportunidad para despedirte. A tus padres no les importa. De hecho, a nadie le importas. No eres nada.* Puras mentiras… Mentiras que viene del pozo del infierno. Y aun así las creemos. Al ver las mentiras impresas, son más bien chocantes, ¿no te parece? ¿Son más creíbles como pensamientos? Tal vez. No deberían serlo. Las mentiras son mentiras en cualquier forma que estén. No deberías creer cada pensamiento que entre a tu cabeza. Compara los susurros con la verdad. ¿Vales la pena? Dios dice que sí. Vales tanto que Él murió solo por ti. ¿Es Dios fiel? Definitivamente que sí. Entonces, puedes confiar en Él; y Él es muy bueno con nosotras.

Cuando empiezas a creer los susurros de duda, tu verdad se rinde. Detente. Los susurros de duda son comunes, demasiado comunes. Antes de que te des cuenta, estarás dudando del camino mismo en el que Dios te ha puesto. Antes de que permitas que los susurros te lleven al pozo de la desesperación, combínalos con la verdad. Encuentra tu listado de los detalles que Dios fielmente ha provisto. Opta por enfocarte en ellos. Proponte enfocar tu mente para que reconozca a Dios rechazando esos susurros de mentiras. Fija tu mente en recordar la verdad de Dios que conoces profundamente en tu corazón. Cuando lo hagas, esos susurros de dudas se alejarán danzando tan rápidamente como aparecieron. ¡Puf!

¿Qué mentiras estás creyendo ahora? ¿Durante cuánto tiempo las has creído? Reconoce los susurros de duda. Mejor concéntrate en la verdad de Dios.

22 de enero

Gracia

> Gracia a ustedes y paz de parte de Dios el Padre
> y del Señor Jesucristo.
> 2 Tesalonicenses 1:3 nbla

Por definición, la gracia no se gana. Es inmerecida. Pero es lo que todas necesitamos desesperadamente. Es un manto de paz que toca nuestra alma. ¿Dónde estaríamos sin ella? Seríamos cascarones de amargura. Despreciables, si quieres saber lo que pienso realmente. Pero si esperas recibir gracia —si la anhelas porque caes constantemente— debes personalmente extenderles gracia a los demás; no solo una vez, sino siempre, constantemente. Porque no se trata de ti. No se trata de lo que hace y no mereces. La gente te fallará. Te lo garantizo.

¿Es difícil, hasta doloroso, extenderles gracia a los demás? Sí. Adolescentes malhumorados que no corresponden a tu amor. Cónyuges que no están de acuerdo con sus esposas. Compañeros de trabajo crueles. Conductores que interrumpen tu camino. Recuerda: ellos no merecen gracia de tu parte. Sin embargo, por eso Dios nos lo pide.

¿Y tú? Debes extenderte gracia a ti misma también. Cuando te equivoques, date gracia; montones de gracia. No te recrimines. En cambio, edifícate a ti misma y a los demás con gracia.

¿Qué áreas de tu vida exigen más gracia que otras?
¿Cómo puedes entregar la gracia de Dios a los demás y a ti misma?

23 de enero

Trasladarte a la gracia

Él me dijo: "Te basta con mi gracia, pues mi poder se perfecciona en la debilidad".
2 Corintios 12:9 NVI

¡Noticia de última hora! ¿Lista? Nadie es perfecto, ni siquiera uno. Tú no eres perfecta, tu esposo no es perfecto y la señora de la tienda de alimentos tampoco lo es. La decepción es de esperarse. La gente te fallará. Suponiendo que no nos estamos refiriendo al abuso (lo que, en cuyo caso, es totalmente otro asunto), la gracia debe darse a los demás con regularidad; libremente. ¿Cuánta gracia te da Dios? Tanta como la necesites. Entonces ¿cuántas veces debes darle gracia a los demás y a ti misma? Tanto como sea necesario. Eso significa mucho; probablemente más de la que estás distribuyendo ahora.

Pero no quiero. Podrías pensar que es mucho más divertido guardar resentimientos y hacer que la gente pague por haberte herido. Sí, lo sé. Yo he pasado por eso. ¿Alguna vez miras alrededor cuando estás allí? Ver esos rostros, enojo, espíritus quebrantados, tristeza, carencia de emociones, venganza… No es el lugar donde yo quisiera estar.

La próxima vez que te inviten a guardar rencor o reaccionar con enojo, prueba la gracia. Detén inmediatamente la muerte de tu cerebro e invita a Jesús a tomar el control de tus pensamientos, tus reacciones. Gracia. Solamente pronuncia la palabra, y tu cerebro empezará a enfocarse en ella. Cambia la manera de pensar, extiende gracia, y simplemente te sorprenderás de la paz que hay en tu corazón. Dejemos de vivir en la Calle del Enojo y la Avenida de la Autocompasión. Trasládate al vecindario de la Gracia. Hay mucho espacio para que puedas mudarte de inmediato. Además, he escuchado que el clima de hoy es sencillamente encantador.

¿Cómo reaccionarás la próxima vez que alguien interrumpa tu camino? ¿Alimentarás el enojo o lo dejarás ir? Cinco minutos después, tu actitud te lo indicará.

24 de enero

Seguridad

*El que habita al abrigo del Altísimo descansará
a la sombra del Todopoderoso.*
SALMOS 91:1 NVI

¿Acaso no te gusta arroparte con una sábana suave y acogedora? Especialmente cuando te sientes mal o un poco melancólica, envolverte en una sábana parece ser muy reconfortante. Es casi como si estuviéramos arropadas en seguridad y paz. Es un escape. Dios quiere envolverte con sus brazos de amor, segura bajos sus alas.

Salmos 91:4 declara: "Con sus plumas te cubrirá y con sus alas te dará refugio" (NTV). ¿No es eso reconfortante? Eres libre de acurrucarte bajo la protección de Dios, confortable y segura. Él quiere que tú estés allí, sana y salva. Podrías estar rodeada por el desastre y el drama, pero cuando tú permanezcas en Él, tu corazón estar en paz. ¿Por qué? Porque Él te cuida. Tu alma halla refugio en Él. Su presencia enturbia tu enfoque en el drama. Busca a Dios por tu seguridad. ¡Habla sobre sentirte segura! Él te sostiene en la palma de su mano. No hay otro mejor lugar donde estar.

*¿Cómo permanecerás en Él, sana y salva del caos de este mundo?
Imagínate a ti misma protegida por el Dios todopoderoso. Porque lo estás.*

25 de enero

La ayuda va en camino

> Pero el amor del Señor es eterno y siempre está con los que le temen;
> su justicia está con los hijos de sus hijos, con los que cumplen su pacto
> y se acuerdan de sus preceptos para ponerlos por obra.
>
> Salmos 103:17-18 NVI

Ya que Dios nos protege y conoce cada uno de nuestros pensamientos, cada una de nuestras necesidades y todo lo que desea nuestro corazón. ¿Alguna vez has pensado en el hecho de que su ayuda ya está en camino, incluso antes de que pensemos en nuestra necesidad? Antes de que doblemos nuestras rodillas en oración, su respuesta ya está en camino, llegando en su tiempo perfecto. No en el nuestro, sino en el de Dios. Él está enviando inesperadamente cosas maravillosas. Nos redime. Nos trae bendiciones en todos los lugares correctos.

Él pone las cosas en marcha antes de que nosotras pronunciemos nuestra primera oración. Él conoce el principio desde el final. Si tu corazón descansa verdaderamente en el corazón de Dios, puedes estar segura de que la ayuda está en camino. Ha estado viniendo desde que Dios pensó en ella. Él lo sabe todo. Sabe lo que es mejor. Te ama locamente. Cuando oras y confías en la provisión de Dios, está pendiente de la llegada de la ayuda; y sonríe. Porque ya está en camino.

¿Qué le has confiado a Dios? Sonríe, porque Él está a cargo de eso y más.

26 de enero

Sí, Dios, te escucho

Pues él satisface al sediento y al hambriento
lo llena de cosas buenas.
SALMOS 107:9 NTV

A veces siento que Dios me habla animándome a que, una vez más, confíe y descanse en Él. *Todavía estás llevando las riendas. Todavía quieres controlar*, me dice. Cada vez que surge un problema en el horizonte, yo acudo a la preocupación en lugar de confiar. Sí, el vehículo necesita llantas y frenos nuevos. En vez de encontrar con calma el tiempo para comprarlos, dejo que el asunto crezca a ser un problema más grande. *Y yo resolví tu problema, ¿o no?* Siento que Dios me lo está recordando. *Te mandé ayuda. Me encargué de los detalles. Te estoy trasladando exactamente a donde quiero que estés. Abriendo las puertas completamente y cerrando de golpe la que dejaste atrás. Relájate.*

El conoce el principio desde el final, y está contigo en cada paso del camino. Cuando tu mente empiece a enfocarse en lo desconocido, detente, mira hacia atrás. ¿Acaso Dios no te ha resuelto cosas hasta ahora? Él no te ha traído hasta aquí solo para dejarte varada al lado de una carretera desolada. Eres amada y cuidada. Dios te creó para su gloria y para que fueras una bendición para los demás. No hay manera de que puedas reflejar el amor de Dios ante los demás si estás vestida en temor. Desecha esa vestimenta fea y camina con Él. *Confía en mí*, dice el Señor. *Yo encenderé tus pasos y haré que tu rostro brille maravillado.* Hay cosas buenas reservadas para ti. Suelta las riendas. Deja que Él las levante por ti. Ustedes están juntos en todo esto.

¿Todavía tienes en tus manos las riendas de tu vida? ¿Podrías echar fuera al miedo si en vez de eso te vistieras con la paz de Dios?

27 de enero

Maternidad

Abre su boca con sabiduría, y hay enseñanza de bondad en su lengua.
PROVERBIOS 31:26 NBLA

En la quietud de mi corazón, Dios me recuerda gentilmente de cómo sus huellas están sobre toda mi vida. Veo a mi alrededor y lo veo a él. Desde que era pequeña soñaba con mi futuro, quería la vida que tengo ahora. Quería tener un montón de hijos y un hogar, y crear un refugio para mi familia en este mundo trastornado. Quería llenarlos con el amor de Dios, cubriéndolos de la cabeza a los pies. Quería guiarlos por el camino de la vida y besarlos con gracia cuando cayeran. Soñaba en leerles historias mientras nos acurrucábamos en el sofá y con hornear juntos cantidades de galletas deliciosas. Quería hacerles a mis hijos sabanitas acogedoras, danzar con ellos con la música a todo volumen y reír hasta que lloráramos. Estoy muy agradecida con Dios, porque me ha dado exactamente los deseos de mi corazón maternal.

¿La vida es fácil? Para nada. ¿Ha estado Dios siempre allí? Desde risitas hasta la limpieza de desórdenes repugnantes, Él ha estado allí. En cada paso del camino. En cada uno de los pasos. Sé que estoy muy lejos de ser perfecta. Nosotras, las mamás, somos las primeras en admitir que no tenemos todas las respuestas. Sin embargo, en nuestros corazones están aquí. Los llevamos en nuestras mangas. Amamos y nutrimos tratando lo más que podamos para hacer de nuestros hogares los lugares más seguros en todo el mundo. Y cuando vemos en retrospectiva el ser madres, no recordamos cómo fallamos en lavar cada plato o secar cada lágrima. En cambio, nos reímos de todos esos recuerdos.

¿Qué recuerdos te hacen reír? Incluso, si no eres madre, ¿de qué sonríes al ver los años de tu niñez? Dios es muy bueno en darnos madres.

28 de enero

Éxito materno

Está atenta la marcha de su hogar y el pan que come no es fruto del ocio.
PROVERBIOS 31:27 NVI

En vez de medir tu éxito como mamá contra los estándares imposibles del mundo; en vez de ver a las demás y comparar tus errores con sus éxitos, descansa en la quietud de tu alma. Debes saber que dar lo mejor de ti es suficiente. Dios te escogió para ser la madre de tus hijos. Sí, a ti. Él no comete errores, ¿recuerdas?

Cuando decides buscar los detalles preciosos de Dios, cuando abres tus ojos y miras verdaderamente a lo que te rodea, verás las bendiciones de Dios hablándote a gritos. Tus hijos, tu hogar, tus seres queridos las ven. Incluso si eres soltera, tus detalles te los da Dios personalmente: tu espacio, tu trabajo y tu familia.

Dios te observa. Él ve tus luchas y las lágrimas en el rabillo de tus ojos. Él siente tu incertidumbre como mamá. Allí es justo donde quiere que estés, dependiendo de Él. Tal como tus hijos dependen de ti para existir, dependes de Dios para recibir sabiduría y fortaleza. Su provisión es interminable, y Él está aquí para cuidarte. Él levanta a las madres con sus manos fuertes. Permite que Él te ayude. Entrégale el millón de rocas que cargas y descansa sabiendo que Él te protege. Y, recuerda sonreír porque eres hermosa, de hecho, absolutamente deslumbrante.

Recuerda que Dios te observa. Te ve y le importas profundamente. Cada día, recuerda pedirle que te llene como solo Él puede hacerlo. Como mamá, lo necesitas.

29 de enero

Un corazón de gratitud

*Te daré gracias, Señor mi Dios, con todo mi corazón,
y glorificaré Tu nombre para siempre.*
SALMOS 86:12 NBLA

Es fácil agradecerle a Dios cuando los tiempos son buenos. Levantamos nuestras manos hacia el cielo agradeciendo al creador de todo. ¿Qué hay de cuando la vida se pone fea? Cuando tu vida choca con un reductor de velocidad y te caes, ¿qué pasa entonces? ¿Todavía se te pide que des gracias durante esos meses de invierno? Sí. Cuando Dios coloca un túmulo en tu camino, agradécele por darte instrucciones al respecto. Cuando Dios te traslada firmemente de un empleo a otro, agradécele por rescatarte. Cuando Dios te levanta, colocándote en una vida completamente distinta, agradece su protección. No tienes idea de qué te está protegiendo Dios cuando Él cambia tu dirección. Él lo sabe todo y está mucho más consciente de lo que te imaginas.

Cambia tu perspectiva. Empieza agradecerle por las tormentas en tu vida. Las tormentas son cuando Dios se manifiesta en formas poderosas. Por supuesto, Él también está contigo en los momentos soleados; solo que es más difícil verlo trabajar. Cuando la vida es como un velero en aguas tranquilas, tú no necesitas tanto de Dios. La dependencia en ti misma puede aumentar. Sin embargo, durante las tormentas, las pequeñas explosiones de gloria son obvias y llenan de esperanza tu corazón agradecido. Cultiva un corazón de agradecimiento. Comunica con regularidad tu gratitud durante tu conversación constante con Él. Tu actitud cambiará, y la paz volverá a tu alma. Dios tiene un plan. Él te lo revelará a su debido tiempo. Mientras tanto, agradécele. Porque le debemos todo. Todo.

¿Qué puedes agradecerle a Dios hoy? ¿Cómo cambia tu perspectiva de refunfuñar a agradecer por su protección sobre ti?

30 de enero

Egoísmo

*Aun a los niños se les conoce por su modo de actuar,
si su conducta es o no pura y recta.*
PROVERBIOS 20:11 NTV

Me enfrento cara a cara con el egoísmo en mi clase. Rebeldía absoluta en estado avanzado, de veras. Fue feo, superfeo. Gritó en mi cara exigiendo atención, demandando que yo complaciera sus caprichos egoístas. Cuando me negué, la reacción no fue muy bonita. Los múltiples testigos vieron cómo no se actúa. Vieron cuán tonto se veía exigir ofensivamente los deseos de uno. En cuando a mí, estaba agradecida de que ese niño era mío solo durante el día escolar.

Pero luego entendí: el egoísmo es malo en cualquier manera. ¿Soy muy distinta al niño en mi clase cuando pongo mis propias necesidades antes que a los demás? Mis exigencias podrían no ser tan bulliciosas y ofensivas. Y cuando no me salgo con la mía, yo nunca grito. Sin embargo, a veces soy egoísta. Y eso está mal.

Es difícil complacer continuamente las necesidades de los demás antes que las propias. Como padres, sabemos muy bien cuán poco tiempo tenemos para nosotros mismos; un tiempo preciado. Pero la próxima vez que te interrumpan por las necesidades de alguien más, no tengas una reacción instantánea para enojarte. Desbórdate. Porque con la fuerza de Dios, nunca quedarás vacía. Dios te mantendrá en perfecta paz cuando tu mente esté enfocada en Él.

*¿En qué formas eres egoísta? Busca un momento a solas con Dios.
Él te ayudará con tus prioridades; porque el egoísmo es asqueroso.*

31 de enero

Esperar

El Señor cumplirá sus planes para mi vida.
Porque tu gran amor, Señor; es para siempre.
SALMOS 138:8 NBV

Esperar. Esa palabra no me gusta realmente. ¿A quién sí? Nuestros hijos la detestan. Cuando nos piden algo y decimos: "espera", generalmente sus rostros decaen porque ellos simplemente lo saben. La sociedad compra vehículos por medio de préstamos, y nosotros compramos cosas pequeñas al crédito, si dudarlo. ¿Por qué? Porque queremos las cosas ahora mismo. Sencillamente, no podemos esperar para ahorrar el dinero. Es similar cuando estamos obligados a esperar para que la vida se desarrolle. Me viene a la mente el embarazo; nueve meses largos de espera, de expectativa. O cuando esperas por unas vacaciones planificadas. O, (suspiro) el día de tu boda.

Una cosa es esperar cuando tienes un fin a la vista, una fecha futura cuando las cosas cambiarán. La fecha en que tu bebé va a nacer. Las fechas de tus vacaciones. La fecha de tu boda. Es un asunto totalmente distinto cuando la espera implica lo desconocido. Quieres un bebé, pero todavía estás esperando en Dios. Quieres casarte, pero Dios no ha traído a la persona correcta, o estás esperando por el momento perfecto de Dios. Quieres un nuevo empleo, pero este todavía no te ha encontrado. Quieres que la vida cambie. Quieres cumplir su voluntad para tu vida, pero todavía estás en espera.

La espera puede simplemente sentirse insoportable. Esperas… ¿para qué? ¿Cuándo? La vida puede casi llegar a un alto. Cuando eso suceda, puedes acudir a ti misma o a Dios. Acudir a ti misma invita a la ansiedad, la preocupación y hasta al miedo. Recurrir a Dios invita a la paz.

¿Qué es lo que esperas? ¿Se lo has entregado completamente a Dios? ¿Descansas en su paz, confiando en que Él te traerá su plan cuando lo decida?

Febrero

1 de febrero

Esperar en paz

*Tu fidelidad permanece por todas las generaciones;
estableciste la tierra y quedó firme.*
SALMOS 119:90 NVI

Cuando esperas en la oscuridad, las emociones pueden empezar a imponer tu actitud y estado de ánimo. El miedo, la ansiedad y la preocupación pueden entrar sigilosamente en tu mente quitándote la paz de Dios. No se lo permitas. Regresa a la confianza simple. Descansa en la verdad de su Palabra. Sigue entregándole tus sueños permitiendo que Él los revele en su momento, en su tiempo perfecto. Oblígate a recordar que Dios tiene un plan. No cualquier plan, sino uno perfecto para ti y solamente para ti.

Mientras tanto, debemos esperar. Sí, lo sé, todavía no te enloquece para nada esa palabra. Hace unos años, mi familia esperó durante horas (sí, horas) por mi almuerzo del Día de la Madre. No escogeremos ese restaurante otra vez. Pero ¿sabes qué? ¡Ahora todos nos reímos y volteamos los ojos ante lo ridículo de la situación! Es chistoso *ahora* porque ya no estamos en espera. Se acabó. Así será con cualquier cosa por la que estás esperando.

Piensa en esto: Dios te ama, y te tiene presente. Espera con una sonrisa en tu rostro, sabiendo que Él tiene grandes cosas planeadas para ti. Recuéstate en sus brazos y sonríe. Dentro de poco, la espera se convertirá en un recuerdo distante. Y toda la preocupación en el mundo no marcará ni un poquito la diferencia. Toma tu paz y espera. Recuerda: cada día que esperas, estás un día más cerca de tu valiosa respuesta.

*Mientras esperas por algo que está garantizado a sucedes,
¿optarás por esperar en paz o en angustia?*

2 de febrero

Huellas invisibles

Te abriste camino en el mar, pasaste entre las muchas aguas, y no se hallaron tus huellas. Por medio de Moisés y de Aarón guiaste como un rebaño a tu pueblo.

SALMOS 77:19-20 NVI

Dios nos guía por medio de su mano y usando su plan. Su plan no siempre es lo que pensamos que Él debería hacer; sin embargo, Dios está con nosotras en cada paso del camino. Él nos guía, y nosotros no lo vemos, pero vemos sus milagros. Él obra a través de nosotras para redimir las situaciones desagradables. Él nos lleva a través de los lugares menos probables y nos guía al otro lado de forma segura.

Imagina el Mar Rojo y a los israelitas atrapados allí. Era una situación imposible ante los ojos del mundo. Sin embargo, Dios se caracteriza por hacer lo imposible. Ponte en los zapatos de los israelitas e imagina el pánico, el temor que pudo haberlos dominado dudando si Dios sabía realmente lo que estaba haciendo cuando los sacó de Egipto. Entonces, en el último minuto, Dios envió un milagro del que todavía hablamos hoy en día. Así es la vida.

Nuestra situación podría parecer completamente imposible, sin opciones y con puertas firmemente cerradas. Pero Dios se presenta de una forma poderosa. Debemos simplemente confiar en que Él está aquí y va delante de nosotras. Así es la confianza, creer en lo invisible, en lo desconocido. Las huellas dactilares de Dios están en tu vida. Sus huellas están a la par de ti. Él te protege a medida que confías en el amor constante que Él siente por ti. Búscalo hoy. Él está aquí.

¿Cómo lo buscarás hoy? Sonríe, porque Él está allí contigo. Siempre.

3 de febrero

Liderar suavemente

Dichosos los que van por caminos perfectos, los que andan conforme a la ley del Señor.
Salmos 119:1 NBV

¿Cómo guía el pastor a sus ovejas? Construyendo su confianza y guiándolas suavemente al hogar, protegiendo cada uno de sus pasos a lo largo del camino. La presencia física del pastor guía por medio del ejemplo.

¿Cómo estás guiando a tu familia? ¿Estás liderando suavemente y por medio del ejemplo, proporcionando un refugio seguro? ¿O estás punzando con un palo gigante, exigiendo obediencia? A veces, la diferencia no es tan obvia. Es tu temperamento, tus reacciones y la manera en que superas la rutina diaria lo que marca la diferencia. Eres un ejemplo de Dios para tus hijos. Su misericordia y amor debe fluir de tus labios y tus manos. Sí, Dios nos disciplina, pero sus motivos son puros. Sus caminos son perfectos. Como padres humanos, cometemos errores fallándoles a nuestros hijos con regularidad. A menos que le pidamos a Dios que nos llene de Él, dependeremos de nuestras propias fuerzas; pero puedo decirte que eso es incorrecto.

Yo quiero desesperadamente que mis hijos busquen el rostro de Dios. Que lo conozcan personal e íntimamente. Debido a que ellos ven a Dios a través de mí, yo debo dominarme a mí misma si quiero que brille la luz de Dios. Esto se resume a observar mis labios, mis manos, mis ojos. Debo ser como un pastor guiando a sus ovejas a casa, a la protección. Sin exigir una cosa mientras actúo como otra. Cuando le pedimos a Dios que se derrame en nosotros y en nuestras familias, nuestros hijos se arraigarán y producirán fruto durante los años venideros. Quizá no lo veremos durante un tiempo, pero llegará. Y será bueno.

¿Estás dejando que Dios haga brillar su luz a través de tus palabras, acciones y hechos? ¿De qué manera le permitirás que obre por medio de ti hoy?

4 de febrero

Vale la pena

Ustedes quédense quietos, que el Señor presentará batalla por ustedes.
ÉXODO 14:14 NVI

Mi amado esposo me dijo recientemente que vale la pena pelear por mí. ¡Guau! Esas palabras son poderosas y reconfortantes. Me ayudan a visualizar paz y seguridad absolutas. Representan la protección y el valor: protección contra la ira del mundo y valor porque él peleó por mí.

Luego, empecé a pensar en Dios y en cómo Él también piensa que vale la pena pelear por nosotros. ¿Sabes cómo lo sé? Jesús. Dios envió a su amado Hijo único a morir en la cruz por nosotros. ¿Por qué? Porque somos su creación. Cada una de nosotras somos su hija, su niña amada e incomparable. Según Dios, vale la pena pelear por nosotras. Somos así de valiosas, protegidas, amadas, atesoradas. ¿Me crees? Deberías.

Como una de las hijas del Rey, eres completa y totalmente amada. Dios te creo para tener una relación con Él. Quiere ser tu todo: tu confidente, tu mejor amigo. Eres valiosa. Vive como si valiera la pena pelear por ti; porque lo eres. Dios lo dice.

¿Cómo puedes recibir esta verdad? Ignora los susurros de duda o las mentiras que hay en tu cabeza; en cambio, declara la verdad escritural de Dios. Tú vales la pena.

5 de febrero

Redimida

Solo él es mi roca y mi salvación; él es mi refugio, ¡no caeré!
SALMOS 62:6 NVI

Siempre supe que Dios nos redimiría. Prometió que lo haría; y Él siempre cumple su palabra. Pero quedarse atrás viendo el desarrollo de su plan es algo distinto. Algo que sorprende. Me deja sin habla. Yo soy parte de su plan. Tú también.

Estoy impresionada por cuánto le importamos a Dios. ¿Cómo podemos saber que estamos en sus pensamientos? Por los detalles. Obsérvalos. Date cuenta de la gente que Él trae a tu vida, incluso aquellas personas que están contigo solo por un momento. El paramédico que entra rápidamente a tu casa. El empleo que te quitaron porque Dios tenía un plan muchísimo más grande en mente. La vida cómoda de la que te despojaron provocando que dependieras solamente de Dios. ¿Te guía Él por caminos desolados que no te llevan a ninguna parte? No. ¿Y qué hay de las circunstancias horribles? Él convierte las cenizas en una vida nueva. Siempre hay una razón detrás de su plan.

Sentada aquí, al otro lado, puedo atestiguar de la bondad de Dios. Él convierte tristeza en gozo, pero tú debes entregarle todo a Él. Confía en que Él te va a redimir en su tiempo perfecto. No es fácil, pero nada puedes hacer. No hay una manera posible donde puedas llevar tus propias cargas sobre tus hombros. Deja que Él se haga cargo y te muestre su redención. Luego, siéntate y vuélvete parte de la historia, parte de su plan. Tus cenizas se convertirán en una historia hermosa.

¿De qué manera Dios te está rendimiento?
¿Qué detalles te ha dado para que sepas que Él este justo allí, contigo?

6 de febrero

No te atrevas a tropezar

Pero Dios es mi auxilio. El Señor es quien me sostiene vivo.
SALMOS 54:4 NBV

¿Alguna vez te has sentido como que estás tratando demasiado duro? ¿Te sientes completamente responsable de todo? ¿Como si estuvieras sosteniendo todo y a todos por ti misma? Es inseguro ¿verdad? Un golpecito y todo se viene abajo quebrándose en millones de piececitas.

Una palabra: *basta*. Mejor, deja que Dios lo cargue todo. Él sostiene el mundo entero en sus manos; también puede sostener tu mundo. No puedes controlar las circunstancias o las reacciones de los demás. Sí, puedes hacer tu mejor esfuerzo; y deberías hacerlo. Pero deja que Dios decida los resultados. Permanece en su paz, sabiendo que Él te protege. Él lo entiende. Él está en tus manos mientras tú cuidas a tus hijos. Está en tus palabras, acciones y oraciones.

Lo sé, he dicho esto muchas veces antes. Sin embargo, todas necesitamos recordatorios ¿o no? Y aquí está: Dios lo comprende. Él está en control, tú no. Entonces, deja que Él lleve tu carga de aquello que está molestando tu mente valiosa, y sencillamente quédate quieta.

¿A qué te aferras todavía en tu vida? ¿Qué estás tratando de controlar? Suéltalo y deja que Dios obre. Su paz inundará tu alma.

7 de febrero

Alegría

Deléitate en el Señor y él te concederá los deseos de tu corazón.
Salmos 37:4 NVI

Esperar en Dios, confiar en el proceso, rendirnos y encontrar paz a lo largo del camino. Eso es contentamiento. ¿Estás contenta? ¿Tienes paz? ¿O estás llena de pensamientos de ansiedad? Qué tal si nunca, nada vuelve a cambiar en tu vida, nunca, jamás. ¿Entonces, qué? ¿Pasarías el resto de tu vida sintiéndote miserable? Tal vez. Algunas personas son así. Odian su vida y se niegan a hacer algo al respecto. ¿Qué pasaría si Dios te dijera que la vida seguirá tal como es ahora? ¿Estarías completamente decepcionada? Debo admitir que yo sí. Hay cosas que me encantaría hacer. Vivir en la playa es una de las primeras en mi listado. No te rías, lo es, pero no lograrlo no me causaría una gran decepción.

Cuando te alineas con el corazón de Dios, los deseos que pone en ti son de Él. Sin embargo, eso no quiere decir que nos da los deseos de nuestro corazón cuando los pidamos. Dios considerará cuando sea el momento perfecto para revelar su plan para ti. Mientras tanto, ¿te conformas con esperar? ¿Estás conforme en dejar que Dios sea Dios? ¿O te quejas en cada momento de insatisfacción que pasa?

Tal vez, solo tal vez, Dios te está perfeccionando en el proceso. Quizá te está enseñando a confiar. Tal vez te está probando. Pasa la prueba en caballo blanco. Luego, cuando menos lo esperes, Dios estará allí en medio de tu alegría entregándote su plan en bandeja de plata. Y el tiempo será perfecto.

¿Estás conforme con lo que Dios tiene para ti? ¿Buscas su rostro por su plan para ti, y estás conforme de esperar en Él durante el proceso?

8 de febrero

Empieza contigo

*Pero yo soy como olivo que florece en la casa del Señor.
Confío en el gran amor de Dios para siempre jamás.*
SALMOS 52:8 NBV

Todo empieza contigo. ¿Cómo responderás a lo que la vida te lanza? Cuando el estrés esté frente a ti mirándote fijamente, ¿cómo te comportarás? ¿Entrarás en pánico? ¿Te sentirás asfixiada? ¿Actuarás con malhumor? Si esa es tu reacción, tu cuerpo responderá con temor. Por lo tanto, atacarás con ira. Al menos, tu estado de ánimo estará por el piso. Pensarás que todo es imposible.

Unas épocas son peores que otras. Sin embargo, Dios tiene el control. Él es completamente capaz y se asegurará de que todos los detalles estén ordenados a mi favor; a nuestro favor. Todo lo que debo hacer es sencillamente pedirle que me ayude. Lo mismo sucede contigo. Puedes optar por permanecer o no en las promesas de Dios. Puedes elegir paz y calma en la tormenta. Si lo haces, Dios estará contigo en medio de la tormenta más pequeña; y también de las gigantes. Y cuando Él está contigo, te brinda una paz increíble. La vida puede estar en un torbellino, pero tú puedes permanecer en el centro sin desplomarte porque Dios está allí contigo.

Deja que Dios tome tus preocupaciones, ya sean grandes o pequeñas. Él se hará cargo de ellas mientras camina a tu lado. Concéntrate en sus bendiciones y en los detalles de tu vida, en los momentos increíbles que Dios te trae mientras llena el deseo de tu corazón. El gozo será tu compañía cuando andas por el sendero de la vida que Dios tiene para ti.

*¿Cómo reaccionarás a lo que la vida te lance hoy?
¿Le pedirás a Dios que te ayude llenándote con su perfecta paz,
sabiduría y fortaleza? Eso marcará toda la diferencia.*

9 de febrero

Cómo ver al amor

Ámense los unos a los otros con amor fraternal, respetándose y honrándose mutuamente.
ROMANOS 12:10 NVI

Si el amor te viera fijamente a los ojos, ¿lo verías tú? ¿Qué pasaría si pareciera distinto a lo que esperabas? ¿Puedes reconocer al amor en la manera en que llega a tocar a tu puerta? Si vistiera de una manera que no esperabas, ¿podrías ver y apreciar su calidez y ternura? ¿Cómo ves el amor? ¿En palabras de afirmación? ¿Por abrazos o un apretón de manos? ¿En un tiempo de calidad con otros, sin interrupciones? ¿En actos útiles de bondad que aligeren tu carga? ¿Un ramo de flores inesperado que decora tu mesa? La manera en que ves el amor importa. Pero no permitas que eso te atrape y nuble tu visión. Estoy hablando en serio. Digámoslo al revés. ¿Cómo das amor? ¿En la misma manera en que lo ves?

El amor se comparte en una gran cantidad de formas, pero tendemos solo a reconocerlo cuando refleja la manera en que nosotras lo damos. Podríamos no recibir un acto de bondad como amor si nosotras no demostramos amor a través de actos de bondad. Las palabras de afirmación no importan cuando nos las dice un ser querido si nosotras no valoramos las palabras como una forma de amor.

Debes poder ver todas las maneras en que el amor habla a tu corazón. Si no ves el amor, entonces búscalo de una forma distinta. Porque supongo que está allí en gran manera. Ve a buscarlo y sé bendecida. Luego, recoge el amor y entrégalo desde tu precioso corazoncito.

¿Cómo ves al amor? ¿Es la misma manera en que tú das amor?
Observa los regalos de amor de parte de tus seres queridos.
Aprécialos aun si no es lo que tú prefieres.

10 de febrero

Cómo ver a Dios

Me has dejado pasar por muchos problemas. Pero me traerás de nuevo a la vida, sacándome de las profundidades de la tierra.
SALMOS 71:20 NBV

¿Alguna vez has visto la obra de Dios? ¿Alguna vez has sido testigo del desenvolvimiento de su plan maravilloso? Respira profundo y mira a tu alrededor. Él está trabajando en los corazones de tus hijos. Está organizando tus pensamientos. Está ordenando tus pasos. Está revelando porciones de sabiduría justo cuando tú las necesitas. Está proveyendo un camino a través de la vida. Está resolviendo tus problemitas que pueden abrumar a cualquiera. Tu vida valiosa está en sus manos, y Él está mostrándote activamente el camino. Sabía que Él se haría presente. Muy por dentro de ti lo sabías. Sin embargo, aun así, permitiste que el estrés entrara en tu mente distrayéndote completamente. ¿Entendiste eso? Nosotras le permitimos al estrés que entre en nuestra mente y tome el control distrayéndonos completamente.

Oswald Chambers es uno de mis autores favoritos. He estado leyendo su devocionario durante años. Sus palabras están impregnadas de verdad, por ejemplo: "Entra en el hábito de lidiar con Dios sobre cualquier cosa. A menos de que en el primer despertar del día aprendas a abrir las puertas de par en par y dejar que Dios entre, vas a trabajar en un nivel equivocado todo el día; pero abre la puerta completamente y ora a tu Padre en secreto, y cualquier cosa pública estará marcada con la presencia de Dios".[1] Yo quiero que mi familia esté marcada con la presencia de Dios. Imagina si todas nos rindiéramos a Él pidiéndole que obre a través de nosotras cada día. Cuán bendecidas seríamos nosotras y nuestras familias; sin menciona cada uno de los demás que Dios coloque en tu camino. Yo me apunto, ¿y tú?

¿Cómo puedes entrar en el hábito de hablar con Dios acerca de todo? Toma un momento y mira cómo Él trabaja.

---

1 Oswald Chambers, "23 de agosto: La oración: elección y conflicto", *En pos de lo supremo*. (London: Simpkin Marshall, Ltd., 1941).

11 de febrero

Solo humana

Podrán desfallecer mi cuerpo y mi corazón, pero Dios es la roca de mi corazón; él es mi herencia eterna.
SALMOS 73:26 NVI

La vida, las emociones y también las expectativas son reales. Estamos obligadas a decidir en *cada* momento. ¿Vamos a escoger la vida o la muerte? ¿Vamos a preocuparnos y a obsesionarnos o le devolvemos las cosas a Dios? A veces, yo elijo la preocupación y la obsesión. Es muy natural, ¿cierto? Cuando me encuentro volviendo a la preocupación, me duele la cabeza y mis emociones están en el escusado. Estoy convencida de que la vida ya terminó (no en realidad, pero tu entiendes la idea). Luego, vuelvo a pensar en la fidelidad de Dios. Dios me protege, ¿o no? ¿Creo verdaderamente en que Él tiene en mente mis intereses; o no lo creo?

Es algo sumamente importante. Es la diferencia entre la luz y la oscuridad, la vida y la muerte. Cuando optas por creer que Dios tiene todo bajo control, tu cuerpo elige la vida. La paz entra en tu mente haciendo que tu cuerpo descanse. Cuando, en vez de eso, decides obsesionarte y mantener el control, tu cuerpo elige la muerte. Tu cuerpo se tensa y la desesperación toma el control.

Somos solamente humanas. Mientras mi mente conoce la verdad, a veces voy por el camino de la muerte y lo pago con mi falta de paz. Sin embargo, una vez que le entrego las cosas a Dios permitiendo que Él se haga cargo, la paz siempre regresa. Cada vez. Está bien cometer errores; solamente reconócelos y regresa del todo. Regresa corriendo a los brazos de Dios. Él está sonriendo, esperando para mantenerte sana y salva debajo de sus alas.

Está bien cometer errores. Admítelos, pídele a Dios que te perdone, y empieza de nuevo bajo su gracia perfecta.

12 de febrero

Obvio

Sean, pues, imitadores de Dios como hijos amados.
EFESIOS 5:1 NBLA

Señor, debería ser obvio que soy tu hija. Que paso tiempo contigo. Amoroso Jesús, por favor, dame tus ojos. Quiero ver las cosas a través de tus lentes; a través de tu filtro. Quiero ver las cosas como verdaderamente son, no como las imagino yo. Ayúdame a ver trabajar tus obras. Calla las cosas que imagino y que no vienen de ti. Permíteme ver solamente lo que tú quieras que yo vea. Y, Señor, por favor dame tus oídos. Ayúdame a escuchar solo tus pensamientos, solamente tus caminos, tus ideas, tu verdad. Filtra los ruidos que exigen mi enfoque. Silencia los pensamientos en mi mente que cuestionan las acciones y las palabras de los demás. Déjame escuchar el sonido puro del amor de ellos y el tuyo, y permíteme escuchar el mío.

Déjame ser tus manos y tus pies. Quiero bendecir a los demás de la misma manera en que me has bendecido a mí. Pon tu mano sobre mi boca cuando intente decir algo dañino. Dame las palabras que debo usar cuando tenga algo que decir. Cierra mis oídos a las mentiras y ábrelos a la verdad. Límpiame de adentro hacia afuera. Nada tengo sin ti. Pero contigo, lo tengo todo. Ayúdame a que sea obvio que tú eres mi Señor y mi Salvador.

¿Es obvio que Dios brilla a través de ti? ¿Qué puedes hacer hoy por los demás para que ellos puedan ver a Dios obrando por medio de ti? ¿Puedes siquiera ayudar a cubrir a la gente con el amor de Dios?

13 de febrero

Bendiciones y detalles

"Bendito el hombre que confía en el Señor y pone su confianza en él. Será como un árbol plantado junto al agua que extiende sus raíces hacia la corriente; no teme que llegue el calor y sus hojas están siempre verdes".

Jeremías 17:7-8 NVI

Las bendiciones son regalos de Dios. Son cosas pequeñas en tu vida que te dan gozo y te animan cuando te sientes triste. Son cosas por las que estás agradecida por iluminar tu día. Las bendiciones pueden ser cualquier cosa. Cuando piensas que a nadie le importas, te recuerdan la consideración que Dios tiene para ti. Estas son algunas de mis bendiciones: ojos risueños, ayudantes, una puerta abierta de parte de un desconocido, mi casa cómoda y tibia, el amor de mi preciosa familia, un empleo que adoro, hornear galletas usando las recetas que mi abuela escribió con su puño y letra, la música que llena el ambiente, la expectativa de un futuro hermoso y el perdón que me otorga mi Dios. Estas son las bendiciones de una rebanadita de mi vida. ¿Ya hiciste tu listado?

Los detalles en nuestras bendiciones pintan un cuadro más grande que nos revela todo lo que Dios hace por y a través de nosotras. Escribirle una nota a una amiga y enterarte de que esa nota marcó una gran diferencia para ella. Comprar una caja adicional de cereal sin darte cuenta de que la necesitabas. Continuar tu educación sin saber que tendrás que apoyarte en ella para sostener a tu familia en el futuro. Ver en retrospectiva todos los rompecabezas que Dios ha adaptado para ti. Dios nos está bendiciendo hasta dejarnos sin habla. Dales un banquete a tus ojos y bebe de su bondad. Te asombrarás de todo lo que Él hace.

Busca ese cuaderno y añade algunas de las demás bendiciones o detalles. ¿No has empezado? ¡Hoy es el día! Te aseguro que te sorprenderás y estarás más agradecida con Dios por su consideración.

14 de febrero

Eres amada

> Porque yo conozco los planes que tengo para ustedes
> —afirma el Señor—, planes de bienestar y no de calamidad,
> a fin de darles un futuro y una esperanza.
>
> Jeremías 29:11 nvi

¿Cómo te ve Dios? Como su amada, su milagro, su creación más grande. Como a alguien que vale la pena. Tus pensamientos son preciosos para Él, quien sostiene tus lágrimas en sus manos. Tus gozos lo hacen sonreír, y tu alabanza le deleita. Él está constantemente observando, esperando a tomarte de la mano para caminar contigo en cada paso. Tus cargas también son suyas. Tus penas también lo son. Tus gozos son suyos. Él te ama inmensurablemente más de lo que tú puedas posiblemente imaginar. Después de todo, eres su amada.

Dios quiere que creas que eres amada, valorada, única, formada a la perfección. Él te hizo en su imagen. Él quiere que creas que Él está para apoyarte, siempre y continuamente a tu lado. Él nunca te abandonará, jamás. Dios ha ordenado tus pasos. Tu vida está protegida en Él. Conocer cada uno de tus movimientos: tu salida y tu entrada. Nada está oculto para Él. Dios dice: *Cree en mí porque yo creo en ti.*

Repite después de mí: Dios me ama tal cual soy.
Dios está a mi lado y nunca me dejará. Jamás.

15 de febrero

Confusión

> Confía en el SEÑOR con todo tu corazón, y no te apoyes en tu propio entendimiento. Reconócelo en todos tus caminos, y Él enderezará tus sendas.
> PROVERBIOS 3:5-6 NBLA

Dios nos sorprendió con un regalo, un bebé. La promesa de una vida nueva. Estaba ansiosa y luego, emocionada cuando la idea de ser mamá se asentó en mi mente. Sin embargo, dos meses después: ¡puf! Todo cambió, me encontraba en una mar de llanto, anhelando al bebé que estaba empezando a conocer y amar. *¿Por qué, Dios? ¿Sencillamente por qué?* A veces Dios permite cosas, y nosotras no podemos entender todas las respuestas. ¿Alguna vez te ha confundido Dios? ¿Te dejó desconcertada? ¿Anonadada? ¿O tiene sentido para ti todo lo que Él permite? Yo no. Yo no puedo encontrar el sentido de algunas cosas. Quedé en un estado de confusión hasta que decidí confiar en Dios una vez más. Cuestionar está bien. Siempre y cuando, a medida en que volvemos a ver hacia atrás, nos recordemos a nosotras mismas de la fidelidad y bondad de Dios.

Sin embargo, he aprendido algunas cosas. Él me demostró amor incondicional. Me cubrió con el amor de mi familia, amigos y un esposo preciado (quien tiene la paciencia de Job). Dios me recordó cómo Él es finalmente quien tiene el control. Y me recordó que no me preocupara porque Él puede con esto. Él puede con todo. Conoce el principio y el final de mi historia. Toda mi vida está en sus manos. Y Él tiene la tuya en sus manos también. Tu vida es valiosa para Él y te ama más de lo que podrías imaginar. Confía en el con todo tu ser. Confía en él como si tu vida dependiera de ello, porque así es.

¿Tienes preguntas para Dios? Eso está bien. Sigue confiando en Él por todo, porque Él te tiene en la palma de su mano.

16 de febrero

Ira

¡Ya no sigas enojado! ¡Deja a un lado tu ira! No pierdas los estribos, que eso únicamente causa daño.

SALMOS 37:8 NTV

¿Se puede estar enojada? Sí. ¿Está bien estar molesta? Sí. ¿Está permitido estar llena de ira? Definitivamente, no. ¿Está permitido que la ira dicte mis emociones? Por supuesto que no. ¿Está bien mantenerme airada? Absolutamente, no. Hay una diferencia entre permitirte estar enojada y mantenerte airada. Cuando algo terrible sucede, está bien que te enojes. Es una emoción perfectamente natural. Jesús se enojó. Dios ha estado enojado. Está bien. Sin embargo, cuando la ira cambia de una reacción a una emoción, dictando tus acciones y estado de ánimo, no está bien. No puedes permitir que la ira gobierne tu corazón. Si la ira dicta tus acciones, eres una mala persona; no alguien que otras personas quisieran tener cerca. Si la ira gobierna tu corazón, estás amargada y llena de rabia.

La gente airada esparce su veneno a cualquiera que esté al alcance. Ellos creen que la vida es terrible y que la esperanza está perdida. Esperan vengarse, harán o dirán lo que sea que sientan en el momento. A las personas airadas no les importa si lastiman los sentimientos de los demás debido a que ellas mismas están lastimadas. Asegúrate de mantenerte en la paz de Dios, rechazando mantenerte airada.

¿Cómo has reaccionado recientemente en enojo? ¿Empezaste a permanecer en ira? No le permitas que dicte tus acciones o estados de ánimo. Mejor, pídele a Dios que te llene de su paz.

17 de febrero

La reacción del enojo

Señor, pon guarda a mi boca; vigila la puerta de mis labios.
Salmos 141:3 NBLA

La gente herida puede llegar a enojarse si permiten que la ira dicte sus emociones. ¿Acaso no es casi reconfortante estar enojadas? ¿Justificadas? Seamos sinceras. A veces es divertido estar enojada. Es una manera más placentera para planear la venganza que esperar y orar por una respuesta. ¿Quedarme callada? ¿Bromeas? Ojo por ojo, ¿cierto? Sin embargo, podemos elegir la vida o podemos elegir la muerte. Podemos elegir ser víctimas o podemos elegir vencer. Podemos optar por que la ira gobierne nuestras emociones o podemos convertirnos en un ejemplo de humildad. Cuando somos lentos para reaccionar en situaciones malas, le permitimos a Dios trabajar por medio de detalles. Él podría hacer que nosotras reaccionemos de una manera completamente distinta a la que planeábamos. Él podría hacernos usar palabras fuertes. Podría hacer que nos quedáramos observando calladamente. Haba podría usarnos como expresiones audaces de su amor. Pero nosotras nunca sabremos cómo quiere que reacciones si lo hacemos en la carne y solo como queramos.

¿Qué fue lo que Jesús decidió hacer cuando se enfrentó con la injusticia de la cruz mientras estaba frente a sus acusadores? Ciertamente, se justificaba si Jesús hubiera sentido ira. Se justificaría su frustración, si les decía a esos falsos acusadores una o dos cosas. En cambio, Él optó por quedarse callado. Si Jesús hubiera sucumbido a la ira, Él habría cambiado la historia. Cuando estamos en medio de una injusticia, podemos elegir la ira o podemos optar por ser como Jesús. Podemos elegir la vida.

¿Le permites al enojo dictar tus emociones? La próxima vez que seas tentada, piensa en Jesús frente a sus acusadores. Imita su reacción.

18 de febrero

Dios, recuérdame

Amo al Señor porque escucha mi voz y mi oración que pide misericordia. Debido a que él se inclina para escuchar, ¡oraré mientras tenga aliento!
Salmos 116:1-2 NTV

Dios escucha nuestra voz. Él oye nuestros clamores por misericordia cuando las cosas se ponen difíciles. Él quiere escucharte. Quiere ayudar. Debido a que Él siempre está listo para oír, debemos invocarlo mientras tengamos aliento. Dios ha estado y siempre estará presente para ti, andando junto a ti en todos y cada uno de los momentos. Detente y recuerda. Recuérdate a ti misma de la bondad de Dios para ti. Respira lentamente y haz una pausa. Dios tiene algo que quiere compartir contigo.

Imagina a Dios diciéndote estas palabras: *Mira todo lo que he hecho por ti. Mira hacia atrás, al lugar donde has estado. Compáralo con tu presente. ¿Cuán fiel he sido? Totalmente. Incluso hasta en el más pequeño detalle. Recuerda. Todavía estoy aquí, y siempre lo estaré. ¿Acaso no es esto lo mejor de todo?*

Cuando la vida se vuelve difícil, ¿clamas a Dios para que te ayude? Clama a Él. Él ya está contigo, preparado con su manto de paz.

19 de febrero

Escoge la vida

"Escoge, pues, la vida para que vivas, tú y tu descendencia, amando al Señor tu Dios, escuchando Su voz y allegándote a Él; porque eso es tu vida y la largura de tus días".

Deuteronomio 30:19-20 nbla

¿Alguna vez te has asombrado de la fealdad interna? ¿De las emociones que salen de tu corazón de la nada? *¿De dónde rayos salió eso? ¿Esa soy yo? ¿Soy realmente así de egoísta? ¿Soy en realidad así de insegura o celosa?* ¡Nada como la vida real para mantenerte humilde! No somos perfectas. Estamos muy lejos de serlo. Pero con Jesús, podemos elegir la vida. Cuando las emociones feas surjan, puedes optar por sacudírtelas, para pasar al otro lado con una sonrisa de oreja a oreja. El diablo quiere que estés añojada. Él quiere que tú permanezcas en el pasado o en cualquier cosa que te moleste. Quiere mantenerte atrapada allí. ¿Por qué? Porque entonces serás inútil y hundirás a otros junto contigo.

Sin embargo, cuando optas por la vida, Jesús te levanta. Esas emociones feas se evaporan. Las he visto en otros y, sí, también en mí. Parte de vivir para Dios es permitirle que obre a través de ti. Para cambiarte, para que seas testigo y para darte la llenura de vida. Deja que Él derrame su agua viva sobre ti cambiándote de adentro hacia afuera. Él hará su parte si tú haces la tuya. Pídele que te ayude a elegir la vida. Necesitarás hacerlo con frecuencia, pero Él te ayudará. Garantizado.

¿Cómo puedes optar por la vida hoy? ¿De qué manera puedes dejar que las palabras y acciones que uses produzcan vida en las demás personas hoy?

20 de febrero

Elegir la miseria

*Para el abatido, cada día acarrea dificultades;
para el de corazón feliz, la vida es un banquete continuo.*

PROVERBIOS 15:15 NTV

Conozco a alguien tan llena de amargura, ira y autocompasión que difícilmente puede funcionar. El incidente más pequeño puede provocar un torrente de pánico y temor sobre la pérdida de control de su mundito. Si la vida no sale como quiere, ella se enfada y se queja. Mide la vida bajo los lentes del disgusto. Es muy fácil de darse cuenta, incluso para los niños. O ella no reconoce la manera en que actúa o no le importa. No estoy segura de cuál de las dos opciones es la correcta. Si la culpa no funciona, trata de castigar a quienes están en su camino. Es triste. La veo y me acuerdo de cómo no debo ser. Cuando tengo miedo de perder el control ¿reacciono como ella? Cuando alguien hace algo que no me gusta ¿reacciono lanzando dardos llenos de veneno? Es una desgracia tener un símbolo de amargura como ella, pero estoy agradecida. Agradecida de poder acordarme para orar por ella. Agradecida de tener un ejemplo de *cómo no* actuar. Y agradecida de tener a Dios que me ayuda.

Desde el balcón del cielo, ¿importaría? ¿Tu amargura cubriría las bendiciones de la vida enmascarando completamente su placer? ¿Volverte tan enojada hará tu vida más rica? ¿Cuántos de los momentos más felices de la vida pasarían sin ti? Mientras estabas *tan* atrapada en tu amargura, no pudiste ver la vida hermosa que Dios te había prestado. ¿Tu enojo provocaría que tú vivieras sin haber *realmente* vivido? No elijas la miseria. En cambio, elige la vida con Dios.

¿Cómo eliges la miseria en tu vida? Cuando las cosas no salen como quieres ¿cómo reaccionas? Opta por salir del salón más bendecida que cuando llegaste.

21 de febrero

Anteojos nuevos

> El Señor es bueno. Su amor inagotable permanece para siempre,
> y su fidelidad continúa de generación en generación.
> Salmos 100:5 NTV

¿Cómo eliges ver las cosas en tu vida? ¿Las cosas feas, hermosas o las situaciones incómodas? Si ves al desafío a través de los ojos del mundo, el temor tomará el control. Tú te preocuparás, te inquietarás, estarás obsesionada sobre cada detalle. Sin embargo, si ves el mismo desafío a través de los ojos divinos, verás una oportunidad para que Dios te use, pues el control quedará en la mano de Dios. El desafío se convertirá en una bendición. *¿Una bendición?*, te preguntas. ¿Optar por dejar ir a un hijo es una bendición? ¿Buscar a través de montones de ofertas de trabajo puede provenir de Dios? ¿Elegir amar a quien no te quiere y no merezca tu amor? Sí. Porque sabes que Dios está aquí, presente contigo siempre.

Dios ama a ese niño más que tú. Tu parte es buscar la voluntad de Dios obedeciendo su plan para tu vida. Él encontrará ese empleo, te dará su amor para esa persona difícil de querer, y te proveerá de cualquier otra cosa que necesites alguna vez. Así que permíteme preguntar de nuevo: ¿Cómo eliges ver las cosas en tu vida? ¿Cómo una bendición o una maldición? ¿En temor o en fe? Debemos elegir los lentes a través de los que vemos. Eso determina cómo vemos la vida. ¿A través de qué ojos filtrarás tu vida?

¿Necesitas anteojos nuevos? ¿Están tus lentes un poco sucios o rotos?

22 de febrero

Dios es más grande

Pon en manos del Señor todas tus obras y tus proyectos se cumplirán.
PROVERBIOS 16:3 NVI

Dios es mucho más grande que todo, grande o pequeño. Las cosas que cambian la vida o las pequeñas molestias. Él es más grande que los problemas de hoy. ¿Qué quiero decir? Dios puede hacer cualquier cosa, y lo hará. Ha prometido protegerte, llevar tus cargas, guiar y dirigir cada uno de tus pasos cuando tú lo amas. Cuando una montaña parezca imposible de escalar, recuerda que Dios es más grande que cualquier montaña. Él las creó. Él puede manejarla sin titubear. Él tiene caminos alrededor de esa montaña que tú ni siquiera podrías imaginar por ti misma. Y si tienes que escalarla, Él va a cargar tu mochila llevando agua para el recorrido.

¿Qué pasaría si estás viendo a alguien a quien amas escalando su montaña? ¿Y ves caminos más fáciles, pero esa persona se niega a escucharte? Eso duele. Es difícil ver seres queridos sufriendo innecesariamente. Pero ellos deben acudir a Dios pidiéndole personalmente que los ayuden. Claro está, nosotras podemos interceder por los demás. Debemos hacerlo. Pero al final, todos tenemos la opción de seguir a Dios o no. Dios ama a nuestros seres queridos incluso más que nosotros. Puede ser difícil de creer, pero es cierto. Ya que Dios es más grande y ama a sus hijos más que nosotros, toma tu paz y descansa sabiendo que Dios puede con esto. Se fiel en tus acciones y palabras, y espera. Sucederá.

¿Estás viendo a un ser querido escalando su montaña? ¿Estás tú escalando una? Sigue confiando en Dios porque Él es más grande que cualquier montaña que tú o tu ser querido pueda enfrentar.

23 de febrero

Soberano

Ahora bien, sabemos que Dios dispone todas las cosas para el bien de quienes lo aman, los que han sido llamados de acuerdo con su propósito.
ROMANOS 8:28 NVI

Dios es soberano sobre todas las cosas. La definición de *soberano* incluye estas palabras: "autoridad suprema y permanente". Dios tiene autoridad suprema, y nunca va a desaparecer. Él sostiene el mundo en sus manos. Enfócate en esto: Dios nunca se va. Él es constante. Él sostiene el universo. Aun así, Él anhela ayudarte con todo cada día. Él quiere que le entregues tus cargas, grandes o pequeñas. Las cargas grandes incluyen mis hijos, mi empleo y mi familia. Estas son demasiado para cargarlas yo sola. Las cargas pequeñas incluyen coordinar transportación para cualquier parte que vayan los niños, planificar los días festivos y lo inesperado: intensa necesidad de comprar leche (¿a quién se le olvidó decirme que ya quedaba poca?). Las cargas pequeñas pueden transformarse fácilmente en rocas grandes si no se las entregas a Dios de inmediato.

Ya que Dios es soberano, Él arreglará nuestras cargas, ¿correcto? Bueno, sí y no. Cuando le das tus problemas, Dios toma el control incrementando tu dependencia en Él. Te dará justo la cantidad correcta de fortaleza, sabiduría y paz. ¿Resolverá de inmediato cada problema? Probablemente no. Él podría porque puede hacerlo, pero también podría usar este tiempo para pulir tu corazón haciéndote santa. Él sabe lo que es mejor. Ese conocimiento debería darte una paz incalculable. Él conoce el principio desde el final. Confía en que Él termina lo que ha empezado. Y disfruta el trayecto lo mejor que puedas, descansando en el conocimiento del amor de Dios y su interés por ti, porque Él es soberano sobre ti.

¿Qué cargas puedes colocar a los pies de Jesús?
Grandes o pequeñas, Él las tomará todas por ti.

24 de febrero

Tomar la ofensa

El buen juicio hace al hombre paciente;
su gloria es pasar por alto la ofensa.
PROVERBIOS 19:11 NVI

Normalmente, ¿hay gente que te persigue? Por lo general, ¿tus seres queridos son educados y amorosos? Quiero decir en lo profundo de tu corazón. Vamos, sigue viendo. ¿Conclusión? La gente te ama. Sabes que tengo razón. No andan tras de ti para hacerte daño. Deja de actuar como si lo estuvieran haciendo. ¿Eres tan frágil que una sola palabra puede ponerte en un mar de lágrimas? ¿Tan insegura que una mirada deshonesta, confusa o un suspiro puede arruinarte el día? ¿O enviarte a un torrente de contraargumentos explosivos? Espero que no. Pero veo eso en muchas personas. Deja de ofenderte por la más diminuta transgresión.

Elige la vida. Elige creer lo mejor de tu hijo, cónyuge o padre. No pongas a los demás en un estándar más alto del que incluso demanda tu propia conducta. No puedes comportarte mal y espera que los demás nunca te imiten. Pasa por alto las cosas de los demás porque la gente no te persigue. En vez de enfocarte solo en ti misma y en tus necesidades, pon tu atención en los demás. Sonríe y deja que las cosas te resbalen. No lo retengas, es como juntar piedras para guardarlas. Las piedras agobian. Se vuelven realmente molestas y estorban el camino. Deshazte de las piedras. Suelta la ofensa que nunca te hicieron. Déjalo todo en la cruz y toma tu lugar, porque eres amada y escogida.

¿Cómo le permites a los demás controlarte cuando no suplen tus necesidades?
¿Qué ofensa debes dejar ir para vivir en la paz que Dios tiene para ti?

25 de febrero

Resucitar

Levanto la vista hacia las montañas; ¿viene de allí mi ayuda?
¡Mi ayuda viene del Señor, quien hizo el cielo y la tierra!
SALMOS 121:1-2 NTV

No hablo de una resucitación literal. Hablo de una pena desgarradora. La pena de las profundidades de tu alma, ese tipo de muerte. ¿Por qué la vida puede ser tan dolorosa? O quizá estás muerta de otras maneras: espiritual o emocionalmente, o te has vuelto insensible. ¿Cómo logra una persona adquirir libertad de estas prisiones?

Acude a Jesús en busca de sanidad, para restauración. Suena bastante sencillo, pero este es el truco: debes acercarte a Él. Dios nos da la opción de elegirlo a Él o no. Quiere liberarnos de las épocas de dolor, pero nosotras debemos contactarlo para recibir su perdón y amor. ¿Recuerdas el hombre en la Biblia que tenía la mano atrofiada? Jesús lo sanó. Pero primero, el hombre tuvo que extender su mano. El hombre tenía que tomar la iniciativa eligiendo obedecer. Jesús dijo: "extiende tu mano". Tan pronto el hombre obedeció, Jesús lo sanó (Mateo 12:9-13).

¿Queremos resucitar las cosas muertas en nuestra vida o no? ¿Quieres que Jesús empuje las puertas abriéndolas de par en par para sacarte de las paredes de tu prisión? Solo pídelo. Está dispuesta a hacer lo que sea que Él te pida. Él será fiel en sanarte todas tus heridas. ¿Qué tan pronto? No estoy segura. Sin embargo, puedo prometerte que Dios será fiel a ti tal como lo ha sido conmigo. A veces, vuelvo a entrar en esas prisiones, por voluntad propia, tontamente. Sin embargo, siempre que pido, cada vez, Dios se hace presente y me liberta.

¿Necesitas resucitar? Puedes hacerlo con la ayuda de Dios.
Él está listo para ayudarte ahora y la próxima vez que llores.

26 de febrero

Público de uno

Ella dijo: "Tú eres el Dios que me ve". También dijo: "¿De verdad he visto a Aquel que me ve?".
GÉNESIS 16:13 NTV

Saqué el pollo del horno y serví un gran número de platos para la cena. Las arvejas (guisantes), la pasta con queso, y el pollo en nuestros platos azules se veían apetecibles. Y dije de golpe y en voz alta: "Buen trabajo, Amy", y supe que Dios me había oído. Sentí su sonrisa. Luego entendí: yo trabajo para Dios.

¿Para quién trabajas? Sí, tu jefe firma tu cheque de pago. Tu dulce cónyuge te ayuda a enfrentar la vida. Y no puedes olvidar a las personitas que dependen de ti para continuar su existencia. Podríamos añadir los amigos, la iglesia, el voluntariado y la sociedad. Enfrentémoslo: trabajamos para muchas personas que dependen de nosotras. Qué mal si la cantidad de trabajo que a veces hacemos no iguala la cantidad de agradecimientos que fluyen en nuestros oídos. La mayoría de lo que hacemos pasa desapercibido y sin mérito. No hay un "gracias". Y está bien porque Dios lo ve, y nosotras trabajamos para Él.

Cada vez que saques la cena del horno, dobles la ropa lavada y con olor agradable, limpies el derrame que alguien hizo, saludes a un vecino solitario o calmes el llanto de un bebé, Dios te ve. La próxima vez que hagas algo por alguien, recuerda que Dios está muy complacido. Y eso, al final, es todo lo que importa. Nosotras trabajamos para un público de Uno.

Dios se da cuenta de tus esfuerzos que pasan desapercibidos en el hogar. Él ve todo lo que haces por los demás. Él sabe.

27 de febrero

Confites en el helado

Nos llenamos de risa y cantamos de alegría. Y las otras naciones dijeron: "Cuántas maravillas ha hecho el Señor por ellos".
Salmos 126:2 ntv

La vida está hecha para vivirla. Por vivirla quiero decir entregarse a la diversión de manera segura y responsable, como darte el gusto de comprar un café, un lápiz labial nuevo o una secadora de cabello que funcione cada vez que la uses. Entonces, ¿por qué no poner confites en tu helado? Es muchísimo más divertido. ¿O, qué tal si usamos los platos de tu abuela a diario en vez de limitar su uso a las ocasiones especiales?

No mires tu vida desde los márgenes. Ponte ese lindo vestido antes de andar campantemente por todo el centro comercial. Danza al son de las canciones mientras esperas en el carril de transporte colectivo. Sírveles a tus dulces hijos unos panqueques frescos con chispas de chocolate el último día escolar. Compra flores frescas para adornar tu mesa para tu cena de todos los días. Y, por todos los cielos, pon confites sobre tu helado.

Para efectos de transparencia: nosotros comemos nuestros confites afuera de la casa, ya que detesto encontrarlos en el piso, dado que la mayoría nunca llegan al interior del tazón o en la boca del niño que quiere esos confites. Yo llamo mi solución exterior "sensatez de confites". Es un equilibrio perfecto.

¿Cómo puedes celebrar la vida hoy? Saca esos platos bonitos. Ponle volumen a la música. ¡Sonríe cuando sirvas el postre en vez de la cena!

28 de febrero

Personalmente tuya

Y Dios puede hacer que toda gracia abunde para ustedes, de manera que siempre, en toda circunstancia, tengan todo lo necesario y toda buena obra abunde en ustedes.

2 Corintios 9:8 NVI

Haz un listado de tus bendiciones. Escríbelas físicamente. Sé que puedes, incluso si estás en el pozo profundo y oscuro de la desesperación. Si crees sinceramente que no tienes bendiciones, si no puedes encontrar alguna belleza más allá de tu nariz, busca con más intensidad. Empieza por lo pequeño: el resplandor del sol, un café caliente, la playa, un periódico en tu puerta, la colcha de tu abuela, un par de aretes de perlas, el color rosado. Ves, no es tan difícil. Escribe cosas que te hagan sonreír. Cuando estás deprimida en el abandono, mira tu listado. Escribe tu recuerdo de cómo Dios te ha bendecido. Su fidelidad para ti está escrita encima de todas tus bendiciones. Cuando tus bendiciones están continuamente en tu mente, las preocupaciones que trepan a tu cerebro se encogerán. Los efectos negativos de la preocupación se irán muriendo lentamente.

¿Recuerdas todos esos detalles? ¿La manera en que Él ha estado para ti en tu vida diaria? ¿Haz escrito eso también? Ambos listados te ayudarán cuando te jalen a los pozos de preocupación o desesperación. El proceso de preocupación empezará a revertirse en tu mente mientras vez tus bendiciones y los detalles. Pequeñas sonrisas surgirán en tu rostro cuando optas por recordar la fidelidad de Dios. A la vez, eso traerá paz para tu futuro. Entrégate diariamente a Dios, decide recordad su fidelidad. Él siempre será fiel, hasta el final.

Si no has empezado a escribir algunas bendiciones o detalles, hoy es el día. Escribe un par ahora. Pide a Dios que te ayude a recordar, escríbelas mientras Él te las recuerda.

29 de febrero

Tu precioso corazón

"No se turbe su corazón. Ustedes creen en Dios; crean también en mí".
Juan 14:1 rvc

Este versículo me parece divertido. Divertido como en "ja, ja, sí, cómo no. Oh, espera… ¿Está Dios hablando en serio?". El versículo nos pide que ni siquiera permitamos que nuestro corazón esté afligido. ¿Cómo podemos ignorar las aflicciones de la vida? Bueno, Dios no dijo que ignoráramos las aflicciones de la vida. Solamente que yo no permita que mi corazón se abrume por ellas. ¿Cómo diantres puedo hacerlo? Todavía estoy buscando empleo. La fe de mi hijo está perdida. A veces, mi corazón todavía llora por el hijo que está en el cielo. Mi… (escribe aquí cualquier cosa por la que te preocupes o te inquiete).

Entiendo. Ahora toma aliento y escucha. Dios sabe. Verdaderamente sabe. Él sabe y está por encima de todo eso. Él te guiará por el camino correcto. Derramará sabiduría sobre tu cerebro y acallará tu alma. Él llenará de paz cada rincón de tu cuerpo. Pero tú debes tomar una decisión, no permitir que tu corazón esté afligido. Debes tomar la decisión de creer en las palabras de Dios. Debes optar por creer que Dios continuará derramando su fidelidad sobre ti, permitiendo que tu corazón permanezca sin aflicciones. Confía en que Dios se hará cargo de la situación y de ti. Confía y Dios será fiel en llenar tu mente con su paz perfecta. ¿Estás lista?

¿Cómo puedes confiar en Dios hoy? ¿Cómo puedes no permitir que tu corazón se aflija? Confía en Dios. Completamente.

Marzo

1 de marzo

Justo donde estás

*En sus manos están los abismos de la tierra;
suyas son las cumbres de los montes.*

Salmos 95:4 NVI

Entrar a la enseñanza fue muy complicado. Mi primer empleo como maestra amablemente me pidió que me fuera. Luego, mi "sueño" de tener un empleo de maestra se evaporó. Rechacé la oferta de empleo siguiente. Yo sabía que ese no era el plan de Dios. Sin embargo, precisamente al día siguiente, Dios abrió las puertas de par en par. Tomar ese empleo no tenía sentido lógico alguno. Me salté muchos niveles de grados, implementé un programa nuevo con un idioma extranjero que yo no hablaba y me contrataron en menos de una semana antes de que empezara el ciclo escolar. Pero sabía que Dios estaba allí. Yo estaba justo donde Él me quería. Estaba segura de que me guiaría en cada paso del camino. Pero yo solamente podía confiar en Él. Ese hecho era reconfortante. Me dio paz.

Jesús te tiene donde Él quiere que estés. Te coloca en lugares donde pueda usarte. ¿Alguna vez te preguntaste por qué eligió este lugar? Yo sí. A veces, las cosas no tienen sentido. Pero no es nuestro deber que tenga sentido del todo. Esa responsabilidad descansa en los hombros de Dios. Nuestro deber es confiar en Él. Confiar en que Él sabe lo que hace y nos cubrirá con sus alas, su protección y su gracia. Sal de tu zona de control. Mira a dónde Dios te lleva. Y, sí, mi primer día en mi nuevo empleo fue fabuloso. Ese empleo me guio al trabajo de mis sueños donde estoy ahora, lo cual ha puesto una sonrisa en mi rostro desde ya hace varios años. Dios es bueno.

¿Qué es lo que sobresale en tu vida? ¿Qué es lo que Dios está cambiando que hace que confíes completamente en Él?

2 de marzo

Tu forma de hablar

La lengua de los sabios hace que el conocimiento sea atractivo, pero la boca de un necio escupe tonterías.

Proverbios 15:2 ntv

Nuestras lenguas producen vida o muerte. Las palabras son simplemente capaces de llevar gozo o tristeza, dolor o consuelo. Las palabras son rápidas para llegar, pero difíciles de borrar. Podemos pronunciarlas en un impulso descuidado o calcularlas con precisión extrema. Podemos usar nuestras palabras para manipular a los demás por medio de torcer la verdad. Las mentiras son palabras que muchos han creído siempre. La verdad también viene en palabras que otros más las creen.

Las palabras han provocado guerras mundiales, causado que el pecado entre al mundo y ayudado a elegir líderes mundiales. Las palabras anunciaron el nacimiento de nuestro Salvador y lo condenaron a muerte. Los documentos legales están llenos de palabras que determinan el curso de la historia. Las palabras de nuestra Constitución formaron la base de nuestra libertad. Las palabras son muy poderosas.

Tenemos una opción. Podemos pronunciar palabras de vida o palabras de muerte. ¿Cuál elegirás? Habla vida. Derrama palabras de vida en las personas con las que tienes contacto. Evita el lenguaje inflamatorio, medias verdades o exageraciones. Mantente libre de su tentación. Habla vida, modulando un significado sustancioso en tus palabras. Sé sincera y honesta, pero con amor. Resiste la urgencia de profundizar en los demás con tus palabras. Podríamos pensar que se lo merecen, pero no vale la pena el daño potencial. Las palabras producen vida o muerte. Asegúrate de que eliges la vida de manera constante.

¿Piensas acerca de tu manera de hablar? ¿Salen rodando las palabras de tu boca sin que lo pienses? Piensa en hablar vida hoy.

3 de marzo

Concéntrate en Jesús

*Y él le dijo: "Ven". Entonces Pedro salió de la barca
y comenzó a caminar sobre las aguas en dirección a Jesús.*
MATEO 14:29 RVC

Cuando la vida da vueltas a tu alrededor, fija completamente tus ojos en Jesús. Sal de la barca y ve. No mires hacia atrás. Cuando tu enfoque está en Jesús, Él proveerá toda tu fuerza. Pero al momento en que la duda se filtre, empezarás a hundirte. Tu enfoque volverá a quedar en ti y tus circunstancias sin la ayuda de Dios. El temor y el pánico volverán a ser tus guías.

Sin embargo, al momento en que regresas a Jesús y le pides que entre, Él lo hará. Te tomará de la mano guiándote a un lugar seguro. Jesús continuará protegiéndote, rescatando tu corazón y tu mente de la muerte. Cuando Pedro salió al agua, su enfoque no estaba en las olas, el agua o su incapacidad para caminar sobre el agua. Su enfoque estaba completamente en Jesús. Solo cuando Pedro empezó a racionalizar sus circunstancias, en vez de confiar en Jesús, fue que comenzó a hundirse. No obstante, cuando Pedro volvió a enfocarse en Jesús para que lo salvara, Él se acercó inmediatamente. Él siempre hará lo mismo por ti una y otra vez. Cada vez.

¿De qué barca debes salir? ¿Cómo puedes enfocarte completamente en Jesús?

4 de marzo

Paz o pánico

"Escojan hoy a quién han de servir".
Josué 24:15 NBLA

¿Quién es tu señor? ¿A quién sirves? ¿A Dios? ¿O a la carne? Claro está, los cristianos están prestos a decir Dios. Hacemos muchos asuntos en el nombre de Dios. Y la mayoría de ello es bueno. Pero vayamos por otra vía. ¿Quién manda en tu mente? ¿Tus pensamientos son más de ansiedad que de paz? ¿Tus acciones son más impredecibles que firmes? ¿Están tus estados de ánimos dispersos o calmados?

Cuando nos servimos a nosotras mismas, muchas veces nos enfocamos en lo equivocado. Rogamos por tener el control, produciendo lenguas de muerte cuando no lo tenemos. Nuestra carne ruega por ropa nueva, comida chatarra o más tiempo desperdiciado en aparatos electrónicos. Cuando nos servimos a nosotras mismas, nada bueno puede salir.

¿Por qué, como cristianas, continuamos sirviéndonos a nosotras mismas en vez de a los demás? Estamos entrenadas. Esa es la manera en que pensamos o reaccionamos a los momentos de la vida. ¿Es paz nuestra reacción automática, o es pánico? Elige servir a Dios y escoge el camino de la paz. Elige por ti misma hoy a quién servirás. Sirve a Dios no solamente en tus acciones, sino también en tus pensamientos. Toma todo pensamiento, cada uno de ellos, y límpialo con la verdad de Dios. Vuelve a entrenar tu cerebro. ¿Lo escogerías a Él hoy?

Meditando en tus pensamientos o emociones ¿te sirves a ti misma o Dios hace lo que quiera a través de ti? Generalmente, hay una gran diferencia.

5 de marzo

Dudar de Dios

Ahora bien, la fe es tener confianza en lo que esperamos, es tener certeza de lo que no vemos.

HEBREOS 11:1 NVI

¿Quién soy yo para dudar del Dios todopoderoso? ¿Qué me da ese derecho? Sus caminos están por encima de los míos. Él sostiene nuestro futuro en sus manos capaces y fuertes. Nuestro deber es confiar en Él con la fe como de un niño. Oh, podemos tener conversaciones. En realidad, debemos hacerlo. Le rogamos que explique su propósito. Que explique por qué las cosas están como están. Probablemente se convertirá en un poco de lloriqueo y berrinche, y está bien. Pero debemos detenernos en el umbral del porqué, y en vez de ello dar la vuelta y confiar.

Te sentirás mejor cuando compartas tu corazón con aquel que lo creó. Imagina a Dios como tu Padre grande y fuerte. Jálale el brazo suavemente y súbete a su regazo. Permite que te abrace con delicadeza en sus brazos mientras le cuentas tus problemas, tus preocupaciones; todos ellos. Deja que te seque las lágrimas, tranquilizándote de que todo lo tiene bajo control. Él te guiará por todo el camino a casa. Solo camina con Él y confía. Y cuando te gire en una forma que no esperarías, mantén tus manos en las suyas, nunca te sueltes. Él nunca, jamás, te guiará al lugar incorrecto.

¿Es tu fe como la de un niño? ¿Qué necesitas decirle a Dios hoy para sentirte mejor? Puedes compartir cualquier cosa con Él. Dios todavía te amará.

6 de marzo

¿Qué puede preocuparte?

Eso a mí no me preocupa.
HECHOS 20:24 RVC

Pablo continúa explicando su enfoque inmaculado sobre la misión que Dios le ha confiado. Las cosas terrenales no le preocupan a él, incluso la muerte. ¿Y a ti, qué te preocupa? En realidad, ¿qué de lo que no debería preocuparte, lo hace? ¿Tal vez los estados de ánimo, las decepciones, la injusticia o los celos? Soy muy culpable de esto. Las situaciones pueden preocuparnos en un instante hacia la fealdad, egoísmo o falta de confianza en el plan que el Dios todopoderoso tiene para nuestras vidas. ¿Por qué sería posible que ninguna de estas cosas del mundo nos preocupe? No deberían porque nosotras ya hemos ganado. Jesús es victorioso. El poder que lo levantó de la muerte vive en mí y en ti.

"Eso a mí no me preocupa". Pega este versículo en alguna parte para reentrenar tu cerebro. Intenta reemplazar la palabra *eso* por un sustantivo (o nombre) más personal: Ninguno de los estados de ánimo de los niños me preocupa. Ninguna de las llamadas de ventas me molesta. Nadie en el tráfico me molesta. (Literalmente, ni me muevo). Ninguna de mis tareas sin sentido me irrita. Ninguna de mis oraciones no contestadas me apartará de Dios. ¿Notaste la palabra clave repetida en cada frase? Ninguna. Eso significa que el cero por ciento de ello te afecta. Nada de eso te desafía a trasladarte de vivir en paz a vivir con temor o preocupación.

¿Cuáles son las cosas que te quitan la paz?
Tu nueva frase te espera: Eso a mí no me preocupa.

7 de marzo

¿Qué tan libre estás?

> Todo aquel que confiesa que Jesús es el Hijo de Dios,
> Dios permanece en él y él en Dios.
> 1 Juan 4:15 NBLA

Si confiesas con tus labios… Si tu alma anhela a Dios… Si tu corazón sabe que necesita perdón… Cuando confiesas que Jesús es el Señor, eres libre. Dios habita en ti. Dios está en ti, a través de ti y alrededor de ti. Él está entrelazado contigo. Toda tú. Lógicamente hablando, si Dios habita en ti ¿por qué no eres libre? ¿Por qué optas por permanecer en tus viejos hábitos? ¿Tus caminos feos y egoístas? ¿Por qué escuchas las mentiras que Satanás siembra en tu mente? Porque nuestro libre albedrío nos permite elegir.

Es el momento de elegir de nuevo. La próxima vez que alguien sea hostil, habita en Dios. La próxima vez que algo no salga como lo esperabas, habita en Dios. La próxima vez que frunzas la frente ante el reflejo de tu espejo, habita en Dios. Dios, creador de todo, envió a su único Hijo a morir para que Él pudiera habitar en ti.

¡Acaso eso no es increíble! Él vino a libertarte, para vivir abundantemente. Proponte en tu mente, corazón y alma habitar en Dios. Porque como cristiana, Dios habita en ti.

¿Cómo habitarás en Dios? ¿Qué es lo que necesitas cambiar en tus pensamientos, tus palabras, tus acciones para habitar en Él? Y, una vez que decidas habitar en Dios, ¿de qué manera tus decisiones te mantendrán allí?

8 de marzo

Poder increíble

El Espíritu de Dios, quien levantó a Jesús de los muertos, vive en ustedes; y así como Dios levantó a Cristo Jesús de los muertos, él dará vida a sus cuerpos mortales mediante el mismo Espíritu, quien vive en ustedes.

ROMANOS 8:11 NTV

Cuando te conviertes en una cristiana, Dios promete darte su vida poderosa para que habite en ti. De inmediato. Justo ahora si lo quieres. Entonces, aquí tienes una pregunta: ¿Por qué alguna cristiana anda por allí derrotada, llena de autocompasión, diciendo "pobre de mí"? ¿Por qué permitimos que la ira nos arrastre hasta el pozo? ¿Por qué permitimos que la preocupación llene nuestra mente con terror? ¿Por qué es que la vida siempre nos abruma? Porque somos seres humanos. Porque olvidamos. Olvidamos a quién pertenecemos.

¿Estás vagando sin rumbo a través de la vida, acobardándote por cada flecha que te lanzan? ¿O estás andando con propósito en cada paso, desviando las flechas cuando sea que vuelen? El mismo poder increíble que levantó a Jesús de los muertos vive en ti.

Levanta la cabeza y sé valiente. No permitas que las molestias te roben el gozo. Repite para ti: "¡Eso a mí no me preocupa!" (Hechos 20:24 RVC). Debes usar el poder de Dios para su gloria. Ora por los demás. Sírvelos. Muéstrale el amor de Dios al mundo. Su poder brillará a través de ti si tan solo se lo pides. ¡Hay bastante para todos! ¡Ven y tómalo!

¿Tienes la tendencia a olvidar de quién es el poder que vive en ti? No lo olvidemos.

9 de marzo

Atestigua de Dios

Jesús le dijo: "¿No te dije que, si crees, verás la gloria de Dios?".
Juan 11:40 NBLA

Cuando te confrontas con quejas, tienes una oportunidad para atestiguar del poder de Dios. No podemos comportarnos apropiadamente sin Dios, así que debemos dejar que Él obre a través de nosotras. Las situaciones que nos dejan disgustadas también proveen la libertad para dejar que Dios se mueva, pero solamente si optamos por responder con la vida. La mayoría de nosotros elige las tinieblas o la ira cuando la vida nos golpea en la cara. Cuando esa reacción alimenta nuestra carne, se esparce el veneno y la paz de Dios desaparece.

¿Qué pasaría si reaccionáramos con amor, gracia y la sabiduría de Dios a través del poder del Espíritu Santo en nosotras? ¿Qué pasaría si cubriéramos cada momento de decepción con nuestro deseo por el propósito de Dios, amor, gracia y misericordia? ¿Qué tal si viéramos cada situación preocupante como una oportunidad para probar la ayuda soberana de Dios? ¿O experimentar el poder de Dios cambiándonos desde adentro hacia afuera?

Cuando decidimos agachar el oído a su sabiduría, Él reacciona con mucho de sí mismo. Sé que no es divertido ser testigo de una decepción. Pero en vez de ahogarte en remordimientos, elige la vida. Piensa acerca de esta nueva oportunidad para confiar en Dios. Confiar en tu preciado Salvador que quiere lo mejor para ti. Y cuando confías, Él te llena de nuevo con su perfecta paz. La próxima vez que la decepción te mire a la cara, mejor piensa *¡Ah, qué alivio! Aquí viene más de Dios para arropar mi alma.* Luego, elige depender de Él para mantener santa tu actitud.

¿En qué áreas de tu vida necesitas dar un paso atrás de ellas y atestiguar a Dios trabajando a través de ti?

10 de marzo

Humíllate

Humíllense delante del Señor y él los exaltará.
Santiago 4:10 NVI

¿Te sientes modesta de que Dios susurre tu nombre? ¿De que el Creador de todas las cosas incluso te observe? Él hace más que solo observarte. Él creó tu existencia. Ordena tus días. Te permite experimentar la vida mientras Él organiza las épocas luciendo la maravilla de su creación. Abre tu corazón y lo llena con amor y compañía a través de tu familia y amigos. Él diseña con una gran capacidad para aprender cada cosita. Aun así, Él dejó toda su gloria para tener una relación contigo. Así es cuánto le importas a Dios.

Terminé mis clases de la escuela media con una señal para despedirnos. "Nunca, jamás, olviden", empecé. "Somos importantes para Dios", responde la clase. Dios se humilló a sí mismo para residir en tu corazón. Humíllate a ti mismo y dale permiso. Déjalo entrar en todas las áreas de tu vida. Permítele entrar en tu espacio personal. A veces, entregamos nuestras vidas a Dios, pero en el siguiente respiro, volvemos a tomar el control. Entrega a tu familia, tu empleo, tus actividades, tu apariencia externa. Dios lo quiere todo. Las cosas que más te importan están mucho más seguras con Dios.

¿Has entregado tu todo a Dios? ¿A qué te estás aferrando todavía?

11 de marzo

Tentación

Ante ti, Señor, están todos mis deseos; no te son un secreto mis suspiros.
SALMOS 38:9 NVI

¿Cuáles son tus tentaciones? ¿Creer lo peor acerca de alguien debido a tus propias heridas personales? ¿Desperdiciar el tiempo en el trabajo, sintiendo que te lo mereces? ¿Aceptar la autocompasión si te sientes perjudicado incluso si no fue la intención de alguien? ¿Sucumbir al temor del futuro cuando no estás segura de la vida? Satanás nos tienta según nuestras debilidades y personalidad.

Sin embargo, cuando pertenecemos a Jesús, su poder en nosotras nos evita caer en tentación. Pero solo cuando decidimos no sucumbir. El objetivo de Satanás es eliminar nuestra conexión con Dios a través de la tentación. Cuando perdemos nuestra conexión con Dios, no valemos nada para Dios. Su luz en nosotras se ensombrece por el pecado, deteniéndolo de atraer a otros hacia Él a través de nosotras. Y si Satanás te ayuda a volverte de un valor cero ante Dios, entonces ¿qué importa si eres un hijo de Dios? Sí, tu posible recompensa celestial, pero yo hablo de tu vida diaria. Las interacciones con tu familia, amigos y el enorme mundo.

Haz memoria de una vez cuando dejaste que tu estado de ánimo cayera en el escusado. Cuando caíste, ¿proyectaste el brillo de la luz de Dios sobre los demás? Está atenta a las tentaciones que Satanás tiene para hacerte trizas. Y la próxima, en vez de ponerte de acuerdo en el Tentador, declara: "Eso a mí no me preocupa" (Hechos 20:24 RVC). En cambio, permanece con Dios, manteniendo su poder hirviendo en tu interior, mostrándole al mundo su gran amor.

¿Cuáles son tus tentaciones? Recuerda, el poder de Dios en nosotras nos impide llevar a cabo nuestra tentación solamente cuando decidimos no ceder.

12 de marzo

Jesús me ama

Nadie ha visto jamás a Dios, pero si nos amamos los unos a los otros, Dios permanece entre nosotros y entre nosotros su amor se ha manifestado plenamente.

1 Juan 4:12 NVI

"Cristo me ama, bien lo sé. Su Palabra me hace ver. Que los niños son de Aquel. Quien es nuestro amigo fiel". Todas recordamos muy bien esta canción, ¿sí? Fue una de las primeras canciones que aprendimos en la iglesia cuando éramos niñas. Es sinceramente profunda como la base de nuestra existencia literal aquí en la tierra. Jesús realmente nos ama. El Creador del universo, quien se dio a sí mismo por nosotros en la cruz, nos ama. Con todo lo que tiene, Él nos ama. Nos conoce. Nos elige. Y lo sé porque la Biblia, la Palabra de Dios viva e inspirada, así me lo dice. Somos sus hijas, le pertenecemos, estamos conectadas, unidas a Él.

Sí, somos tan completamente débiles en nuestra humanidad, pero Jesús es siempre fiel. Jesús nos carga a través de la vida, y nos imparte su fortaleza. ¿Por qué? Porque le pertenecemos. Y porque Él nos ama. Qué recordatorio de su fidelidad tan impresionante. Él lo sabe todo. Lo ha visto todo. Y no se va a ir a ninguna parte.

Jesús, gracias por tu amor que nos llena cuando estamos vacías. Gracias por morir en la cruz por nuestros pecados. Gracias por libertarnos de las preocupaciones mundanas. Gracias por estar cerca de nosotros en todos y cada uno de los momentos. Estás aquí con nosotras cuando clamamos tu nombre. Y cuando estamos calladas, tú todavía estás allí. Tu fidelidad nos asombra.

Debido a que Jesús te ama, estás protegida. ¿Cómo puede Dios mostrar hoy su fuerza a través de tu debilidad?

13 de marzo

Redentor

"El Señor tu Dios está en medio de ti como poderoso guerrero que salva. Se deleitará en ti con gozo, te renovará con su amor, se alegrará por ti con cantos".

Sofonías 3:17 NVI

La palabra *redimir* significa "volver a ganar, recuperar o intercambiar". Dios es nuestro Redentor. Él intercambia nuestro ser pecaminoso por almas puras dignas del cielo. Eso es algo que nosotras no podemos hacer por nuestros propios méritos. Es a través de confiar en su gracia salvadora.

Él redime nuestras almas, pero ¿qué hay de la vida aquí? ¿Redime Él nuestras situaciones? ¿Puede? ¿Tiene la capacidad para recoger nuestro desastre e intercambiarlo? ¿Hace Él nuevas todas las cosas en su tiempo? Absolutamente. Dios no solo es el Redentor de nuestras almas, sino que también es el Redentor de nuestras vidas aquí en la tierra. Él recupera los años perdidos. Nos ayuda a recuperar nuestra fuerza, nuestra confianza. Él intercambia nuestro espíritu quebrantado por una vida nueva. Cuando llega la tragedia, Dios está más que dispuesto a redimir nuestra situación cuando confiamos en Él. Y volvemos a colocar todo en su precioso regazo. Cuando recordamos su bondad y creemos que Él tiene lo mejor de todo para nosotras.

Redimir. Para mí, esa palabra significa vida, un nuevo aliento, nuevas oportunidades. Él ha intercambiado mi tristeza por gozo. Pídele a Él que haga lo mismo por ti.

¿Qué situación te gustaría que Dios redimiera por ti?
En medio de la espera, recibe su paz.

14 de marzo

Salvada de más

Vuelvan a mí y sean salvos, todos los confines de la tierra, porque yo soy Dios y no hay ningún otro.
Isaías 45:22 NVI

Somos salvas, sí, durante toda la eternidad, del castigo que altamente merecemos. Las personas se vuelven salvas para pasar la eternidad en el cielo. La alternativa es atroz. Pero yo creo que hay más. Hay más en nuestra salvación. La palabra hebrea para "salvos" en el versículo de arriba es *yasa'*, que significa "entregar, ayudar, obtener la victoria".[2] Cuando vemos hacia Dios por nuestras necesidades diarias, cuando acudimos a Él para que nos liberte de nosotras mismas, cuando acudimos a Dios para que sea nuestro todo, estamos salvas del temor, salvas del pecado, cada día. Cada vez que acudimos a Dios.

Somos salvas momento a momento, todos y cada uno de los días. Somos salvas de una eternidad separadas de nuestro Creador. Pero también somos salvas de la preocupación y el temor, aquí y ahora. Somos salvas de nosotras mismas cuando coloreamos la vida a través de nuestras percepciones. Salvas de nuestras actitudes cuando las cosas no parecen ir como queremos. Pero solamente si acudimos a Dios. Solo si quitamos todo lo demás, y ponemos nuestra confianza en Dios. Porque Él es Dios y no hay ningún otro.

¿Qué victoria obtendrás hoy cuando pongas tu confianza en la salvación de Dios?

---

2 *Nueva Concordancia Strong Exhaustiva de la Biblia*, Hb. 3467.

15 de marzo

Entrégalas

*Entrégale tus afanes al Señor y él te sostendrá;
no permitirá que el justo caiga y quede abatido para siempre.*
Salmos 55:22 nvi

¿Cuántas cargas guardas? ¿O cuántas cargas vuelves a tomar después de dárselas a Dios? Cuando dejes tu carga, entregándosela a Dios, no la recojas. No estamos hechas para cargarlas. Somos ovejas. Pero nuestro Pastor está hecho para ese trabajo. Él está dispuesto y feliz de hacerlo. Pero nosotras debemos tomar la decisión de dejar nuestra carga al pie de la cruz. Jesús podría no llevarla como tu piensas que debería. Aun así, no debes pedir que te la devuelva.

Cuando tu mente piensa en esa carga, tú empiezas a pensar en maneras para componerla. Eso, amigas mías, es retomar la carga. Cada vez que tus pensamientos regresen a esa carga, devuélvesela a Dios. Agradécele por arreglarla en tu lugar. Dile que estás ansiosa por ver cómo Él lo resuelve. Él te lo dirá. Te lo prometo. Si tú, en cambio, sigues meditando sobre ese asunto, la carga volverá a subirse sobre tus hombros. La preocupación y el temor volverán, una vez más, a unirse a ti, así que detente. Dásela a Dios y detén esos pensamientos en seco. Sonríe sabiendo que Dios tiene el control. Y que Él tiene en mente lo mejor para ti. Siempre.

*¿Te hallas a ti misma recuperando tus cargas después
de habérselas dado a Dios?*

16 de marzo

Entrégate

*¿No saben que ustedes son templo de Dios
y que el Espíritu de Dios habita en ustedes?*

1 Corintios 3:16 NBLA

Dios está buscándote. Eres un alma buscada. Buscada para redención. Para una relación con el único verdadero Dios. Es gracioso porque Dios sabe exactamente dónde encontrarte. Sin embargo, Él siempre nos ha dado una opción: entregarte o no. Así que déjame preguntarte esto: ¿Qué esperas? ¿Qué te detiene? ¿El temor? ¿Perder el control? ¿Preferirías, con tu limitado conocimiento, estar a cargo? ¿O preferirías dejar que Dios, quien conoce el principio desde el final, tenga el control? Sé que nos gusta vivir para nosotras mismas, pero nuestros días están contados ¿y luego qué? La única manera para limpiar ese pecado es confiar que Jesús quita tus pecados por ti. Lo hará porque te ama, y quiere ser tu amigo. Sin condiciones. Solo pídeselo.

Dios te salvó de algo más que de ti misma. Él quiere que tú marques una verdadera diferencia con los demás. Él quiere que disfrutes su paz en tu vida. Quizá seas cristiana, pero tu corazón todavía te pertenece, está empacado en lo que tú quieres. Dios te quiere completa. Solamente cuando entregues tu corazón Dios va a intervenir. Cuando pongas toda tu confianza en Él, Dios guía cuidadosamente cada uno de tus pasos. No siempre es un camino parejo, pero Él es tu compañía constante. Y cuando Él esté contigo, tendrás su paz, la cual sobrepasa todo entendimiento. Guía tu corazón y tu mente. Entrégate. Confía. Y deja que Dios se haga cargo.

*¿En qué parte de tu vida todavía sostienes el control?
¿Te entregarás, dejando que Dios se haga cargo?*

17 de marzo

Púas

*El que es paciente muestra gran inteligencia;
el que es agresivo muestra mucha insensatez.*
PROVERBIOS 14:29 NVI

¿Con qué frecuencia te salen las púas? ¿De vez en cuando? ¿Cuándo la vida verdaderamente se va al trasto? ¿Cuándo finalmente te has hastiado? ¿O muy, muy seguido? Las púas son fáciles de ver. De hecho, uno puede sentirlas saliendo a la superficie. Son feas y dolorosas para los demás y, francamente, para ti también. Ponen una barrera entre tú y el mundo. Es normal enojarse, solo asegúrate de que tus acciones sean piadosas. Trata las pequeñas molestias como si nada. Eso sencillamente no te preocupa. Y cuando tus hijos necesiten rápidamente tu firmeza, sé como una osa gentil que ellos no pueden mover.

Si en cambio, reaccionas a la vida como alguien que rápidamente esparce púas, serás una de *esas* personas. Gente que necesita mucho espacio por cualquier estado de ánimo al que quieran brincar. Y eso no te conviene. Es demasiado impredecible. La gente tiene miedo de los puercoespines porque sus púas pueden salir en un instante. No seas malhumorada; sé una gigante amable, callada, con firmeza cuando tengas que serlo, predecible a la vida. No siempre puedes controlar tus circunstancias, pero siempre puedes controlar tu reacción.

*¿Qué situaciones hacen que te salgan las púas?
¿Cómo puedes mantenerlas lejos hoy?*

18 de marzo

Depende de nosotras

Pero si desde allí buscan al Señor su Dios con todo su corazón y con toda su alma, lo encontrarán.

Deuteronomio 4:29 nvi

Dios está aquí. Él está aquí en tu habitación justo en este momento. Él conoce tu corazón. Conoce tus deseos más profundos. Ve cada rincón: el amor por tu familia; la frágil, aunque fuerte, autoestima; el dolor que Él quitará, el pecado que nos negamos a dejar. Dios siempre está presente, esperando que nos rindamos para que Él pueda llenarnos. Por sí solas, nuestros corazones son complicados, desarticulado con lesiones y amor. Cuando elegimos diariamente entregarnos a Dios, Él entra a nuestro corazón y empieza a quitar los escombros. Pero Él necesita tu invitación cada día. Debes invitarlo a hacer su obra. Él siempre está dispuesto y preparado. Solo necesitamos pedírselo.

Lo sé, requiere tiempo. La sanidad, eso es, toma tiempo; mucho tiempo. ¿Por qué no puede Él sencillamente limpiarnos con una superaspiradora? Porque nuestros corazones han aprendido cosas, y nosotras debemos aprender nuevas formas de lidiar con la vida. Pero lo bueno es esto: Dios será fiel en sanar cada grieta y quitar cada pedacito de escombros si nosotras nos rendimos diariamente y le pedimos que haga lo que Él quiera. Confía. Confía completamente.

¿Invitarás a Dios a obrar a través de ti hoy?
Abre tu corazón a lo que Él quiere hacer.

19 de marzo

Aún depende de nosotras

Oh Dios, tú eres mi Dios; yo te busco intensamente. Mi alma tiene sed de ti; todo mi ser te anhela, cual tierra seca, sedienta y sin agua.

SALMOS 63:1 NVI

Rendirnos a Dios depende de nosotros, es nuestra decisión. Sí, debemos posiblemente enfrentar algunas cosas difíciles, pero así es como Dios nos sana. Cuando piensas en la alternativa, rendirte a Dios es relativamente fácil. Confía completamente en aquel que tiene una respuesta a cada pregunta conocida para el ser humano. Él es el autor de nuestra vida, el Creador de todas las cosas. O confía sencillamente en la sabiduría del mundo, parte de la cual es bien intencionada. Pero, entonces, estamos usando nuestra propia fuerza y sabiduría. Y somos humanas y mortales. No conocemos el futuro. No tenemos el vigor ni la capacidad mental para pensar en todos los detalles en nuestras vidas.

Sé que no hay manera de que yo pueda orquestar mi vida y tener a la paz y la felicidad siguiéndome por todos lados. Pero si le entrego todo a Dios, quien sí conoce todas las cosas, puedo descansar sabiendo que Él entiende esto. Él me protege. No solo eso, sino que también me ha estudiado y ha llenado los detales de mi vida con bendiciones. Él planea mi futuro para siempre y me sorprende con muchos "guaus" diariamente. Y Él está esperando para hacer exactamente lo mismo por ti. ¿Paz o angustia? ¿Corazón limpio o uno lleno de escombros? ¿Descansar en los planes futuros de Dios o preocuparnos ansiosamente acerca de ellos? Yo elijo a Dios. ¿Y tú?

¿Has invitado a Dios a limpiar tu corazón? ¿Es la ausencia de paz digna de mantener el control de todo?

20 de marzo

Entretener la duda

*El Señor es mi fuerza y mi canción; ¡él es mi salvación!
Él es mi Dios y lo alabaré; es el Dios de mi padre y lo enalteceré.*

ÉXODO 15:2 NVI

Dios pregunta: ¿Por qué dudas de mí? ¿Por qué dudas de mi amor? ¿Por qué dudas de mi bondad? ¿Por qué dudas de mi plan para ti, mi historia de amor escrita solo para ti? ¿Estás asustada? ¿Solitaria?

Entrenemos pensamientos de duda cuando no creemos verdaderamente que Dios sostiene nuestra vida en sus manos o que nos protege. Los pequeños momentos de la vida despiertan susurros de miedo. Nosotras escuchamos los susurros. Pensamos en los susurros. Y cuando prestamos atención a los susurros, abrimos las puertas de par en par sin saberlo, invitando la duda y el temor a que nos acompañen.

No debemos dudar de Dios, sino confiar completa, perfecta e integralmente en Él. Debemos usar su fuerza para hacer justo eso: confiar en Él. Dios está aquí y preparado para ayudar. Él ya es fiel a ti a lo largo del final mismo de tu historia. La próxima vez que la duda susurre en su oído, haz un listado de tus temores y responde a cada uno con la verdad inigualable de Dios, rompiendo el poder del miedo. Reemplaza de inmediato la duda por la certeza. Luego, ve felizmente por tu camino pensando en algo completamente diferente. Dios ha sido fiel conmigo en manera incontables, y Él ha sido y seguirá siendo fiel contigo. Ninguna duda hay en mi mente.

¿Qué dudas estás escuchando en vez de la verdad de Dios?

21 de marzo

Compañía fiel

> La paz les dejo; mi paz les doy. Yo no se la doy a ustedes como la da el mundo. No se angustien ni se acobarden.
>
> JUAN 14:27 NVI

Levanté mis ojos manchados de lágrimas y vi el rostro de mi dulce Señor levantándome en sus brazos. Empezó tiernamente a compartir su corazón conmigo: *Mi hija, te amo. Te cubro hoy con mi paz.* Él quería que yo dejara a sus pies cada preocupación. Él quería llenarme de gozo, sabiendo que su poder soberano fluye a través de mi alma que es muy valiosa para Él Dios me pidió que compartiera este amor con otras personas para que todos sus hijos pudieran tener una vida abundante.

Mi Señor conoce el principio desde el final. Ordenará tus pasos, y tú no vas a flaquear si confías en que Él te guiará. Quizá no siempre te salgas con la tuya, pero tu corazón permanecerá en paz cuando confías en Él, quien nunca te ha fallado, y que no va a empezar a hacerlo ahora. Dios anhela ser tu acompañante permanente. Hay tantas cosas sorprendentes y profundas que Él quiere compartir contigo. Pero tú debes acercarte a Él. Está aquí, siempre preparado y esperándote. Nunca te dejará porque te ama completamente. Él te creó, y Él nunca comete errores.

A Dios le importas, se interesa profundamente por ti. Estás en sus pensamientos. Estás en su corazón. Él mira tus lágrimas. Y ríe junto contigo. Desarrolla tu relación profunda con aquel que te creó. Él siempre seguirá siendo tu fiel acompañante.

¿Cómo puedes profundizar tu relación con Dios?
Deja que Él seque tus lágrimas y celebre tus alegrías.

22 de marzo

Amar a tus enemigos

No seas vencido por el mal, sino vence el mal con el bien.
ROMANOS 12:21 NBLA

Jesús dice que ames a tu enemigo. Eso significa amar a las personas que a ti particularmente no te gustan. Jesús dice que ores por los que te persiguen. Ya sabes, la gente con la que no te llevas muy bien o a quienes te hicieron daño. *Ah, pero mi disgusto es justificado,* podrías pensar. *No te gustaría que te hicieran lo que me hicieron a mí.* Bueno, Jesús es nuestro ejemplo. Él oró por sus enemigos.

Jesús pudo haber dicho muchas cosas mientras estuvo frente a Pilato. Pudo haberles gritado a los soldados mientras lo azotaban o mientras le clavaban las manos. Pero en vez de eso, ¿qué dijo mientras colgaba de la cruz? "Padre, perdónalos porque no saben lo que hacen" (Lucas 23:34 NBLA). ¿Acaso ellos no sabían lo que estaban haciendo? ¿Los soldados? ¿No sabían? Ellos agarraron el látigo sabiendo que le harían tiras la espalda. Agarraron la corona, sabiendo que le perforarían la cabeza. Y agarraron el martillo, sabiendo que lo iban a clavar en la cruz. Sin embargo, ellos no sabían que Jesús era el Hijo de Dios. Los ojos de sus acusadores no podían ver quién era Él. Sus ojos estaban cerrados porque Jesús tenía que morir por nuestros pecados. Ellos no tenían idea alguna de lo que estaban haciendo. Aun así, Jesús los amó tal como te ama a ti.

¿A quién debes amar como Jesús?

23 de marzo

Ámalos de todos modos

Ustedes se propusieron hacerme mal, pero Dios dispuso todo para bien. Él me puso en este cargo para que yo pudiera salvar la vida de muchas personas.

GÉNESIS 50:20 NTV

Todos hicieron su parte en el plan de Dios para nuestra salvación. Cada uno, incluso los soldados que mataron a Jesús. Pero en vez de lanzarles insultos a sus acusadores, Jesús oró por ellos. Pudo haber dicho muchas cosas brillantes para combatir sus agresiones. Pero no lo hizo. Cuando oras por alguien que no te cae bien, pide a Dios que te llene de su compasión para esa persona. Date cuenta de que Jesús no justificó a sus acusadores. No recibió su dolor, sino que oró por ellos. Mientras colgaba de la cruz, en más agonía de la que nosotros nunca conoceremos, Jesús optó por orar por ellos. Con el peso del pecado del mundo sobre su espalda, Él siguió pensando en ellos antes que en sí mismo. Él quería que Dios siguiera buscándolos para llevar a sus acusadores al perdón.

Tus enemigos realmente tampoco saben lo que están haciendo. De la misma manera en que tú no sabes lo que realmente pasa dentro de sus cabezas. La gente actúa para protegerse. Y, a veces, no les importa a quién derriban en el proceso. Solo con la ayuda de Dios podemos perdonar a nuestros enemigos. Y con el amor de Dios vertido a través de nosotras, podemos extender gracia a los demás. Incluso a aquellos que son malos.

Con la ayuda de Dios, perdona a quienes te han herido.

24 de marzo

Ve despacio, hermana

Tú guardarás en completa paz a aquel cuyo pensamiento en ti persevera; porque en ti ha confiado.
Isaías 26:3 RVR1960

Dios diseñó nuestros cerebros brillantemente, haciéndolos capaces de mucho. A veces, tenemos tantos pensamientos, uno más fuerte que el siguiente, clamando por nuestra atención: *No olvides el helado de vainilla de mi hijo para la fiesta de la escuela. Llama al ajustador de seguros por el reclamo del granizo. ¡Ay, caramba! No atendí al perro. ¿Por qué nadie ha encendido la lavadora? ¿Qué debemos hacer con las actitudes de los hijos? Solo faltan unos meses para la Navidad. Las vacaciones familiares se acercan, y con todo el trabajo que implican, tal vez solo me quedo en casa. ¿Vamos por buen camino para el retiro?*

Como mujeres, muchas veces nos comprometemos con altos estándares que son imposibles. Raramente alcanzamos nuestras metas elevadas, cayendo en decepción cuando finalmente fracasamos. ¿Qué diría Dios? Él querría que priorizáramos según su plan, para permitir un margen y para perdonarnos a nosotras mismas. En vez de prepararte para el fracaso, pide constantemente a Dios por su ayuda, sabiduría y enfoque. Hazlo, y te prepararás para el éxito. ¡Ve despacio, hermana!

¿Le permites a Dios ayudarte a priorizar y a llenar tu tiempo con sus planes?

25 de marzo

Todavía sigue despacio

"¡Quédense quietos y sepan que yo soy Dios!".
Salmos 46:10 NTV

¿Alguna vez le has pedido a Dios que ordene tus días? ¿Alguna vez has querido que Él planifique tu horario? ¿Te preguntas si estás haciendo lo que Él quiere que hagas como esposa, madre, empleada y cristiana? Dios dice que se lo pidas. Que le pidas que te guíe en cada paso que das. Él lo sabe todo. Lo ve todo. Él ve tu temor más oscuro y escucha tus más grandes alegrías. Dios conoce tu corazón. Sabe que quieres hacer un excelente trabajo en todos los roles que desempeñas. Sabe que quieres crear un refugio para tus hijos que ellos puedan recordar cariñosamente cuando crezcan. Él sabe que quieres ser una amiga atenta, una cocinera magnífica y una madre involucrada y voluntaria. Pero tienes límites. Y si no le prestas atención a los límites que te ha dado, bueno, solo digamos que se va a poner feo. De hecho, tu rostro podría no estar bonito por todo el estrés.

¿Por qué deberíamos pedirle a Dios que ordene nuestros días? Porque Él sabe lo que es mejor para nosotras. Él le dice al sol cuándo salir y cuando se oculta. Él acallará las voces en tu cabeza que te empujan a lograr solo una cosa más. Él quitará la preocupación de tu corazón. Sencillamente, abandona todo a Dios. Dale el control y siéntate a su lado durante el viaje de tu vida. Él completará fielmente cada detalle. Recibe hoy la paz de Dios para ti.

Crea el hábito de pedirle a Dios su opinión sobre tu plan y las cosas que debes hacer. Pregúntale, "Dios, ¿qué quieres hoy de mí?".

26 de marzo

Reunión con Jesús

Así que no nos fijamos en lo visible, sino en lo invisible, ya que lo que se ve es pasajero, mientras que lo que no se ve es eterno.
2 Corintios 4:18 NVI

Hace unos años, mi dulce, preciosa abuela fue a encontrarse con Jesús cara a cara. Su cuerpo estaba listo. Su espíritu y su alma estaban listos para permitirle la entrada al cielo. Ella llevaba una vida plenamente dedicada a Dios, dando testimonio a otros en cualquier oportunidad que tuviera.

Cuando pienso en ella, de manera instantánea sé lo que ella quiere que recordemos. Ama a Jesús con todo tu corazón. Sírvele gustosamente. Deja que su contacto fluya a través de tus dedos en la vida de los demás. Eso es lo que ella hizo. Así era ella. Su legado es de compasión y amor. Su vida terrenal fue testigo de la presencia misma de Dios. Cuando nos despedimos con un beso, vimos el rostro de Dios en ella. Que se nos permita tener una fe como la de ella. Que podamos tener un gozo como el de ella. Y así como mi abuela ha completado tan bellamente el destino de Dios para ella, que el fruto de nuestras vidas complete el destino que Dios tiene para nosotras también. Ninguna otra cosa importa. Señor, llénanos de ti; solamente de ti. Nada más necesitamos en esta vida. Que nuestras vidas te representen, Señor. Que nuestro testimonio lleve a otros a tu reino. Y que el final de nuestras vidas lleve una sonrisa, sabiendo que todo lo hicimos por ti.

¿A quién has influenciado para Dios? ¿Cómo podemos abrazar el llamado de Dios para nosotras?

27 de marzo

Nuestro enfoque

Mira hacia adelante y fija los ojos en lo que está frente a ti.
PROVERBIOS 4:25 NTV

La vida no se trata de ti o de mí. Nuestras vidas no son para vivirlas para nuestro beneficio. *¿En serio?*, preguntarías. En serio. Jesús es nuestro enfoque. Nuestras vidas deben vivirse para Él. Debemos llevar a cabo su propósito para nosotros. Debemos dejar que Él nos use para su gloria. Cuando nuestro enfoque está en Él, nos convertimos en sus testigos para los demás. Ayudamos a los demás a ver a Dios cuando Él está en nuestro enfoque.

Enfocarnos en Dios brinda una razón para lo que hacemos. A veces, la vida nos lanza una opción difícil. Nuestra carne grita "no", pero el Espíritu de Dios en nosotros, susurra "sí". Sabemos lo que debemos hacer. Pero, muchas veces, dejamos de verlo a Él y volvemos a vernos a nosotros. Tal vez si recordáramos el porqué Dios nos puso aquí, escucharíamos su voz primero. Porque Él está en cada circunstancia. ¿Qué es lo que Él quiere que hagas? ¿Lo harás?

¿Cómo debes enfocarte en Dios hoy? ¿En qué te diría Él que te enfocaras?

28 de marzo

Parte de su plan

Hoy te ordeno que ames al Señor tu Dios, que andes en sus caminos y que cumplas sus mandamientos, estatutos y leyes. Así vivirás y te multiplicarás, y el Señor tu Dios te bendecirá en la tierra a la cual vas a entrar para tomar posesión de ella.

DEUTERONOMIO 30:16 NVI

Somos parte del plan de Dios. Dios nos usa. Él quiere usarnos, a pesar de que somos tan insignificantes. El Dios todopoderoso quiere usarnos para su obra de llevar a todos a la vida abundante: la salvación a través de su Hijo. Somos parte de su plan por la salvación del mundo cuando hablamos de Él con otras personas. Somos testigos de su bondad, misericordia y gracia, y del mundo que Él creó. Cuando las personas están dolidas o confundidas, Dios nos llama a animarlas y a ofrecerles esperanza. Dios puede presentarse a sí mismo de la manera que a Él le parezca. Sin embargo, Él es un Dios personal, alcanzando a las personas en los detalles de sus vidas.

Nosotras somos esos detalles. Somos las manos y los pies de Jesús. Perfumamos a los demás con la fragancia de Dios. Su agua vida fluirá libremente de ti hacia ellos transformando eternamente sus vidas.

*¿Cómo te va como parte del plan de Dios para el mundo?
¿Cómo está tu testimonio?*

29 de marzo

Anticipación o expectación

*Las esperanzas del justo traen felicidad,
pero las expectativas de los perversos no resultan en nada.*
PROVERBIOS 10:28 NTV

La vida está llena de promesas. Las posibilidades abundan en cada vuelta. ¿Estás anticipando alegremente que Dios obre en tu vida dándote su plan para tus días? ¿O todavía estás planeando las cosas por ti misma, esperando que Dios trabaje en *tu* plan? Una actitud se somete, y la otra exige.

Las expectativas aparecen también en otras relaciones. ¿Estás anticipando alegremente el amor de tu cónyuge sin importar como llegue a tu regazo; o mantienes expectativas extremadamente altas que él nunca podría alcanzar? ¿Esperas que él te celebre de cierta manera, o le das la libertad de bendecirte de corazón en su propio estilo? Como padres, debemos mantener ciertas expectativas conductuales de nuestros hijos. Ese es nuestro llamado y deber sagrado. Pero al hablar de dar amor, los hijos están notoriamente bajos en la escala del dar conforme van creciendo. ¿Estás anticipando alegremente su amor en el tiempo de ellos, o los mantienes bajo expectativas poco realistas, preparándolos para fracasar en tus estándares de expresar amor?

Hay una gran diferencia. Se trata de gracia versus legalismo, paz versus conflicto. Cuando sujetamos a Dios, nuestros seres queridos, nuestros amigos o cualquier cosa en nuestra vida a nuestras expectativas, nuestra decepción está garantizada. Sin embargo, si dejamos que Dios nos bendiga cuando menos lo esperamos, nuestros corazones rebozarán de gozo y nuestras mentes se mantendrán tranquilas. Espera alegremente. Así es la vida.

¿Tienes la actitud de anticiparnos alegremente?

30 de marzo

Capas de confianza

Por la mañana hazme saber de tu gran amor, porque en ti he puesto mi confianza. Señálame el camino que debo seguir, porque a ti elevo mi alma.
SALMOS 143:8 NVI

Cada vez que una experiencia nueva te confirma una verdad que ya sabías, se agrega una capa de confianza. Capa sobre capa, la confianza se edifica con el tiempo, amortiguándonos de los golpes de la vida. Las relaciones nuevas crean capas de confianza cada vez que interactúas, confirmando cómo ellas sienten acerca de ti. Imagina una pluma que va cayendo y aterriza sobre un montón de plumas. O una hoja delgada cayendo suavemente y descansando encima de otra, creando una pila de capas agradables. Las capas se edifican con el tiempo. Se usan como un amortiguador para vencer los susurros de la duda o las mentiras que, a veces, pasan de manera acelerada por tu mente.

Los bebés empiezan a colocar sus capas de confianza cuando nacen. Lloran, alguien cubre sus necesidades, y se sienten seguros y protegidos. O un niño se cae y corre a su mami para que lo bese y le seque las lágrimas. El amortiguador de confianza del niño sirve para suavizar los tropiezos de la vida.

Como adultos, ponemos nuestra confianza en las manos de Dios todopoderoso. Capa sobre capa, año tras año, Él llena nuestras vidas con detalles y bendiciones, los cuales son personales a nuestros preciosos corazones. Luego, cuando los golpes de la vida nos afectan, caemos de espaldas al amortiguador de nuestra fe. Nuestras capas de confianza nos sostienen en los brazos tiernos de Dios. Capas de confianza, toda relación las tiene. Crecen con el tiempo y se desarrollan en raíces fuertes que nos sostienen.

¿Cómo puedes seguir añadiendo capas de confianza en tus relaciones?
¿Y en tu relación con Dios?

31 de marzo

Shalom

> El Señor fortalece a su pueblo; el Señor bendice a su pueblo con la paz.
> Salmos 29:11 NVI

Completo, perfectamente sensato, intacto… Dios nos promete su paz; su paz perfecta, su *shalom*. Cuando las aguas empiezan a bambolear tu barco, Él está allí para pronunciar paz sobre ti. En la quietud de la noche, Él está allí para cubrirte manteniéndote protegido. ¿Cómo? Es un misterio para mí, pero está allí. Pero solamente si lo pides.

Después de pedirle a Dios su paz, confía en Él, completamente. Confía en que Él tiene el control y que ya puso en movimiento su plan absolutamente perfecto. El plan de Dios podría no parecerse al tuyo; probablemente ni siquiera de cerca. Pero en tanto busques su rostro, anhelando hacer su voluntad, Él será fiel en presentarse. A presentarse y guiar el camino en paz. Así que aférrate a la mano fuerte de Dios y busca su rostro. Nunca te sueltes de Él.

¿De qué manera puede Dios ayudarte a mantener tu paz hoy?

Abril

1 de abril

Preocupación y terror

> No tengas miedo, porque yo estoy contigo; no te desalientes, porque yo soy tu Dios. Te daré fuerzas y te ayudaré; te sostendré con mi mano derecha victoriosa.
>
> Isaías 41:10 NTV

¿Alguna vez te has sumido en un frenesí de preocupación? ¿Los peores escenarios se desarrollan en tu cerebro convenciéndote completamente de que todo se va a desatar? Piensa en el peor escenario. ¿Es realmente tan malo? Probablemente no. Podrías tener unos días o tal vez unos años de angustia, pero al final, ¿realmente importaría? Desde el balcón del cielo, ¿importaría?

¿Cómo deja una de habitar en la carne, evitando que su cerebro se preocupe? ¿Cómo detenemos el choque de un tren? Negándonos a colaborar con la preocupación y el temor. ¿Cómo lo haces? Cuando repases una y otra vez un pensamiento en tu mente, esta afianza el pensamiento como un hecho. Tú engañas a tu cerebro para que crea una realidad falsa. Reviértelo.

Vuelve a enviarle tus preocupaciones a Dios. Después de todo, Él es quien tiene el control, no tú. Si cometes un error, reconócelo y sigue adelante. Permanecer en la preocupación o el miedo no te ayudará ni un poquito. No cambia nada. Excepto que tu paz desaparecerá.

Ríndete diariamente ante Dios. Ruega por su guía para llevarte a través de la vida. Luego, cuando la vida te tire una bola curva, tú puedes ponerte tu guante y lanzársela de vuelta a Dios. Él la atrapará, y tú estarás en su equipo ganador.

¿Qué preocupaciones debes lanzarle de vuelta a Dios?

2 de abril

Sus caminos perfectos

Señor, tú eres mi Dios; te exaltaré y alabaré tu nombre porque has hecho maravillas. Desde tiempos antiguos tus planes son fieles y seguros.
Isaías 25:1 NVI

Dios es un "buen, buen Padre". Me encanta esa canción de Chris Tomlin. Excepto que algo en la canción siempre me ha molestado. ¿Es Él verdaderamente perfecto en todos sus caminos? Porque cuando la vida se va por el escusado, no parece que Dios sea tan perfecto. Quedé confundida en cuanto a sus caminos perfectos cuando pensaba en todo lo que yo había atravesado. ¿De qué manera es perfecto su camino cuando eso implica que tu cónyuge te abandone después de veinte años debido a que él afirma que debe ser su verdadero yo? ¿De qué manera es perfecto el camino de Dios cuando tu cónyuge muere? ¿Cómo es su camino perfecto cuando sufres un aborto espontáneo? Como dije, me molesta cada vez que canto esta maravillosa canción.

Pero luego, entendí: Dios es perfecto. Sus caminos son perfectos. Cuando el pecado entró al mundo, la muerte iba detrás. Diariamente elegimos entre la vida y la muerte. ¿Por qué Dios permite el quebrantamiento o sufrimiento? No me toca juzgarlo. Está en mi listado de preguntas para cuando llegue al cielo. Sin embargo, cuando confiamos en Dios para que nos lleve a través de nuestros momentos de quebrantamiento, su camino es perfecto. Él es perfectamente capaz y está dispuesto a llevarnos cada día a través de cualquier cosita. Su respuesta de paz en medio de la tormenta es perfecta. De igual manera su presencia permanente está para ayudar en los problemas. Clama a Él y te responderá. Así que, sí, sus caminos son perfectos. Y estamos agradecidas por eso.

¿Cómo has alabado a Dios, quien es tan bueno, durante los tiempos difíciles?

3 de abril

Recompensas de fidelidad

Que nunca te abandonen el amor y la verdad: llévalos siempre alrededor de tu cuello y escríbelos en la tabla de tu corazón. Contarás con el favor de Dios y tendrás buen nombre entre la gente.

PROVERBIOS 3:3-4 NVI

Obediencia. Obedecer completamente lo que en tu corazón sabes que debes hacer incluso si suena absurdo o si va en contra de la lógica humana. ¿Alguna vez has orado acerca de algo? Sí, sé que lo has hecho. Llega tu respuesta y, asombrosamente, no te gusta. Así que vuelves a orar, pensando que oíste incorrectamente la respuesta de Dios. ¿Y Él responde de la misma manera que antes? Cuando esto suceda, escúchalo. Dios realmente quiere compartir su plan para ti si decides escuchar. No es posible que lo comprendamos todo lo que Él tiene para nosotras si decidimos escuchar, si decidimos obedecer.

Recompensa por fidelidad es el resultado de nuestra sumisión humilde. Sus caminos son más altos que los nuestros. Justo la semana pasada, yo misma lo aprendí de nuevo. La confirmación de su amor es en lo que se resume la obediencia. Esta es mi oración por mis hijos diariamente: *Que ellos puedan escuchar tu voz, prestar atención, obedecer para que conozcan la verdad que los hará libres.* Que esta bendición caiga también sobre ti en la medida en que eres fiel a Dios.

Decide escuchar y obedecer a Dios incluso cuando no estés de acuerdo con su respuesta a tus oraciones fieles.

4 de abril

Cambia la imagen

> Por lo tanto, mis queridos hermanos, manténganse firmes e inconmovibles, progresando siempre en la obra del Señor, conscientes de que su trabajo en el Señor no es en vano.
> 1 Corintios 15:58 NVI

A veces, me pregunto a mí misma ¿qué está haciendo Dios? ¿Por qué esto o lo otro? Nosotras visualizamos la vida de cierta manera, y luego, nuestra imagen cambia. ¿Por qué? ¿Por qué cambia? Recuerdo que se supone que no debemos saber el porqué. Se supones que no debemos saber todas las respuestas, al menos no por ahora. Nosotros no guardamos el futuro, pero Dios, sí. Su misericordia y su gracias nos rodean cuando confiamos en que Él nos guía en los pasos de la vida. Él sabe cuál es el siguiente paso y lo que hay más allá de nosotros, en el horizonte. El siempre provee la fortaleza que necesitamos para hacer lo que Él nos pide. Y Él sabe el porqué.

Cambia la imagen que tienes en mente sobre cómo piensas que debe ser tu vida. Reemplázala con la imagen que Dios ha pintado para ti. Luego, ve. Confía en que Él tomará tu mano. Él tiene la brújula y el mapa. Ponte los zapatos para caminar y bloqueador solar. Es un día hermoso para una caminata.

¿Cómo debes cambiar la imagen para que se parezca a lo que Dios tiene para ti?

5 de abril

Bendice tu corazón

A la mujer estéril le da un hogar y le concede la dicha de ser madre de hijos.
SALMOS 113:9 NVI

Como madres, llevamos nuestras emociones en la manga. Nos quebramos la espalda por nuestros hijos, clamando desesperadamente a Dios por la redención de ellos. Incluso si no eres mamá, y en cambio tienes sobrinos o cuidas a otros niños, todas amamos profundamente. A veces, como soldados, nos volvemos solitarias, sosteniendo todas las cargas en nuestras manos cansadas. Dios quiere caminar a tu lado, ayudándote en cada paso del camino. Puedes confiar completamente en Él.

Dios quiere recordarte gentilmente algunas cosas. Él ama a tus hijos más de lo que tú puedas imaginar. Ellos le pertenecen. Él los ve y los conoce. Él conoce sus penas más profundas y sus alegrías más grandes. Él reconoce sus deseos en la vida y está siempre presente con ellos. Soltarlos no es fácil, pero conforme lo vas haciendo, recuerda que Dios es su Padre. Él los sostiene en la palma de su mano. Nunca los dejará ni los abandonará. Cuando los levantes ante Él en oración, alégrate de que Él ya está obrando en ellos. Descansa sabiendo que Él los ama mucho más de lo que tú podrías amarlos. Y a medida en que se desarrolla su futuro, Dios está allí.

Suelta y recuérdate a ti misma cuánto le interesan tus hijos a Dios.

6 de abril

Nuevo comienzo

Pensemos en maneras de motivarnos unos a otros a realizar actos de amor y buenas acciones.
HEBREOS 10:24 NTV

¿Alguna vez despertaste y declaraste "este es el día"? *Este es el día en que yo me volveré sagrada, tal vez hasta una santa. Finalmente decidiré convertirme en la persona que Dios me diseñó.* Recuerdo haber hecho esa declaración varias veces cuando era una jovencita. Sería mi nuevo inicio: de este día en adelante, obedeceré alegremente a mis padres. Mantendré cuidadosamente mi habitación limpia y trataré a mi hermano como a un ser humano. Mantendré mi boca cerrada y me guardaré mis opiniones.

Me encantan los nuevos comienzos. Pero en nuestras propias fuerzas, están destinadas al fracaso. En realidad, destinadas al fracaso desde el inicio. Tardaban unos simples momentos. Sin embargo, cuando tenemos la cobertura de Dios y su fortaleza a través de nosotras, estamos destinadas a la gloria. Su gloria brillará a través de nosotras, tocando almas valiosas. Declara hoy un nuevo comienzo. Ámalo. Entrégale cada pensamiento a Dios, enfocando tu mente en Él. Pon cada deseo a tus pies y deja que Él guíe tus pasos. Invítalo a hacer una obra poderosa en ti para que puedas ser todo lo que puedes ser y más. ¡Amén!

¿Qué harías con un nuevo comienzo?

7 de abril

¿A quién acudes?

> Toda la alabanza sea para Dios, el Padre de nuestro Señor Jesucristo. Dios es nuestro Padre misericordioso y la fuente de todo consuelo. Él nos consuela en todas nuestras dificultades para que nosotros podamos consolar a otros.
>
> 2 Corintios 1:3-4 NTV

¿A quién acudes por consuelo? ¿A Jesús o a Satanás? Todas estamos acudiendo a uno o al otro. Acudir a Jesús te dará vida. Quizá tengas una tristeza temporal mientras vacías tus necesidades egoístas antes los pies de Jesús. Pero esa decisión de elegir a Jesús traerá paz, vida. Acudir a Satanás traerá muerte. La muerte probablemente no sería inmediata, y la sensación sería casi satisfactoria. Sin embargo, esa decisión traerá con seguridad la muerte, la ausencia de paz y el remordimiento en la mañana. Nuestras decisiones en la vida siempre nos acercan ya sea a Jesús o a Satanás, la vida o la muerte. ¿A quién acudes?

A veces, la vida puede parecer enredada, como que si no estás segura de cuál decisión lleva a qué lado. Cuando te enfrentas con eso, siempre acude a Dios. Pregúntale qué debes hacer. Incluso si no tiene sentido para ti, pídele claridad y confirmación. Él de la dará fielmente. Luego, sabrás que debes continuar caminando hacia Dios.

¿Qué cosas en tu vida no van hacia Dios?
¿Cambiarías la dirección hacia dónde vas?

8 de abril

Aún amada

> Que la gracia del Señor Jesús sea con todos.
> APOCALIPSIS 22:21 RVC

Lo intento, Señor. Lo intento, y aun así fracaso. Estoy tratando de ser quien tú quieres que sea para todos los que amo. A todos los que conozco. A cualquiera que pongas en mi camino. Pero parece que fracaso más de lo que logro. Mis necesidades saltan justo en primer lugar como la máxima prioridad más veces de las que me gustaría admitir. ¿Por qué no puedo tenerte como una prioridad en mi vida? Cuando veo a los demás, ¿por qué me permito bloquear la preciosa vista de ti? Tú estás en mi esposo. Estás en mis hijos. Estás en mis alumnos. Estás en la dama en el mercado de la esquina. Me has dado incontables oportunidades para servirte diariamente. Aun así, sin importar cuánto yo quiera servirte en mis acciones, fracaso, caigo para servirme a mí misma y a mis necesidades primero. Seguiré fallando, llena de decepción cuando no te pido continuamente que me llenes de tu sabiduría, tu fortaleza, tu amor por cada persona.

Tenemos solamente una oportunidad por cada interacción temporal. Una oportunidad para ver a la otra persona y verte a ti, Jesús. Recuérdanos amar a los demás con tu amor. Recuérdanos hablarles vida a los demás con tu amor. Bendice a los demás a través de tu amor, así como nos has bendecido a nosotras. Permite que veamos a los demás como tú los ves: tu hijo preciado. Permite que nos veamos a nosotras mismas de esa manera también: amadas por ti con defectos y todo.

Acuérdate de que Dios te ama, así como eres. Con defectos y todo.

9 de abril

Mantén el rumbo

El que los llama es fiel y así lo hará.
1 Tesalonicenses 5:24 NVI

Mantén el rumbo. Escuché esas palabras en un susurro hoy. Dios me las dijo en mi corazón. Y hoy, éstas también son para ti. Mantén el rumbo. Confía en el plan de Dios. Debes saber y creer que Él tiene el control. Incluso cuando estás confundida acerca de lo que hay que hacer, sigue buscando a Dios. Cuando la esperanza parece morir con referencia a tu hijo preciado, mantente de rodillas. Cuando los ladrillos sigan cayendo sobre tu cabeza, cuando la vida se torne muy abrumadora, confía en la fortaleza de Dios.

Permite que Dios inunde tu alma con su paz continua, mientras tú buscas fielmente su plan. Mantén el rumbo. El plan de Dios se revelará. Él te defenderá. Mientras tanto, mantén el rumbo. Porque estar en la mano de Dios es justo donde perteneces. Resiste la urgencia de moverte dentro de tus propias fueras o de asignar planes provenientes de tus propias ideas. Mantén el rumbo que Dios tiene para ti. Quédate en el rumbo con Él.

Pídele a Dios que te ayude a mantener el rumbo.
Pídele que te dé su fortaleza para llenarte por completo.

10 de abril

El tiempo de Dios

Encomienda al Señor tu camino; confía en él y él actuará.
SALMOS 37:5 NVI

A veces, el tiempo de Dios no es el nuestro. En realidad, generalmente parece ser así. ¿Por qué somos tan impacientes? ¿Por qué tendemos a enfadarnos cuando tenemos que esperar que Él se mueva? Nosotros queremos tener el control. Nos encanta. Parece que, muchas veces, volvemos a querer el control. Incluso desde muy atrás, en el jardín del Edén. ¿Recuerdas ese primer pecado? Fue un gran problema. Eva quería controlar en vez de Dios. Adán también, porque de lo contrario él habría protegido a Eva.

Si algo he aprendido, es confiar en el tiempo de Dios. Quizá no siempre nos guste, pero confiar debemos. Salmos 37:5 nos recuerda que primero encomendemos nuestros caminos a Dios. ¡Hecho! Luego, debemos confiar en Dios, y Él actuará. ¿Confiamos, pero mantenemos nuestra ansiedad y preocupación? Paremos, y confiemos sencillamente, sigamos adelante, continuemos. Hay un plan. El plan de Dios. Él lo revelará en su tiempo perfecto. Su tiempo, no el mío y tampoco el tuyo. Mientras tanto, confía tal como nos lo recuerda el salmo. Mira hacia atrás, a todos los detalles que Él ha reunido para ti, que te ha mostrado y demostrado que Él te ve y está completamente presente contigo. Aférrate a la mano de Dios. Él nunca te soltará.

¿Qué le estás confiando a Dios? Encomienda a Dios tu camino y confía en su tiempo.

11 de abril

Calma tu corazón

Calmó la tormenta hasta convertirla en un susurro y aquietó las olas.
SALMOS 107:29 NTV

Jesús le ordenó a la tormenta que se quedara quieta, que se detuviera, que cesara. Sin inmutarse por la agitación de la tormenta, Jesús simplemente le puso fin. Y de manera instantánea, las olas se calmaron, guardaron silencio. ¿Qué tormentas están agitándose en tu vida? ¿Qué pensamientos están gritando en tu mente? ¿La preocupación y el estrés de la vida, las presiones de nuestro mundo?

Calma tu mente abarrotada. Quita el ruido de la vida. Deja de correr por todas partes con tus listados interminables y tus expectativas no cumplidas. Quédate callada y quieta. Enfócate en Dios. Mira hacia atrás, a su fidelidad por ti. Lee tu listado de detalles o bendiciones. Cree en tu corazón la verdad de que, sin duda alguna, Dios es real. Entonces, lo sabrás. Mientras te sientas calmadamente en su presencia, derrotando cada tormenta, su paz te envuelve. Su paz te calmará. Su paz te fortalecerá.

Dios es el mismo ayer, hoy y mañana. Él fue, es y es el que vendrá. Él creó todas las cosas. Tiene al mundo y a todas ustedes en sus manos. Así que quédate quieta y reconoce que Él es Dios. Descansa y confía. Sé tú misma.

¿Cómo puedes estar quieta delante de Dios hoy?

12 de abril

Paz

No se preocupen por nada; más bien, en toda ocasión, con oración y ruego, presenten sus peticiones a Dios y denle gracias.
FILIPENSES 4:6 NVI

Este versículo es impactante, ¿verdad? Dios nos manda a que por nada estemos ansiosas, completamente nada. ¿Dios quiere que estemos en paz y descansadas acerca de todo? Sí, porque Él nos manda a que por ninguna cosa estemos ansiosas. ¿Incluso por nuestros hijos? Sí. ¿Incluso por nuestro matrimonio? Sí. ¿Incluso por la incertidumbre del futuro en nuestro mundo abatido? Especialmente, sí.

Cuando Dios nos pide que por nada estemos ansiosas, Él sabe que no podemos hacerlo en nuestras propias fuerzas. Él nos da el mapa de ruta de la paz. En absolutamente cada parte de tu vida ocupada, ora por eso. Ora por cada cosita. Busca el rostro de Dios en cada aspecto de tu vida. Agradécele por todo lo que ha hecho y hará por ti. Cuando no nos permitimos ponernos ansiosas, y en cambio acudimos a Dios en oración, el agradecimiento por sus respuestas venideras nos enderezará. Una vez más nos reenfocaremos en Dios y lo que Él tiene para nosotras. Su paz se liberará en nuestros corazones a medida en que la ausencia de ansiedad se establezca.

¿Cómo puedes dejar de estar ansiosa? Ora al respecto hoy, agradeciéndole a Él por todo lo que hace y hará por ti.

13 de abril

Inundadas de su paz

Y la paz de Dios, que sobrepasa todo entendimiento, cuidará sus corazones y sus pensamientos en Cristo Jesús.

FILIPENSES 4:7 NVI

Cuando oras y buscas su voluntad con un corazón agradecido, su paz te inundará. Su paz, que sobrepasa *todo* entendimiento, llegará. No solo su paz llegará, sino también guardará tu corazón y tu mente en Cristo Jesús. Él guardará tu corazón contra el temor. Él guardará tu mente contra las mentiras. Cuando sometes completamente tus peticiones a Dios con un corazón agradecido, Él cubrirá tu corazón y tu alma con una paz que sobrepasa todo entendimiento. Cuando decides entregar a Dios *todas* tus preocupaciones, agradeciéndole por todo lo que Él es, su paz tomará el mando. Su paz perfecta, la cual no podemos entender. Cuando entregas el control, cuando sometes tu voluntad a la suya, cuando le agradeces, desde tu cabeza hasta las puntas de tus pies, por todo lo que te ha dado amorosamente, Él vendrá trayendo su paz perfecta. Vendrá. Quiere venir. No puede espera para darte su paz.

Continúa rindiéndote y agradeciendo, sigue su voluntad para tu vida, cada día. Te volverás radiante con su paz, y ¡qué testimonio será de sí mismo!

¿Cómo puedes compartir hoy la paz de Dios con el mundo?

14 de abril

Vestida de Él

¡El fiel amor del Señor nunca se acaba! Sus misericordias jamás terminan. Grande es su fidelidad; sus misericordias son nuevas cada mañana.

LAMENTACIONES 3:22-23 NTV

Recuerdo un antiguo canto que decía: "Por la mañana, cuando me levanto, dame a Jesús". Nosotros nada somos sin Él. Simples cáscaras desprovistas de propósito o cambio verdadero. Con Él, todo cambia. Cuando estamos vestidas de su misericordia, le damos compasión a los demás. Cuando estamos vestidas de su amor, les damos relevancia a los demás. Cuando estamos vestidas de su perdón, les damos libertad a los demás. Cuando estamos vestidas de su paz, les damos descanso a los demás. Él derrama continuamente sus bendiciones sobre nosotros para que podamos difundir su carácter en los confines de la tierra, bendiciendo a los demás con Él mismo. Sus misericordias son nuevas cada mañana. Él guía a sus santos por el camino correcto.

Prueben y vean que Dios es bueno, muy bueno. Deja que Él te llene de su bondad cada mañana. Y cuando obedeces, volverás a ver sus buenas nuevas esparcidas sobre las almas sedientas que te rodean. Andar a lo largo del día vestida de Él marca una gran diferencia.

¿Cómo te vestirás hoy de Dios?

15 de abril

Mi Roca

Nadie es santo como el Señor; no hay roca como nuestro Dios. ¡No hay nadie como él!
1 Samuel 2:2 NVI

Jesús es la Roca sobre la que permanezco. Él es el mismo ayer, hoy y mañana. Él es eterno, perpetuo, confiable, seguro. Él permanece, inamovible, imperturbable. Incluso en los días de tormenta, Él se mantiene fijo. Por mi misma, yo tiemblo con el viento. Mi propia fuerza me falla una y otra vez. Las mentiras se meten en mi cerebro, entrenándome a creer en la identidad que Satanás tiene de mí, en vez de la identidad que Dios me da.

Hay más. Hay vida, renovación, redención, restauración. Cuando me aferro a la mano de Jesús, cuando Él sujeta mi mano con la suya, su fortaleza se vuelve mía. Su paz inunda mi alma. Su identidad para mí se vuelve mía. Los días de tormenta siguen llegando y continuarán durante el resto de mis días. Pero aferrarme a Dios y agarrarme de Él lo cambia todo. Su ancla me mantiene con los pies en la tierra y arraigada a su amor. Decide tomar su mano y permanecer en su amor. Luego, una vez que lo haya elegido a Él, decide quedarte para siempre.

¿Cómo te aferrarías hoy a la Roca de Jesús?

16 de abril

Dar a Dios solamente la mitad

Es necesario que él crezca, y que yo decrezca.
Juan 3:30 rvc

Seamos realistas. Nuestra carne no quiere decrecer. Exige que la alimentemos. Jesús quiere que nos enfoquemos primero en Él, dejando que nuestra carne decrezca. ¿Y cómo respondemos muchas veces a su expectativa? Tendemos a dar a Dios las partes que no queremos en vez de darnos a Él por completo. A continuación, un escenario típico de lo que es eso.

Mi familia necesita a Dios, pero mi trabajo está bien. Dios puede elegir los libros que yo leo, pero quiero permanecer a cargo de la televisión. ¡Sé lo que me gusta! Permitiré que Dios cambie mi comida y mis hábitos de alimentación. Allí es donde realmente lo necesito. Dios puede dirigir mi salud, el trabajo de mi esposo y nuestros planes de vacaciones. Yo me quedo con mi orgullo (realmente lo necesito para trabajar), mi egoísmo (tengo que velar por mí) y mi desconfianza de todo lo que no haya hecho yo misma. (¡Recuerdo el desastre en mi lavadora de platos cuando no era yo quien estaba llenando la máquina!) Le doy gracias a Dios por tomar el control de algunas cosas en mi vida. Pero yo mantendré el control de las otras cosas, por ahora. Mi pastor dice que debemos rendir todo a Dios, que estaríamos más felices y tranquilas. ¡No sé cómo alguien podría hacer eso! A mí me encanta tener el control. ¡Estoy ansiosa de ver a Dios desarrollando las cosas de acuerdo con lo que yo quiero en las áreas que estoy dispuesta a entregarle a Él!

Leer eso es doloroso. Sin embargo, si nos vemos honestamente a nosotras mismas, eso no es exagerado. Para que Dios crezca en nuestras vidas, nosotras debemos decrecer. Que Dios nos ayude a hacerlo hoy.

¿En qué parte de tu vida no le estás permitiendo a Dios tener el control?

17 de abril

Someterte

Así que sométanse a Dios. Resistan al diablo y él huirá de ustedes.
SANTIAGO 4:7 NVI

Por amor a Dios, detente. Deja de actuar como que puedes controlar la vida. Deja de fingir que tú tienes el control. Es Dios quien lo tiene. Él es el autor de la vida. Él cuenta nuestros días. ¿Quieres que la cuenta de tus días esté llena de preocupación? ¿Terror? ¿Puro pánico al solo pensar que pierdes el control? ¿O quieres que la cuenta de tus días esté llena de la paz transformadora de Dios? Es tu decisión. En realidad, es diariamente.

Sí, Dios te da autoridad para tomar decisiones. Puedes controlar tu esquinita de la vida. Pero primero, debes someterte a Dios. ¿Pregúntale cómo ordenar tu día? Habla con Él acerca de cada paso tuyo. Luego, la paz de Dios te guiará. ¿Tendrás pruebas? Sí, pero tendrás gozo a pesar de ellas, sabiendo que Dios todavía tiene el control. Él conoce el principio desde el final. Él es el autor y consumador de la vida. Te ama completamente, sin reservas.

Sométete al Dios todopoderoso, quien te creó a ti y al mundo en el que vives. Sométete al Dios todopoderoso, quien sabía que necesitabas un Salvador y te proveyó el camino a la vida eterna. Sométete al Dios todopoderoso, quien quiere guiarte y protegerte, cubriéndote en su perfecta paz y amor. Por amor a Dios, sométete.

¿Puedes someterte a Dios hoy? ¿En qué área quieres todavía tener el control?

18 de abril

Denme a Jesús

"Yo les he dicho estas cosas para que en mí hallen paz. En este mundo afrontarán aflicciones, pero ¡anímense! Yo he vencido al mundo".
JUAN 16:33 NVI

Cuando todo lo demás esté eliminado, denme a Jesús. Cuando mi día no vaya según el plan, denme a Jesús. Cuando sencillamente no pueda comprender lo que Dios está haciendo, cuando quiero lo que Él me ha quitado, cuando mi corazón esté sangrando por el dolor de la vida, denme a Jesús.

Su paz y amor te traerán consuelo a medida que te recuerdas a ti misma quién está sentado en el trono. ¿Quién conoce el principio desde el final? ¿Quién tiene tu corazón en sus manos? ¿Quién murió para salvarte? Jesús. Él es todo lo que necesitamos. Jesús venció al mundo. Literalmente lo venció. Debido a esto, nosotras podemos recibir su perfecta paz. La vida es complicada. La vida trae problemas; situaciones que decepcionan, expectativas que no dan la talla. Otros te fallarán, pero Jesús nunca lo hará. En la mañana, en la noche, y a lo largo de todo el día, solo denme a Jesús.

¿Cómo pondrás a Jesús en primer lugar hoy?
¿Cómo le permitirás que sea tu todo?

19 de abril

Confía y apóyate

Confía en el SEÑOR con todo tu corazón, y no te apoyes en tu propio entendimiento. Reconócelo en todos tus caminos, y Él enderezará tus sendas.
PROVERBIOS 3:5-6 NBLA

Los versículos de hoy pueden ser difíciles de aceptar para nuestra carne. Podríamos pensar: *Tú quieres decir que confíe en mis propias fuerzas, ¿correcto? Yo sé lo que quiero. Sé muy bien lo que necesito.* Dios también lo sabe. De hecho, Él sabe más. Él quiere lo mejor para ti, ve tu futuro, y hará que todas las cosas fructifiquen si confías en Él (no en ti misma) con todo tu corazón. Incluso esa parte de ti que quiere hacer las cosas a su modo. No puedes confiar en tu entendimiento de tu propia vida. Podrías pensar: *pero me conozco a mí misma mejor que Dios.* Ah, ¿sí? Dios creó la mente con la que piensas. Él creó tu corazón que late produciendo vida. Él te entiende más de lo que tú a ti misma. No te apoyes en tu propio entendimiento.

Debes reconocerlo a Él en todos tus caminos. Incluso cuando quieres ir por tus propios caminos porque sientes que es lo mejor. Sí, en todos tus caminos reconócelo, y Él dirigirá tus veredas. Y tú quieres que Él dirija tu vereda, ¿no es así?

Cuando Dios dirige tus veredas, Él trae su perfecta paz. Cuando seguimos nuestro propio camino, la preocupación y el terror son nuestros acompañantes. Sin embargo, cuando confiamos en el Señor con todo nuestro corazón, y sin confiar en nuestro propio camino, Dios camina con nosotras, y la paz se convierte en nuestra compañera. Acuérdate de cuán fiel ha sido Dios siempre contigo. Y empieza de nuevo, confiando en Él en cada paso de tu camino.

¿Qué puedes confiarle al Señor hoy? ¿Confiarías en el entendimiento de Dios en vez del tuyo?

20 de abril

El punto de la vida

Pongan la mira en las cosas de arriba, no en las de la tierra.
COLOSENSES 3:2 NBLA

¿Cuál es el punto de la vida? ¿Por qué estamos aquí? ¿Cuál es nuestro propósito? Pregunto porque realmente me gustaría saber. ¿Alguna vez has sentido como si simplemente no importara ni un poquito lo que hacemos? Podemos derramar años en un matrimonio, y él puede levantarse e irse o morir. Podemos derramar la vida misma en nuestros hijos, y ellos pueden crecer y apartarse de nosotros y de cualquier valor que hayamos puesto en sus corazones.

También me estoy preguntando sobre cosas materiales y físicas. Sí, me encanta una casa hermosa, igual que a ti. Pero todo es completamente temporal. Pienso en mi yo cuando era talla cuatro y pensaba que mi cuerpo no era lo suficientemente bueno. Cinco embarazos después, y mi cuerpo nunca se recuperará. Trabajé duro por mi doctorado porque me encanta la educación. Pero tampoco puedo llevarme eso. Cuando analizo mi listado de preocupaciones, veo que todo apunta hacia mí.

Cuando nos enfocamos en nosotras mismas, poniendo todos los huevos en la canasta del yo, nos decepcionaremos cuando los huevos de nuestra canasta se rompan. Porque todas sabemos que nuestra canasta de huevos preciados se romperá. Mi único pensamiento acerca de esta pregunta milenaria sobre qué es lo que verdaderamente importa es este: no se trata de nosotras o de nuestros deseos. Ayúdanos, Señor, a no enfocarnos en nosotras mismas. En cambio, ayúdanos a enfocarnos en ti.

¿Cómo puedes cambiar tu enfoque de ti a Dios?
¿Cómo puedes reflejar su espejo en lugar del tuyo, el cual,
de todos modos, nunca cumplirá tus estándares?

21 de abril

El propósito de la vida

Pero ustedes son descendencia escogida, sacerdocio regio, nación santa, pueblo que pertenece a Dios, para que proclamen las obras maravillosas de aquel que los llamó de las tinieblas a su luz admirable.

1 Pedro 2:9 NVI

Entonces, ¿por qué Dios nos creó? Por amor. Para Él. Por una relación con Dios, el creador de todas las cosas. Si nos enfocamos en Dios y lo que Él quiere que hagamos, estaremos conformes. Los huevos distintos en nuestra canasta permanecerán siendo suyos, no nuestros. Si se rompen, nosotras descansamos sabiendo que Dios ayudará a limpiar el desastre.

Desde el balcón del cielo, ¿tendrá importancia el color de mi comedor? ¿Tendrá importancia si manejo el vehículo de mi elección? No. ¿Cómo puede Dios usarnos para sus propósitos a fin de que podamos estar conformes? ¿Para dar esperanza a otros? ¿También para apilar amor? Vivimos en un mundo averiado. Pero Dios está rendimiento un amor que sobrepasa todo lo demás. Su misericordia eterna y la gracia inmerecida crean seguridad y protección. Cuando la gente no tiene esperanza, no se siente protegida. Cuando la gente no tiene amor, habitan en el temor y no están satisfechos.

Entonces, ¿cuál es el punto de la vida? Amar generosamente a los demás a través del poder de Dios. Si podemos ministrar el amor de Dios a otras personas, nosotras estaremos satisfechas. Pregunta a Dios a quién puedes bendecir. Pide a Dios que te haga su vaso, a través del cual su amor pueda derramarse sobre sus hijos. Porque lo único que puedes llevar contigo al cielo es a una amiga.

¿Cómo puedes reflejar a Dios hoy? ¿Qué de lo que tienes en tu vida puedes dejar ir mientras tomas en cuenta al cielo?

22 de abril

Mi Pastor

El Señor es mi pastor, nada me faltará.
Salmos 23:1 NBLA

"El Señor es mi Pastor". Él es mi líder. Él es mi protector, mi defensor, mi guía. El Señor, quien me creó a mí y a todos los seres vivos, me ayuda a lo largo del camino de la vida. Puedo descansar, sabiendo que Él me guía si pongo mi confianza en sus manos capaces.

"Nada me faltará". Cuando confío en mi Pastor, Él provee para todas mis necesidades. Él mantiene todas mis necesidades físicas, emocionales y espirituales dentro de su fuerza. Nada me falta, absolutamente nada. Es cuando yo empiezo a enfocarme en mí o en el mundo que, de repente, me vuelvo infeliz. Los pensamientos que surgen en mi cabeza cultivan descontento. Pero cuando me enfoco en mi Salvador, nada me faltará. El Proveedor perfecto ha anticipado cada una de mis necesidades. Y están ante mi mucho antes de cuando mi necesidad surge.

Es difícil sacar de tu cabeza a los pensamientos que traen desconfianza. Deja todo a los pies de Dios y confía en que Él te ayudará con todo y con lo que sea. La victoria es suya, y Él no te fallará. Porque el Señor es nuestro Pastor, nada nos faltará.

Visualiza a Dios como tu protector escudándote para evitar que te hagan daño. Confía en Él en todas tus necesidades.

23 de abril

Mi Pastor se ocupa de mí

En lugares de verdes pastos me hace descansar;
junto a aguas de reposo me conduce.
SALMOS 23:2 NBLA

"En lugares de verdes pastos me hará descansar". Mi Pastor, quien me guía, me dice qué hacer. Debo escuchar y obedecer. Y ver a dónde me guía. Un lugar hermoso y seguro donde hay abundancia. Observa que no te está diciendo que descanses en un basurero apestoso. Él te está enseñando a relajarte en un paraíso tranquilo. A algunas de nosotras no nos gusta que nos digan qué hacer, especialmente si lo dice una figura de autoridad. Pero si confiamos en Dios, nuestro Pastor que nos guía, debemos escuchar. Debemos escuchar y someternos porque Él es Dios. Él conoce el principio desde el final. Él nos ama tanto que quiere llevarnos a la vida eterna. Así que obedecer es lo que debemos hacer.

"Junto a aguas de reposo me conduce". Deja que Él te guíe. Recuerda, cuando Él es tu Pastor, nada te faltará. No te falta nada más, porque Él ha provisto para ti. Él te lleva a verdes pastos y a aguas de reposo. Paz y calma. ¿Será siempre así en tu recorrido en esta vida? No, ni de cerca. Pero antes de que llegues al valle, Él te llena de fuerza para el recorrido. Él te prepara porque Él lo sabe todo.

Cuando Dios te guía por verdes pastos y aguas de reposo, simplemente, disfrútalo. Él podría estarte llenado para un valle o para ministrar a alguien más. O quizás, es solamente un momento para descansar. Disfrútalo, amiga mía.

*Piensa en las maneras en que tu Pastor toma cuidado de ti.
Cuando Él te guía a aguas de reposo, empápate en ellas.*

24 de abril

Mi Pastor me guía

Él restaura mi alma; me guía por senderos de justicia
por amor de Su nombre.
SALMOS 23:3 NBLA

Dios restaura mi alma. Está completamente vuelta a la vida, hecha nueva. Además de que mi Pastor me guía a todo lo que necesito, Él también restaura mi alma. Estoy renovada de adentro hacia afuera. Él me equipa completamente para mi misión sobre la tierra. Dios piensa en todo, ¿verdad? Mi alma es quien yo soy. Restaurarla hace que yo vuelva de la muerte. Piensa en eso por un minuto. Dios extiende su brazo, cuidando de revivirte en todos lados, incluso en tu alma. Tu propio yo. Él no deja nada suelto.

Luego de que restaura mi alma, Él continúa guiándome por su camino de justicia. Su elección para mí es justicia. Sus planes para mí son buenos. Incluso cuando yo no sé a dónde me guiará, sé que puedo confiar en Él. Él ha sido fiel en llenar mis necesidades y continuará haciéndolo dondequiera que yo esté. Él me guía para cumplir asuntos divinos en su nombre. Dios nos usa para mostrar su bondad ante los demás. Mi Pastor me guía a la bondad y restaura mi alma, y me sacia para que nada me falte; pero solamente cuando tomo su mano. Decide tomar su mano hoy.

*¿De qué manera ha restaurado Dios tu alma, llevándote
por el camino de justicia? ¿Vas por propia voluntad?*

25 de abril

Mi Pastor me protege

Aunque pase por el valle de sombra de muerte, no temeré mal alguno, porque Tú estás conmigo; tu vara y tu cayado me infunden aliento.
SALMOS 23:4 NBLA

Porque he confiado en mi Pastor, quien me ha guiado por caminos de justicia y quien me ha guiado a lugares tranquilos de abundancia y descanso, debido a que nada más me faltará, puedo descansar en el conocimiento de su protección cuando repentinamente estoy rodeada de montañas y muerte. Cuando no puedo ver el siguiente paso, no temeré mal alguno. ¿Por qué? Porque mi Pastor, sabio y amable, está justo a mi lado. Él nunca se aparte de mi lado. A través de los cielos soleados y los días de oscuridad, Él siempre está allí, guiando cada uno de mis pasos.

Él gentilmente me empuja para que siga moviéndome incluso cuando estoy paralizada por el temor. Si estoy a punto de tropezar en el camino, Él me agarra y me lleva suavemente de regreso a su lado. Debido a que Él ha demostrado ser fiel una y otra vez, porque Él ha provisto para cada una de mis necesidades y nada me falta, yo puedo confiar en Él en el valle de sombra de muerte. El valle no durará para siempre; sin embargo, cuando estás en medio de ello, pareciera como que así será. Él te guiará a la salida. Sigue confiando en Él. Él es fiel.

Cuando no puedas ver el siguiente paso frente a ti, ¿pondrás tu confianza en aquel que te creó? Él permanecerá siempre a tu lado.

26 de abril

Mi Pastor me celebra

Tú preparas mesa delante de mí en presencia de mis enemigos; has ungido mi cabeza con aceite; mi copa está rebosando.
SALMOS 23:5 NBLA

¿Estoy segura en presencia de mis enemigos? No solo eso, ¿sino que también tengo un banquete delante de ellos? Tú me defiendes y tienes la última palabra. Tú corriges cada injusticia. Los enemigos no pueden permanecer en el camino de tu bondad y misericordia. Satanás no puede frustrar tus planes. Señor, deja que mis enemigos vean tu bondad antes de que sea demasiado tarde. Antes de que a ellos solo se les permita vernos disfrutando un banquete, pero no puedan entrar.

No solo preparas una mesa para mí frente a aquellos que me odian, sino también me honras, bendiciéndome abundantemente. Tú me cubres con toda cosa buena. Nada es demasiado precioso para guardarlo, ni siquiera la vida de tu Hijo, por mi salvación. Mi copa rebosa de tus bendiciones. La abundancia es casi más de lo que puedo soportar. Y pensar que estoy en tus pensamientos. Me guías a lugares hermosos y seguros, por el camino de justicia. Restauras mi alma y me mantienes protegida en el valle. No hay temor ya que mi alma descanse en ti. Tus planes para mí superan con creces mis pensamientos humanos. Soy bendecida.

Cuando sigues a Dios, sométete humildemente, Él continuará guiándote, celebrándote en medio de tus pruebas.

27 de abril

La bondad de mi Pastor

Sé que tu bondad y tu misericordia me acompañarán todos los días de mi vida, y que en tu casa, oh Señor, viviré por largos días.
SALMOS 23:6 RVC

Cuando sigo tu guía, cuando nada deseo porque tú provees todas las cosas, la bondad y la misericordia estarán conmigo cada día. Tu favor estará conmigo cuando decida tenerte en el trono de mi corazón. Cuando me hago a un lado y me someto a tus caminos, la misericordia de Dios estará conmigo en todos mis días. La misericordia y el favor de Dios en mi vida me seguirán cuando te permita, Señor, mi Pastor, guiarme todos los días de mi vida.

Después de seguir a Dios, rodeada de bondad y misericordia, me pondrá cerca de Él para siempre; la eternidad con Dios. Cuando ponemos nuestra confianza en nuestro Pastor para que nos guíe a lo largo de la vida, Él nos guiará a través de todo: cada montaña y cada valle. Sin embargo, nunca debemos temer porque Él provee todo lo que necesitamos. Él prepara nuestra alma para las pruebas, caminando con nosotras hacia el otro lado. Su protección también incluye defendernos frente a nuestros enemigos. Viviremos eternamente con Él. No quiero nada menos. ¿Y tú?

Cuando sigues a Dios, no solo serás bendecida con bondad y misericordia, sino que habitarás en la casa de Dios eternamente. Yo me apunto. ¿Y tú?

28 de abril

Altibajos

Él cambia los tiempos y las épocas, pone y depone reyes.
A los sabios da sabiduría y a los inteligentes, discernimiento.
DANIEL 2:21 NVI

La vida está llena de temporadas a las que podríamos referirnos como las fases de la vida. Hablo de altibajos. Estar arriba y estar abajo. La lluvia y el desierto. Las montañas y los valles. A veces en la vida, sabemos lo que estamos haciendo, y otras, no. Hay veces en que es fácil confiar en Dios y hay otras en que se toma todo lo que tenemos. Y a veces, fracasamos miserablemente.

El Salmo 23 habla hermosamente de esas fases. Arriba en la montaña, Dios nos lleva al descanso, llenas nuestras almas y nos guía por el camino divino. Cuando la vida nos lleva a un valle, Él nunca se aparta de nuestro lado. De hecho, nada tenemos que temer. Hay una ausencia de temor, tanto así que Él nos saca del valle y nos regresa a la montaña para comer seguras en la presencia de nuestros enemigos; y la bondad y la misericordia nos siguen. En las alturas de la vida, Dios camina con nosotras, guiándonos hacia Él. En las bajuras de la vida, Él nunca se aparta de nuestro lado, llevándonos a la redención. El Señor es mi Pastor. ¿Es tuyo también?

Sin importar si estás en un valle o subiendo una montaña, Jesús es tu Pastor. ¿Cómo cambia eso tu perspectiva?

29 de abril

No es mi problema

Pongan en práctica lo que de mí han aprendido, recibido y oído, además de lo que han visto en mí y el Dios de paz estará con ustedes.
FILIPENSES 4:9 NVI

No es mi circo, no son mis monos. Me encanta ese dicho. Significa "no es problema mío", pero está dicho en una forma extremadamente divertida. Lo que sea que amenace abatirme, cualquier cosa que procure destruir mi paz, lo que sea que trate de robar mi gozo, "no es mi circo, no son mis monos". No es problema mío. Decidiré enfocarme en Dios mientras yo echo otra cosa más a sus pies. Los problemas y los enfados que pienso que existen no son míos, son de Dios. Le pertenecen a Dios cuando yo decido devolvérselas a Él.

Después de descubrir este dicho, lo aplico solamente para las cosas que están por encima de mi control. Cosas que no deberían involucrarme, pero que verdaderamente me molestan. Después de un tiempo, empiezo a darme cuenta de que este dicho realmente cubre todo. Todo lo que roba mi paz.

Cuando decidimos confiar en Dios, someternos diariamente a Él, descansamos en el conocimiento de que solo Él tiene nuestro futuro en sus manos. Y cuando él nos tiene a nosotras y a nuestro futuro, podemos quedarnos en paz. La paz se evapora cuando ya sea una mona o un circo se inmiscuye causando confusión. Repito ese dicho cuando me enfado por cualquier cosa que la vida me lanza, porque yo confío en Dios completamente y Él tiene el control. Y cuando Él tiene el control, yo estoy en paz. Esta vida no es mi circo, no son mis monos. Es de Dios.

¿Qué cosa en tu vida puedes declarar que no es tu mona? Entrégale todo a Dios. Él es muchísimo mejor que nosotras para controlar las cosas.

30 de abril

Bendecida por confiar en Dios

Pero que pida con fe, sin dudar, porque quien duda es como las olas del mar, agitadas y llevadas de un lado a otro por el viento.

SANTIAGO 1:6 NVI

¿Ves a Dios caminando contigo sobre el mar, a través de todas las olas y los truenos retumbantes y el chapoteo de la lluvia? Incluso si no puedes ver la orilla o no sabes dónde está el norte, Dios, sí. Sus caminos son más altos que los nuestros. Anhela que tú confíes en Él a lo largo del proceso. No vivas día tras día deseando tener una solución para todos los problemas de la vida. Si lo haces, pasarás por alto la bendición de confiar en Dios con todo tu ser. Te perderás la paz que sobrepasa todo entendimiento y que protege tu corazón y tu mente. Dios anhela tenerte ahora, para que pueda usarte poderosamente a través del proceso.

Es fácil confiar en Dios cuando puedes ver la costa, y aún más fácil cuando el sol brilla, los pájaros cantan, te ves y te sientes magníficamente, y tu familia está de mutuo acuerdo. Pero también es fácil creer en lo equivocado: en ti misma. Ponte en alerta, porque podrías pensar que tienes todo lo que quieres y nada te preocupa. La belleza en la tormenta es la fe como de una niña a la que nos aferramos. La paz es la recompensa. La paz que viene de saber que nada podemos hacer y que Dios sí puede y hará todo. Él tiene el control, nosotras, no. Agárrate de Él en la tormenta y en la quietud. Proponte que tu voluntad y pensamientos confíen en Él completamente. Incluso si no puedes ver la costa.

Si no puedes ver la costa, toma la mano de Dios y entrégale tu corazón.

Mayo

1 de mayo

Dueño de mi corazón

Por eso les digo: dejen que el Espíritu Santo los guíe en la vida. Entonces no se dejarán llevar por los impulsos de la naturaleza pecaminosa.
GÁLATAS 5:16 NTV

¿Es Él dueño de tu corazón? ¿Tiene el control completo? Ninguna de nosotras es perfecta en esta área. Pero si le pides constantemente que guíe tus pensamientos, palabras y acciones, entonces, Él tiene el puesto de Dueño de tu corazón. Cuando las pruebas o simples enfados llegan a tu puerta, si acudes a Él por dirección, entonces Él tiene el control, justo donde Él debe estar. Los enfados pueden desaparecer cuando regresas tus pensamientos al plan que Dios tiene para ti. Tus reacciones a la vida están filtrados a través de los lentes de Dios. Su paz y amor permeará todo lo que eres y haces.

Podrías decir: "No creo ser esa persona. Mis reacciones no son exactamente excelentes cuando la vida me da una bofetada". Entonces, algo más debe ser el amo de tu corazón. Cuando no es Dios, es algo más. Muy probablemente… tú. Nos encanta ponernos en primer lugar. Cuando somos las dueñas de nuestro corazón, nuestros deseos son primero. Lo que nosotras queremos es lo que se hace. La decepción nos sigue regularmente por todas partes. Lo mismo es con los enfados. ¡Ya basta! Corrígelo. Sométete a Dios. Él es el autor de todas las cosas y te guiará gentilmente a la plenitud de vida. Coloca a Dios como el Dueño de tu corazón. Acude a Él en todas las cosas. Satisfacción y paz irán detrás de ti en cada paso que des.

¿En qué áreas de tu corazón quieres todavía tener el control? Piensa en darle a Él todo tu corazón. No te arrepentirás.

2 de mayo

Libertad

Cristo nos libertó para que vivamos en libertad. Por lo tanto, manténganse firmes y no se sometan nuevamente al yugo de esclavitud.

GÁLATAS 5:1 NVI

La libertad de ti misma te espera. Con Dios en tu corazón, tienes su libertad. Desafortunadamente, nosotros muchas veces nos apartamos de la libertad de Dios cuando volvemos a nuestros caminos egoístas. La libertad en Dios es digna de que tú pierdas el control. Recibe a Dios completamente y sé libre. Repite esta oración conmigo, por favor.

Amado Señor, gracias por libertarme, liberarme de la culpa y la vergüenza. Liberarme de la escasez y la avaricia. Liberarme del pecado y la muerte. Tú me has libertado completamente de las maldades de este mundo. Me has libertado completa, plena y totalmente. Cuando yo vuelvo atrás, cuando elija participar con mi carne, y volver voluntariamente al pecado, por decisión propia, cuando tome mi propio camino por encima del tuyo, regreso al cautiverio; al cautiverio del pecado y de todo lo que implica.

Pero cuando decido nuevamente pedir tu perdón, la libertad vuelve a ser mía. La libertad del pecado a través de tu gracia perfecta y soberana es tu regalo para mí. Te pido que yo pueda escogerla cada momento de cada día. En el nombre de Jesús. Amén.

¿Qué provoca que regreses a volver a ser la de antes, lejos de la libertad de Dios?

3 de mayo

Dormida

El camino de los perezosos está obstruido por espinas, pero la senda de los íntegros es una carretera despejada.
PROVERBIOS 15:19 NTV

Estamos dormidas, inconscientes. Tal vez nuestras mentes están en la arena por elección, consumidas por las cosas que sencillamente no importan desde el balcón del cielo. Consumidas en los medios sociales, correos electrónicos, notificaciones, imágenes, etc. Edificándonos a nosotras mismas para ser todo eso y más.

Algo de nuestras ocupadas actividades es santo. Algunas otras, no. ¿Verdaderamente es necesario que trabajes tantas horas? ¿Acaso no estamos viviendo en la abundancia, la mayoría de nosotras está desprovista de la verdadera necesidad? ¿Por qué anteponemos nuestros teléfonos a nuestras relaciones? ¿Nuestra televisión antes de la comunicación? ¿Cuándo cambiamos a preocuparnos más de nuestra imagen que de orar por los futuros de nuestros hijos? Nuestros hijos necesitan nuestra presencia. Tu cónyuge necesita que estés consciente. ¿Por qué? Porque el ruido que nos rodea nos ensordece. Clama por nuestra atención, sin importar lo pequeña que sea ahora.

Sí, necesitamos relajarnos. Sí, necesitamos tiempo para estirarnos. Sin embargo, debemos recordar la verdadera razón por la que Dios nos ha puesto aquí y en este momento. Para hablarles vida a los que nos rodean. Para estar de rodillas ante Él, colocando a otros en sus brazos. Para colocar continuamente nuestras cargas a sus pies.

¿Cómo tus ocupaciones te han mantenido apartada de la razón por la que Dios te dio vida? ¿Cómo puedes orar por tu familia hoy?

4 de mayo

Todavía dormidas

Pon la mirada en lo que tienes delante; fija la vista en lo que está frente a ti.
Endereza las sendas por donde andas; allana todos tus caminos.
No te desvíes ni a diestra ni a siniestra; apártate de la maldad.

PROVERBIOS 4:25-27 NVI

Nuestros hijos necesitan que estemos orando por ellos. Su futuro precario depende de eso. Podemos enseñarles los caminos de Dios desde la cuna hasta la graduación, pero ellos deben apropiarse de su fe. Deben elegir a Dios por sí mismos. Debemos poner a nuestros hijos delante del Dios todopoderoso cada día, todos los días. No todos los hijos continuarán en la fe. La oración podría marcar la diferencia. No estoy tratando de culpar a nadie, amigas, pero si oramos, colocando a nuestros hijos diariamente ante el Dios todopoderoso, Él nos ayudará a formar sus valiosas identidades. Después de todo, ¿cuál es nuestro propósito aquí?

Claro está, Dios nos llama a divertirnos. Ir de compras es, y estoy convencida de eso, lo que Dios desea que hagamos. Pero cuando perdemos el enfoque de nuestra prioridad principal, no le servimos a Dios. Nuestra prioridad principal es compartir su amor con los demás. Podemos hacerlo a través de orar por otras personas, ser generosas con otras personas, y teniendo una relación real y con propósito con otros. Mantente consciente de la razón por la que estás aquí. Agita tu puño en la cara de Satanás y declara que él no te distraerá más. Proponte en tu corazón a orar por tus hijos. Proponte en tu corazón darte a los demás. Al hacerlo, tu enfoque cambiará de ti misma a la obra del reino. La alarma ya sonó. ¡Es tiempo de despertar, amigas!

¿Qué decisión tomarás para demostrarle al mundo que ya estás despierta? ¿Eres intencional cuando pasas tiempo con otras personas?

5 de mayo

Siempre tienes la razón

*Que te alabe otro y no tu propia boca;
que lo haga un desconocido, no tus propios labios.*
PROVERBIOS 27:2 NTV

¿Es esta tu actitud? ¿Sientes que siempre tienes razón el cien por ciento de las veces? ¿O al menos la mayor parte del tiempo? Una vez me detuve ante una luz roja cerca de una intersección principal en mi ciudad. El semáforo dirigía al tráfico para hacer un giro, pero la camioneta, que estaba a la par mía, empezó a conducir hacia adelante. Repentinamente se detuvo, evitando un accidente, por un poquito. La placa de la camioneta me gritaba: "Tengo razón". ¡Vaya!, ¡creo que no! A veces nuestra desafortunada información incorrecta o malentendida es más obvia para los demás que para nosotras.

Ya sea que tengamos o no la razón, la clave es la humildad; conociendo tu lugar ante nuestro Dios. ¿Le pasó algo a la camioneta en la intersección? Cuando la luz se puso en verde para que siguiéramos conduciendo, él se quedó quieto. El conductor estaba completamente avergonzado. Afortunadamente con Dios, podemos pedirle misericordia para cuando erróneamente creamos que nuestros deseos son correctos por encima de los de Él. Y también podemos procurar el perdón de los demás.

Nadie es perfecto, y ciertamente nosotras no siempre tenemos la razón. Reconoce cuando no la tienes. Confiesa tu pena a los demás cuando te equivoques, pensando que eres todo eso. Y sumérgete profundamente en la gracia que Dios te ofrece todos y cada uno de los días. ¿Acaso no es bueno no deber tener la razón en todo momento?

¿Hay alguna área en tu vida donde sientas que siempre tienes la razón? ¿Cómo puedes ser más humilde hoy, escuchando a alguien más? Piensa como Jesús.

6 de mayo

Auricular

> Los que pertenecen a Dios escuchan con gusto las palabras de Dios, pero ustedes no las escuchan porque no pertenecen a Dios.
> Juan 8:47 NTV

Una vez vi un programa donde un amigo le susurraba palabras de ánimo en un auricular conectado al del otro amigo mientras estaban pasando por una situación alarmante. Esas palabras susurradas le dieron valor y fortaleza al amigo que estaba en un gran problema, eso marcó toda la diferencia. Desafortunadamente, a veces escuchamos el auricular equivocado. Escuchamos los susurros que de menosprecio que nos dicen que no somos lo suficientemente buenas o que no vamos a estar bien. Sin embargo, tenemos acceso a algo aún más grande. ¿Necesitamos fortaleza? Oremos a Dios. Él susurrará en nuestro oído todo lo que necesitamos. Cuando nos sentimos abrumadas, podemos pedirle a Dios que nos dé perspectiva, fortaleza y gozo. Él nos lo dará, pero solo si se lo pedimos.

¿A qué auricular escucharías? ¿A Dios, quien dice la verdad y te ofrece vida, verdad y paz? ¿O a Satanás, quien dice mentiras malvadas animando a tu ego, menospreciándote y haciéndote sentir sola? El auricular de Dios está listo para funcionar en este instante y todos los días. Cuando la necesidad surge, pídele que te dé la fuerza y la paz que sobrepasa tu entendimiento. Luego, cuando Dios susurre la verdad en tu oído, escucha con gusto a sus palabras y cree en ellas. Su voz es el mejor auricular de todos.

Enfócate en escuchar a Dios hoy.
Él está listo con toda la sabiduría que necesitas.

7 de mayo

Arrogancia

Por la gracia que me es dada, digo a cada uno de ustedes que no tenga más alto concepto de sí que el que debe tener, sino que piense de sí con sensatez, según la medida de fe que Dios repartió a cada uno.

ROMANOS 12:3 RVC

¿Qué tan arrogantes somos? ¿Agitamos nuestro puño ante Dios cuando las cosas no van como deseamos? ¿Le declaramos errores al Creador de todas las cosas? Hacemos un berrinche, ¿a poco no? Si Él nos da algo y luego, casi inmediatamente, nos lo quieta, lloramos. Si cierra una puerta que deseábamos que abriera, suplicamos. Si cambia nuestras circunstancias de lo que creíamos que eran los deseos de nuestro corazón, pisoteamos. A veces actuamos como los niños a quienes criamos, sin ejemplos brillantes o reacciones maduras.

Cuando Dios aparentemente quita algo, tenemos dos opciones: permitimos que la muerte y la desesperación inunden cada uno de nuestros pensamientos o nos enfocamos en cuán bueno es Dios. Cuando permitimos que la tristeza se convierta en nuestro dios, nos entregamos inútiles y egoístas, llenas de autocompasión. Inmóviles por el temor, probablemente por el miedo a perder el control. Sin embargo, cuando elegimos enfocarnos en Dios, permitimos que su paz y poder sanador nos llenen con todo lo bueno. Permanecemos llenas de fe, firmes en nuestro caminar con Dios. Firmemente plantadas con confianza y gozo.

¿De qué manera eres arrogante? Dios sabe más que nosotras. Descansa en su control en vez del tuyo.

8 de mayo

Todavía eres arrogante

Señor, yo sé que nadie es dueño de su destino, que no le es dado al caminante dirigir sus propios pasos.
Jeremías 10:23 NVI

Desde el balcón del cielo, ¿importaría si Dios quita algo? Si Él cambia tu empleo, verás hacia atrás y mirarás su mano. Si cambia tu ubicación, verás hacia atrás y mirarás su propósito. Si cambia tu familia, verás hacia atrás y mirarás su pastoreo. El Señor es mi Pastor. Él quita cosas, pero las reemplaza con su bondad. ¿Qué pasaría si ese es su propósito? ¿Qué tal si su propósito al quitarte cosas es para recordarte tu enfoque? Yo podría decirle que no necesito ese recordatorio, muchas gracias. ¿Podría Él simplemente decírmelo de otra forma? Pero eso sería ser arrogante.

No puedo decirle a mi Señor lo que debe hacer. Él conoce lo que es completamente mejor para mí. Él sabe exactamente lo que necesito, incluso mejor que yo. Eso, amiga, es la recompensa. Dios, quien sabe todas las cosas del principio al fin, es quien tiene el control, no tú. Dios, quien envió a su Hijo a morir por ti, te ama y te cuida. Descansa en esa paz. Decide recordar, enfocarte en Él y tu arrogancia desaparecerá.

Desde el balcón del cielo, ¿cómo es tu control? Pide a Dios que retome el control. Te lo aseguro, tú no lo querrías.

9 de mayo

Elige la vida

Jesús habló una vez más al pueblo y dijo: "Yo soy la luz del mundo. Si ustedes me siguen, no tendrán que andar en la oscuridad porque tendrán la luz que lleva a la vida".

JUAN 8:12 NTV

Vive como si lo dijeras en serio. Como si importara. Cada tarea que Dios nos pide que hagamos está ordenada por Él. ¿lavar los platos es santo? Sí, si los lavas para Él. ¿Qué hay de llevar a tu hija a la práctica de vólibol o arreglar el agujero en los pantalones del uniforme de tu hijo? Sí. ¿Qué hay de conducir un camión o enseñar a los niños? Cuando Dios te da responsabilidades, tú puedes hacerlas desanimada porque es tu obligación; o puedes enfrentarlas gozosamente, sabiendo que son una ofrenda valiosa para Dios. Haz de esas tareas mundanas un sacrificio fragante para Dios. Cambia tu actitud por gozo. Decide elegir la vida. Te sorprenderá cuán divertidas se pueden volver esas tareas. No siempre, claro está, porque somos humanas. Se nos olvida. Las tareas diarias nos abruman y, de repente, estamos molestas porque nuestros hijos están involucrados en alguna actividad extracurricular o lo que sea.

    Pausa y pídele a Dios que ordene tu día. Pídele que involucre a tu familia en sus propósitos. Una vez que tengas paz en tu corazón con las tareas que tienes que hacer, ofrece ese sacrificio como una ofrenda a Dios, santidad y rendición. Tu corazón volverá a estar tranquilo, y tu alma, descansada. Dios trabajará a través de ti y bendecirá a tu familia. Si en cambio optas por enfadarte, tu espíritu estará afligido, derramándose en las otras personas. Elige la vida. No solo Dios estará complacido, sino que tu espíritu estará descansado y tu hogar estará lleno de paz y gozo. Un farol para el cansado, incluso si esa alma cansada eres tú.

¿Cómo elegirás vida hoy con las prioridades de tu familia?

10 de mayo

Te mira

En cuanto a mí, pobre y necesitado, que el Señor me tenga en sus pensamientos. Tú eres mi ayudador y mi salvador; oh Dios mío, no te demores.
SALMOS 40:17 NTV

Dios te ve. El Creador de todo el universo te mira. Él te formó en el vientre de tu madre. Te observó caminar por la primera vez. Él sonrió cuando escupiste esa terrible comida de bebé de guisantes. Él vio tus lágrimas cuando tu primer novió rompió tu corazón. Él ha visto la materialización de tus ambiciones santas. Él ha estado contigo a lo largo de tus bebés, traslados y matrimonio. Se ha dado cuenta de tu deseo de ser valiosa. Él conoce tu deseo de ser amada. Él mira con precisión tu corazón y tu alma. Ve tus alegrías y tristezas. Él conocer los deseos más profundos de tu corazón.

Dios, el Creador del universo, te mira. Y tiene un plan específicamente para ti. Y tal como sus palabras mismas lo dicen en Génesis después de que su creación explotó, Él te declara su creación muy, muy buena.

¿No es maravilloso que Dios, quien creó todas las cosas, te mire? Vive como si eso importara.

11 de mayo

Mentiras

"Su padre, el diablo ... él ha sido asesino desde el principio y siempre ha odiado la verdad, porque en él no hay verdad. Cuando miente, actúa de acuerdo con su naturaleza porque es mentiroso y el padre de la mentira".
Juan 8:44 NTV

Cómo nos atrevemos a creer en las mentiras sobre quienes somos en vez de la verdad declarada desde los labios de Dios. ¡Cómo nos atrevemos! Sin embargo, lo hacemos. Escuchamos las mentiras en nuestra cabeza, juzgándonos inferiores e insignificantes, odiosas y rechazadas. ¿Cómo es que no solo dejamos que esas mentiras vivan en nuestras cabezas, sino que también las escuchamos y las creemos? Y cuando las creemos, actuamos en ellas. Andamos por todas partes vencidas. Nos convertimos en las mentiras. ¿Por qué nos rebajamos a estas minucias? Porque, en el fondo, no creemos en Dios. No creemos la verdad de Dios acerca de nosotras. No creemos que Él nos ama verdaderamente con todo su corazón. No creemos que valiera la pena morir por nosotras.

    Si no rechazamos y enterramos de inmediato la mentira susurrada en nuestra cabeza, se consolida en nuestro cerebro. Comenzamos a tratar la mentira como un hecho. En cambio, escucha la verdad. Dios te creó por amor, su amor. Él te creó para tener una relación con el único Dios verdadero. Él te dio vida. Te eligió a ti. Vive como si eso importara. Vive como si Él hubiera muerto solo por ti. Vive como el Creador del universo anhela pasar un momento contigo. Cuando pones tu confianza en Dios, los latidos de su corazón palpitan en ti. Y sus latidos están llenos de la verdad. Las mentiras se dispersan. Las paredes se derrumban. Elige creer. Cree en el latido del corazón de Dios. Y desafía a esas mentiras para que se vayan.

¿Qué mentiras has elegido creer en vez de la verdad de Dios? Detente. En cambio, escucha a Dios.

12 de mayo

Resuelto

Podemos decir con toda confianza: "El Señor es quien me ayuda, no tengo miedo; ¿qué me puede hacer un simple mortal?".
HEBREOS 13:6 NVI

Dios es quien nos ayuda, en todo. Él te ve completamente. No hay nada que temer porque tú vives en la palma de su mano. Él te ve. Cuando surge una situación desafiante, Él tiene tu atención. Cuando llega el momento, lo hiciste bien. Dios vio que estabas molesta por un momento, pero cambiaste rápidamente para anticipar cómo Él llegaría a resolverlo. Te vio relajada en sus brazos capaces, sometiendo todo de vuelta a Él. Estaba muy orgulloso de ti.

Pero luego, las dudas y las mentiras volvieron a aparecer, susurrándote al oído. En poco tiempo, le habías quitado la carga a Dios. Elegiste confiar en las mentiras en vez de en Él, robándote a ti misma la paz que Él te había dado. Dios anhela tomar cualquier pizca de dolor o tristeza que lleves. Recuerda que Él puede. Sin embargo, tú debes entregarle tus cargas y dejarlas allí. Debes confiar en Él.

Dios está aquí para quedarse. Pero es tu decisión. Él está orgulloso de ti porque eres su hija. Él resolvió tu situación incluso mientras te aferrabas a la carga. Lo resolvió, y siempre lo hará. Tu viaje será tranquilo si dejas que Dios te lleve. La próxima vez que surja una situación, espera su intervención. Está al pendiente para ver lo que Él hará. Pero cuando pongas tu mano en la suya, no la sueltes porque Él nunca lo hará.

Pide a Dios que te ayude para quedarte dentro de su verdad.

13 de mayo

Cree en el huerto

Entonces Jesús dijo: "Yo soy la resurrección y la vida. El que cree en mí vivirá, aunque muera; y todo el que vive y cree en mí no morirá jamás. ¿Crees esto?".
JUAN 11:25-26 NVI

Tengo una pregunta. ¿Por qué Eva le creería a Satanás en vez de a Dios? Allá en el huerto, al inicio de la vida, Satanás le preguntó a Eva si Dios realmente había dicho que podían comer de todos los árboles en el huerto, excepto uno. Interrogó a Eva y ella respondió con prontitud. Ella relató el mensaje de Dios, que incluía la advertencia de no comer de ese árbol especial, o morirían. Tú sabes cuál árbol. El árbol del conocimiento del bien y del mal.

Eva le dijo a Satanás que Dios había dicho que solo no tocara ese árbol. ¡Pero que todos los demás árboles estaban bien! Satanás respondió simplemente diciendo lo contrario de lo que Dios había dicho. Satanás declaró que Eva y Adán no morirían. De hecho, él procedió a decir que se volverían sabios como Dios y no morirían. Satanás le hizo una jugada al ego de Eva. ¿Quién no quiere ser sabio como Dios y saberlo todo? Sé que, a veces, actuamos como que somos igual de sabios, pero la verdad es que somos insensatos en comparación a Él. No estoy muy segura de que Satanás haya tenido que esforzarse mucho para convencer a Adán y a Eva. ¿Pasa lo mismo contigo?

¿Qué mentiras de Satanás crees que son completamente opuestas a la verdad absoluta de Dios que tú ya conoces?

14 de mayo

Creer en esa serpiente patética

Ustedes no han sufrido ninguna tentación que no sea común al género humano. Pero Dios es fiel y no permitirá que ustedes sean tentados más allá de lo que puedan aguantar. Más bien, cuando llegue la tentación, él les dará también una salida a fin de que puedan resistir.

1 Corintios 10:13 NVI

Satanás le hizo una pregunta a Eva. Ella respondió con la verdad de Dios. Satanás respondió con una mentira que contradecía todo lo que Dios había hablado sobre ellos. Dios mismo les había hablado a Eva y a Adán. Él literalmente habló con ellos. Dios regula y físicamente hablaba con ellos todos los días. Sin embargo, de alguna manera, Eva inmediatamente le creyó a Satanás cuando cuestionó a Dios. Cuando Satanás cambió las palabras de Dios, de cabeza y al revés, la carne de Eva exigió alimento. Ella instantáneamente le dio la espalda a su Creador y, en cambio, creyó en la serpiente patética.

Solo me pregunto por qué. Probablemente habríamos hecho lo mismo. Pero ¿por qué? ¿Es porque ella quería comer de ese árbol y simplemente necesitaba una excusa para hacerlo, tal vez un permiso? ¿Había pensado en eso antes y buscaba su oportunidad? ¿Por qué ella cuestionaría a Dios? ¿Qué había hecho Él para traicionar su confianza? Dios les había provisto a Eva y a Adán todo lo que podían necesitar. Pero eso no fue suficiente.

Cuando estés seguro del camino que Dios quiere que recorras, sigue caminando. No pares ni escuches al que desea la muerte en todo lo que tienes y eres. No le permitas que te susurre mentiras en tu cabeza, apartándote de la verdad de Dios, la cual tú sabes que es correcta. Confía en cambio en que el Señor mantendrá sus promesas. Es tu decisión. ¿Qué vas a decidir?

¿Qué te tienta? Pide a Dios que te mantenga fuerte en Él mientras dirige tu camino.

15 de mayo

¿Quién es Dios?

Yo soy la vid y ustedes son las ramas. El que permanece en mí, como yo en él, dará mucho fruto; separados de mí no pueden ustedes hacer nada.

Juan 15:5 NVI

Dios es nuestro cimiento. Vivimos en el interior de sus raíces. Cuando nos mantenemos dentro de sus planes y propósitos para nuestra vida, prosperamos. Vivimos plenamente. Separadas de Dios, nada podemos hacer. Absolutamente, nada. Dios ha sido, es y siempre será fiel con nosotras. Hoy, Dios quiere recordarte personalmente su fidelidad.

Dios siempre ha estado ahí para ti. Él siempre está disponible para ti, y siempre lo estará. Dios te ha amado. Te ama. Y siempre te amará. Dios ha provisto para ti. Está proveyendo para ti. Y siempre lo hará. Dios ha tenido en mente lo mejor para ti. Él continúa teniendo en mente lo mejor para ti. Y siempre lo hará. Dios ha sido fiel a ti. Él es fiel a ti. Y siempre lo seguirá siendo.

Mira cómo Dios ha sido, es y siempre será completamente para ti. Acuérdate de cuánto Dios es tuyo y tú de Él. Mira tus listados de detalles y bendiciones. Dios seguirá siendo fiel a ti. ¿Permanecerás fiel solamente a Él?

Cualesquiera que sean las garantías que estés buscando, colócalas al final de las frases anteriores para ver las promesas de Dios para ti.

16 de mayo

Dejar que los niños crezcan

"La promesa es para ustedes, para sus hijos y para todos los que están lejos; es decir, para todos aquellos a quienes el Señor, nuestro Dios, llame".
HECHOS 2:39 NVI

Como madres, invertimos nuestras propias vidas en nuestros hijos, sacrificando nuestros cuerpos, mentes y emociones por el bienestar de ellos. Raras veces nos agradecen o aprecian completamente. Claro está, hay momentos de redención; pero enfrentémoslo: la maternidad es un sacrificio. Nos sacrificamos por esas personitas, quienes salieron de nuestros cuerpos o crecieron en nuestros corazones. Solo cuando se conviertan en padres comenzarán a darse cuenta de nuestro sacrificio. Está bien porque ese es nuestro deber. A medida que los niños crecen, las relaciones cambian. De la noche a la mañana, ellos sienten que nosotras repentinamente nada sabemos, no se pueden relacionar y no van "con eso". Pero finalmente, cuando los niños empiezan a cumplir su segunda década, los veinte años, recuperan la conciencia reconociendo nuestra sabiduría inmensa. Algunos hasta se disculpan o acuden a nosotros en busca de consejo.

A medida que maduran, no tomes las cosas como algo personal. Necesitan crecer sin que nosotras los estemos rondando. El objetivo es que ellos abandonen el nido y naveguen en la vida sin nosotras. Y si toman decisiones en su vida que no consideraríamos apropiadas, esas decisiones siguen siendo suyas. No se reflejan en ti. De todos modos, abraza a tu hijo. Entrega a Dios tu corazón de mamá. Trabajas sin parar cuando son ellos jóvenes, pero cuando son mayores, son las cosas grandes las que pueden quebrantarte. Recuerda, Dios ama a tus hijos incluso más que tú. Él puede con eso. Sigue orando, pega esa sonrisa en tu rostro y déjalos ir. Cuando lo hagas, la paz de Dios cubrirá tu ansiedad y tus hijos te responderán los mensajes de texto. Tal vez no de inmediato, pero finalmente, lo harán.

¡Sigue orando!

17 de mayo

Qué gran Amigo

*"Creyó Abraham a Dios y esto se le tomó en cuenta como justicia",
y fue llamado amigo de Dios.*
Santiago 2:23 nvi

Las amigas soportan el dolor las unas de las otras. Cuando la vida nos golpea, es a nuestras amigas a quienes acudimos en busca de consuelo. Jesús es nuestro mejor amigo. Él no solo lleva nuestro dolor, sino también nuestros pecados, cada uno de ellos. Cuando llevamos todo a Dios en oración, nuestra alma permanece en paz. ¡Qué privilegio es ese! Por otro lado, cuando no le llevamos todo a Dios en oración, sufrimos dolores innecesarios. Cuando decidimos llevar nuestras propias cargas y nos negamos a compartirlas con Dios, ese dolor permanece en nosotras y se intensifica, convirtiéndose en algo que lo consume todo. Realmente debes hacerlo. Dale todo a Él. Confía todo en las manos capaces de Dios.

Nunca debemos desanimarnos; podemos llevarle todo al Señor en oración. Dios tiene todo en sus preciosas manos. Sus manos, que lo crearon todo, están esperando para tomar nuestras cargas. Nuestras pruebas y problemas deben ir directamente a Él. Jesús conoce cada una de nuestras debilidades, cada uno de nuestros pensamientos. Él escucha tus susurros, seca tus lágrimas, te sostiene en la oscuridad de la noche. Debido a que Él te conoce mejor que cualquier otro amigo en esta tierra, llévale todo a Dios en oración.

¿Llevas todo a Dios en oración? ¡Empieza hoy!

18 de mayo

Sobreviviente

Por cuanto en mí ha puesto su amor, yo también lo libraré; le pondré en alto, por cuanto ha conocido mi nombre. Me invocará, y yo le responderé; con él estaré yo en la angustia; lo libraré y le glorificaré.

Salmos 91:14-15 RVR1960

¿Cómo sobrevive uno sin Dios? Literalmente, ¿cómo sobrevive uno en esta vida? No tengo idea. La vida puedes ser bastante fea a veces, francamente desagradable. Y cuando la vida es solo eso, ¿cómo puede uno sobrevivir sin el conocimiento de que Dios aún tiene el control? Supongo que no muy bien. Cuando la vida te golpea contra el suelo, cuando a penas puedes reunir las fuerzas para volver a levantarte, todo lo que debes hacer extender la mano. Extiende tu mano temblorosa a Dios. Él siempre está listo para levantarte, reuniéndote en un gran abrazo de oso. Él quita tu carga de tus hombros, sacude el polvo de tu espalda, seca las lágrimas de tus ojos y te toma de la mano mientras empiezas a caminar de nuevo. Él nunca te suelta.

La próxima vez que la vida te reduzca a ser una pila en el suelo, recuerda quién está contigo. Quizá no sepas a dónde te lleva. Es posible que no conozcas sus razones. Es posible que ni siquiera sepas por qué permite ciertas cosas. Pero puedes estar seguro de una cosa: tú y tu pequeña vida son importantes para nuestro gran Dios. Y eso, amiga mía, es la manera en que sobrevivimos y prosperamos en esta vida.

La sobrevivencia sin Dios es imposible. Sobrevivir con Dios está garantizado. ¿Cuál de las dos elegirás?

19 de mayo

Vida hermosa

> «Ya no se acuerden de las cosas pasadas; no hagan memoria de las cosas antiguas. Fíjense en que yo hago algo nuevo, que pronto saldrá a la luz. ¿Acaso no lo saben? Volveré a abrir un camino en el desierto, y haré que corran ríos en el páramo».
>
> Isaías 43:18-19 RVC

Dios te está esperando para llevarte a tu vida hermosa. ¿Ya disfrutas de esa vida hermosa? Eso es maravilloso. Es un verdadero regalo. Sin embargo, algunas de nosotras no lo estamos. Queremos, pero no podemos. ¿Por qué? Porque estamos aferradas a los vestigios del pasado, las cenizas. Los pedazos rotos que parece que no podemos soltar. Estas cargas del pasado nos ruegan que nos apeguemos a nuestras viejas maneras de pensar y actuar. Nos aferramos porque son conocidas. Dolorosas, pero conocidas. Y esa confianza se siente reconfortante. Es lo conocido versus lo desconocido.

¿Confías en mí? Dios está pidiéndonos eso este día. *¿Realmente, confías en mí?* Si así fuera, le darías a Él esas cenizas. Agarrarás hasta la última gota de oscuridad y la derramarás en las manos abiertas de Dios. Él quiere tu tristeza. Él quiere tus cargas. Él quiere tus preocupaciones. ¿Has planeado lo mejor para tu futuro? Sí. ¿No me crees? Está bien. Mira tus detalles, las bendiciones en tu vida. Dios está allí, estuvo allí y está aquí todavía. Ah, y Él está en tu futuro. Ya sea la pérdida de un empleo, relaciones rotas, los anhelos de tu corazón, la recuperación de una cirugía o cualquier otra cosa, Dios está esperando para quitarte la preocupación de encima. Él ve mucho más allá de tu visión. Ponlo todo en sus manos. Reclínate y confía en Él, permitiendo que tu preciosa sonrisa ilumine tu rostro impresionante. Bienvenida a tu vida hermosa.

¿A qué te estás aferrando que te impide entrar a la vida hermosa que Dios tiene para ti?

20 de mayo

Está bien estar triste

Cuando el Señor la vio, se compadeció de ella y le dijo: «No llores».
Lucas 7:13 RVC

La tristeza es una emoción igual que la alegría o el enojo o la irritación. Jesús estuvo triste. Se afligió por su pueblo. ¿Crees que estaba lleno de gozo en el jardín de Getsemaní, antes de ser traicionado? Para nada. Su espíritu estaba enormemente turbado. La tristeza, el dolor profundo, es una emoción real. Dios nos hizo y creó todas nuestras emociones; las cuales tienen un propósito, una razón. Cuando tu vida se desmorona, necesitas llorar.

Los grandes trastornos de la vida traen épocas de dolor, como una especie de invierno. Y la tristeza puede atraparte fácilmente. Puede convertirse en tu enfoque cuando un ser querido muere, cuando se está pasando por un divorcio, cuando un empleo se esfuma o cuando un deseo piadoso intenso parece nunca materializarse. Es en esos momentos cuando debes tomar una decisión: permaneces en la tristeza o experimentas la emoción por un tiempo antes de que decidas seguir adelante. Debes llorar. Es sano, pero solo por una temporada. No permitas que tu mente se quede atascada. Resiste la tentación de pulsar el botón de repetición durante meses y años. Tu aflicción se convertirá en un ídolo, y tu identidad estará envuelta en ella.

Permítete un tiempo de descanso y de dolor, poniendo tus cargas y tu tristeza en los brazos de Jesús. Él llenará tu vacío, secará tus lágrimas y te dará pequeñas explosiones de esperanza. Y cuando ese tiempo haya terminado, amanecerá un nuevo día y tu gozo regresará. Solo pídele ayuda a Dios. Te garantizo que te ayudará.

¿La tristeza o el dolor se ha convertido en un ídolo o en tu identidad? Ponlo en las manos de Dios, permitiendo que te sane de adentro hacia afuera.

21 de mayo

Rechazarnos a nosotras mismas

El Señor oye a los suyos cuando claman a él por ayuda; los rescata de todas sus dificultades.
Salmos 34:17 NTV

Satanás quiere que nos rechacemos a nosotras mismas. Tratará desesperadamente de confirmar las mentiras que pone en nuestras cabezas. No nos tentaría anunciándose con bombas y platillos. La tentación del pecado se acercará sigilosamente a nosotras hasta que ni siquiera nos demos cuenta de su existencia. Hay muchas formas de tentarnos, que robarán nuestra paz. No obstante, seamos claras: hay un solo camino hacia Dios, y es a través de Jesús. Satanás tentó a Jesús, quería que Jesús pecara, porque de esa manera Él no moriría en perfección por nuestros pecados. Al igual que Jesús, Satanás nos quiere para sí mismo. Si podemos ser tentadas de una forma, pero de repente, nos damos cuenta, satanás nos seducirá de otra forma con exactamente la misma carnada. Y cuando esa tentación se seque debido a que hemos madurado, habrá ciento y una formas nuevas y diferentes en que él continuará persuadiéndonos. Ten la seguridad de que él lo hará.

Así que mantente en guardia todos los días. Llénate del poder de Dios, rechazando las mentiras del enemigo, escuchando, en cambio, la verdad de Dios. Somos casi predecibles en nuestras reacciones humanas, por lo que hacer que nos rechacemos a nosotras mismas es realmente fácil. Pero con el poder de Dios en ti, el mismo poder que resucitó a Jesús, puedes resistir cualquier cosa. Levántate y reclama tu victoria en él Mantente firme, descansando en la verdad de Dios y rechazando las mentiras del pozo.

¿En qué maneras te tienta Satanás para que te rechaces a ti misma?
¿Cómo reaccionarás ante él hoy?

22 de mayo

Pertenecer

Ahora, oh Israel, el Señor, quien te creó, dice: ¡No temas, pues yo te rescaté, yo te llamé por tu nombre, eres mío!

Isaías 43:1 NBV

¿Conoces tu valor? ¿Sabes a quién le perteneces? Primero, Dios te hizo a su semejanza. La imagen de Dios está estampada en toda tu identidad y todo lo que eres, menos el pecado. Dios te diseñó, y Él no comete errores. Espera, aún hay más. Cuando te conviertes en hija de Dios, cuando pones tu confianza en Él, te vuelves suya. Te vuelves suya una vez más. Ahora eres hija del Altísimo, una hija de Dios, eres de la realeza. ¿Sabes cómo las mamás y los papás se preocupan profundamente por sus hijos? Así es como Dios cuida de ti. Dios, quien conoce todas las cosas, piensa frecuentemente en ti. Aquel que creó todas las cosas piensa en ti porque te quiere. Porque le perteneces.

Espera, esto se pone aún mejor. No solo eres de la realeza, sino que el poder de Dios vive en ti. Cuando eres su hija porque confías en Él, no eres solamente una hija de Dios, sino que también tienes su fuerza y poder pulsando por tus venas. Exactamente el mismo poder que resucitó a Jesús vive en ti. Fuiste hecha a la imagen de Dios. Eres de la realeza. Tienes la fuerza y el poder de Dios cubriéndote desde la cabeza hasta los pies. Eres valiosa. Tanto así que Jesús renunció a su vida terrenal por ti. Así que recuerda de quién eres. Eres hija de Dios.

¿Cómo puedes vivir hoy en el conocimiento de que tú le perteneces realmente a Dios?

23 de mayo

Carteles

No se amolden al mundo actual, sino sean transformados mediante la renovación de su mente. Así podrán comprobar cómo es la voluntad de Dios: buena, agradable y perfecta.

ROMANOS 12:2 NVI

A Satanás le encanta decirnos mentiras. Él no solamente las susurra en nuestra cabeza, sino que también las cuelga como si fueran carteles. Los carteles son tan grandes que no podemos evitar ver las palabras que nos llevan a creer. *Eres ridícula. No te aman. A nadie le importas. Eres una gran decepción.* ¿Por qué a Satanás le encanta alimentarnos con mentiras? Porque quiere que nos sintamos derrotadas. Así que terminamos caminando por ahí ineficaces e inútiles para la causa de Cristo. Los carteles que Satanás nos muestra son mentiras, mentiras descaradas.

¿Por qué continúa tratando de cambiar nuestro rumbo? Porque tiene miedo. Él sabe de quién somos. Sabe que nosotras conocemos la verdad. Pero ¿actuaremos en consecuencia? ¿Actuaremos según la verdad que, en el fondo, sabemos que es correcta? ¿O sucumbiremos a sus mentiras? ¿Sucumbiremos a las mentiras del pozo que se hicieron para dejarnos sin vida? ¿Tú tienes la última decisión? ¿Vas a hacer que el maligno te gane hoy? ¿O te levantarás y romperás los carteles por la mitad, declarando: "¡Hoy no, Satanás!". En cambio, declararás ante todos: "¡Mi alma está bien!".

¿Qué carteles has creído antes que la verdad de Dios? ¡Rómpelos!

24 de mayo

Sé la luz

Así brille la luz de ustedes delante de los hombres, para que vean sus buenas acciones y glorifiquen a su Padre que está en los cielos.

MATEO 5:16 NBLA

Sé la luz. ¿Cómo? ¿Cómo hemos de ser la luz del mundo? Reflejando a Jesús. Reflejando su amor, su bondad, su misericordia y su gracia. Contándole a la gente las buenas noticias. Cuando reflejamos a Jesús, nos convertimos en las luces de nuestro mundo, por Él. Cuando entramos a una habitación llena de su paz, esa habitación nunca será la misma. No por nosotras, sino por Jesús.

Cuando empapamos con la verdad a un alma sedienta, la verdad de Dios, esa alma nunca será la misma. Cuando le proporcionamos la verdad absoluta de Dios a un alma hambrienta, desesperada por alimento sólido, la carne de Dios llena su necesidad más profunda y dolorosa. Cuando somos la luz de Dios para los demás, el mundo no es el mismo. Para ellos, cada interacción se convierte en Jesús. Cada pensamiento se convierte en una oración compartida inmediatamente ante el Señor, cada vez. Inténtalo. Y cuando lo hagas, tú serás una vasija, a través de la cual, la luz de Dios brillará en cada rincón profundo y oscuro de este gran mundo. Intenta nunca dejar una habitación tal como estaba cuando entraste. Con la ayuda de Dios, déjalo aún mejor.

¿Cómo puedes esparcir la luz de Dios hoy? ¿Puedes subir la temperatura en la habitación a través de tu testimonio?

25 de mayo

Dios es luz

Dios es luz y en él no hay nada de oscuridad.
1 Juan 1:5 ntv

Dios es luz, lo que significa que Dios es igual a luz. Él es literalmente luz. No hay oscuridad en Él, punto. Lo que significa que no hay nada opuesto a la luz. Nada turbio, titilante o equivocado. Debido a que no hay oscuridad en Dios, tampoco hay algo malo; no hay preocupación, no hay temor, no hay actitudes feas, no hay muestras de egoísmo, no hay odio hacia sí misma, no hay dolor. En Dios, esas cosas no pueden sobrevivir, habitar o seguir existiendo. Dios es luz, y en Él no hay oscuridad alguna. En Dios solo hay luz, bondad, misericordia, amor y protección.

Cuando ponemos nuestra confianza en Dios, Él reside en nosotras. Debido a que Él reside en nosotras y Él es luz, su luz brilla a través de nosotras, arrebatando las tinieblas como temor, preocupación y nuestros modos increíblemente egoístas. Permanece en Dios. Habita en su luz. La preocupación, el miedo y el dolor no tendrán oportunidad alguna. Escoge la luz de Dios.

*¿En qué área de tu vida necesitas elegir la luz de Dios
en vez de habitar dentro de ti misma?*

26 de mayo

Andar en la luz

Por lo tanto, mentimos si afirmamos que tenemos comunión con Dios pero seguimos viviendo en oscuridad espiritual; no estamos practicando la verdad.
1 Juan 1:6 NTV

Si decimos que somos cristianas, pero continuamos andando con el mundo, estamos mintiendo. Cuando profesamos nuestra devoción a Dios, pero escuchamos las mentiras de Satanás, eligiendo palabras o acciones opuestas a Dios, somos mentirosas. *No eres nada. No vales la pena. Bien puedes dejar de orar ya que eso nunca marcará la diferencia.* Escuchar esas mentiras pone nuestras acciones en oposición a Dios.

Los caminos de Dios son luz. Caminar en la luz de Dios se parece a la luz. Incluso si se cruzan en tu camino montones de basura, todavía estás en paz. La paz es la ausencia del temor y la preocupación. Cuando caminas en la luz de Dios, se parece a la protección. Él siempre está a tu lado, guiando cada uno de tus pasos si se lo permites. La luz de Dios es real. El poder de Dios es real. Su luz puede brillar a través de ti en cada momento de cada día. Pero debes elegir. ¿Caerás en el miedo, la preocupación y los motivos egoístas? ¿O practicarás la verdad, la verdad de Dios, y permanecerás con Él en la luz? Yo, por mi parte, no quiero ser una mentirosa. Quiero elegir a Dios todos los días. Que Él nos ayude a hacer precisamente eso, cubriéndonos de gracia cuando tropecemos en el camino. Y que nos acordemos de obtener respaldo, eligiendo caminar de nuevo con Dios en su luz.

¿Estás caminando en la oscuridad en alguna parte de tu vida? Confiesa y cambia. Dios estará complacido, y tú andarás en la verdad con Él.

27 de mayo

En un momento

Espero en silencio delante de Dios, porque de él proviene mi victoria.
SALMOS 61:1 NTV

Tu hora para entrar al cielo, dejando este mundo, puede llegar en cualquier momento. Dios puede tomarte en sus brazos en un instante. ¿Estás lista para encontrarte con tu Creador? A veces tenemos el conocimiento de nuestra muerte inminente. Es posible que nos diagnostiquen una enfermedad incurable y podemos tomarnos nuestro tiempo para arreglar nuestra vida con Dios. Pero ¿qué tal si no tienes la oportunidad? ¿Qué tal si Dios te lleva durante tu dulce sueño de la vida? ¿Y entonces qué? No habrá nadie hablándote a medida que avanzas, asegurándose de que tu confianza esté completamente en el único, verdadero y todopoderoso Dios. Nadie que te asegure que tu lugar en el cielo esté listo justo para ti. Los ejemplos de la muerte instantánea son numerosos. Estado de coma o cirugías de las que la gente no despierta, accidentes automovilísticos, ataques terroristas o tiroteos en las escuelas. Esos carecen de momentos para un testimonio que te asegure tu salvación.

¿Estás lista? Dios puede llamarte para ir a casa en cualquier momento. En cualquier momento, podrías dejar de existir en esta tierra, confiando en tu profesión terrenal o en tu desafío a Dios para determinar tu futuro eterno. El momento es ahora. Confiesa que Dios es Dios. Problema tu fe en Él. Declara que Jesús murió por tus pecados. Eso es lo que importa. Absolutamente nada más lo hace.

¿Estás lista para encontrarte con Dios? ¿De qué manera puedes influenciar a los demás para el reino de Dios sabiendo que este podría ser su último día?

28 de mayo

El último día

"Abba, Padre —clamó—, todo es posible para ti. Te pido que quites esta copa de sufrimiento de mí. Sin embargo, quiero que se haga tu voluntad, no la mía".
MARCOS 14:36 NTV

Oh, Jesús, te veo. Estoy cerca. Soy un rostro entre la multitud. Veo tus ojos adoloridos. Veo lo que queda de tu cuerpo precioso clavado en esa cruz horrible. He sido testigo todo el día. Tu muerte es muy real. No soporto mirar. Pensar que estás haciendo todo esto por nosotras, por mí. ¿Cómo fue caminar por esta tierra, sabiendo cómo terminaría tu vida al final? ¿Cómo mantuviste tu corazón sin preocupación? ¿Cómo mantuviste tu mente centrada en la Última cena sin preocuparte de la muerte, con la anticipación de la agonía que tú sabías que llegaría pronto? ¿Cómo no te venció la preocupación? ¿Qué hiciste cuando el temor y la tentación de revocar entraron en tus pensamientos? Sé que eres humano, y que tienes todos los pensamientos que inundan nuestras mentes. Aun así, no pecaste. Enséñame.

    ¿Cómo te sentiste cuando tus mejores amigos se durmieron en aquella última noche, sin protegerte ni consolarte? ¿Y qué hay de cuando tu amigo te traición en el jardín? Sé que lo esperabas, pero aun así debe haberte decepcionado. ¿Cómo lidiaste con sentirte solo durante este tiempo? Enséñame.

Jesús era completamente humano, pero también era Dios.
¿Cómo puedes tú llegar a ser más como Él,
conteniendo tus acciones hacia los demás?

29 de mayo

Las últimas horas

Y Jesús decía: "Padre, perdónalos, porque no saben lo que hacen".
Y los soldados echaron suertes, repartiéndose entre sí Sus vestidos.
Lucas 23:34 NBLA

¿Cómo fue cuando los soldados se burlaron de ti? ¿No anhelabas ponerlos en su lugar? Eso debe haber sido difícil. Enséñame. Dejaste que se burlaran de ti, mojándote la cara con su saliva. ¿Cómo fue cuando azotaron tu cuerpo hasta el punto de estar al borde de la muerte? Ni siquiera puedo imaginarlo. ¿O cuando te clavaron la corona en tu preciosa cabeza? Las espinas entraron muy profundamente. Puedo imaginar a los soldados riéndose, burlándose de tu realeza después de "condecorarte". Lo siento mucho. Cuando te obligaron a desfilar frente a las multitudes crueles, medio desnudo y sangrando profusamente, fue algo indescriptible. ¿En qué pensabas? ¿Fue difícil quedarte callado delante de Pilato? ¿Fue difícil no llamar a los ángeles para que te libertaran? ¿Cómo tropezaste a lo largo del camino serpenteante, llevando el peso de la cruz sobre tu cuerpo agotado?

Cuando te clavaron las manos y los pies, ¿cómo pudiste lidiar con esa agonía? ¿Cómo sentiste el peso indescriptible de los pecados del mundo sobre tus hombros? Nunca, jamás, habías sentido el pecado. ¿Fue ese sentimiento de separación de Dios incluso peor que el dolor físico, por muy difícil que sea imaginarlo? ¿De qué manera estabas todavía lleno de compasión por los perdidos mientras sufrías un dolor indescriptible en la cruz? Enséñame.

Jesús es nuestro ejemplo de cómo debemos vivir.
Reflexiona en este ejemplo terrenal, con el objetivo de imitarlo a Él.

30 de mayo

El último aliento

> Él mismo cargó nuestros pecados sobre su cuerpo en la cruz, para que nosotros podamos estar muertos al pecado y vivir para lo que es recto. Por sus heridas, ustedes son sanados.
>
> 1 Pedro 2:24 NTV

Cada vez que pienso en lo que has hecho por nosotros, me quedo en silencio. No hay palabras, excepto gracias. Gracias por dejar el cielo para dar tu vida por nosotras aquí en la tierra. No necesitabas nada, aun así, lo diste todo por nosotras. Viniste, voluntariamente. Y luego, moriste en lugar de nosotras, por nuestros pecados. Tú hiciste esto por todos nuestros pecados. Hiciste todo esto por tu amor por nosotras, tu amor por mí.

Te veo una vez más, mi precioso Señor, muriendo en la cruz. Tu respiración es lenta. Espera. Estás hablando. "Padre, perdónalos, porque no saben lo que hacen" (Lucas 23:34 NBLA). Tienes razón, ellos no lo saben. No podrían hacerte lo que te hicieron sabiendo quién eres y a quién perteneces. Pero yo sí lo sé. Tu cuerpo está quieto. El cielo está oscuro, casi como si fuera de noche. Bajo mis ojos con humildad, las lágrimas caen al suelo y mojan la tierra. Te sacrificaste hasta tu último aliento cuando oraste por los perdidos.

¿Cómo manejaste esta muerte cruel, emocional y físicamente? Por amor, por la vida, por la promesa de la vida eterna contigo; eternamente. Tú diste tu vida por nosotras. Permite que nosotras, a cambio, vivamos cada día por ti, recordando tu amor sacrificial que te llegó a morir en la cruz, asegurando nuestros lugares en el cielo eternamente contigo.

Darte cuenta de lo que Jesús hizo por nosotras en la cruz, ¿de qué manera cambiarás de ahora en adelante?

31 de mayo

Obediencia

Sigan por el camino que el Señor su Dios ha trazado para que vivan, prosperen y disfruten de larga vida en la tierra que van a poseer.
Deuteronomio 5:33 nvi

¿Qué sucede cuando Dios cierra una puerta o cuando permite que se cierre? ¿Cuándo la cierran con fuerza en tu cara? Él abre una ventana. ¿Pero dónde está la ventana? ¿A través de cuál miramos? ¿Qué ventana nos dará el soplo de aire fresco que tanto necesitamos? ¿Qué ventana nos muestra el camino por donde Dios quiere que vayamos? Cuando somos fieles para confiar en que Dios nos guiará en el camino, Él abrirá la ventana correcta en el momento justo. Sin embargo, solo Él sabe cuándo. Él hizo todas las ventanas. Incluso hizo todas las puertas.

Las puertas se cierran de golpe debido a nuestro libre albedrío o al libre albedrío de los demás. Aun así, Él las hizo, todas las puertas. Él está presente en cada situación, preparado para guiarte a un lugar seguro y sosteniéndote con su tierna misericordia, su tierno amor. Cuando confiamos en Él desde lo más profundo de nuestros pies hasta la cabeza, cuando le pedimos que nos use para su gloria y propósito, y cuando nos mantenemos en obediencia a nuestros Dios, sabiendo que Él abrirá una ventana; Él generosamente otorgará bendiciones más abundantes de lo que podríamos imaginar. Y en el momento justo, tu ventana se abrirá sin esfuerzo. Todo debido a Él. Confía en su plan. Él te ama.

¿Qué ventana ha abierto Dios para ti después de cerrar una puerta?

Junio

1 de junio

Estar dispuesta

Enséñame tus caminos, oh Señor, para que viva de acuerdo con tu verdad. Concédeme pureza de corazón, para que te honre.
Salmos 86:11 ntv

Los milagros caen regularmente en mi regazo, pequeños o grandes. Es cierto. ¿Los busco? Sí. ¿Clamo por la intervención de Dios en mi vida cotidiana? Sí. ¿Estoy escuchando su voz para poder compartir el amor celestial? Sí, Dios puede hacerlo todo. Sí, todo. No nos necesita, porque Él es Dios. Pero Dios se complace en que seamos sus instrumentos. Él quiere manifestarse a través de nuestros corazones dispuestos.

¿Dios habla a través de tus labios? ¿Dios usa tus manos? ¿Está tu corazón lleno de su amor para que puedas alcanzar más allá de lo que tú podrías para hablar a los corazones de otros? Si es así, tú también serás testigo de milagros. Lo admito, con frecuencia fracaso; pero estoy en proceso de aprender, aprender a escuchar a Dios.

Su sabiduría te ayudará en tiempos buenos y malos, y en todos los momentos que transcurren entre uno y otro. Afina tus oídos para para escuchar, y luego haz lo que nuestro Salvador requiere de ti. Conviértete en su testigo, deja que Él use tus manos y pies para bendecir a otros. Y tú también serás testigo de milagros innumerables.

¿Estás dispuesta en convertirte en las manos y los pies de Dios para otros? Díselo.

2 de junio

En la luz

Recuerdo todo lo que tú has hecho, Señor; me pongo a recordar las maravillosas obras que tú hiciste hace mucho tiempo. Aquellos hechos maravillosos están en mis pensamientos. No puedo dejar de pensar en ellos.
Salmos 77:11-12 NBV

Vive en la luz de los mejores momentos. Vive con el recuerdo siempre presente de la provisión de Dios. Vive como la hija del Rey de reyes. Tú eres valiosa, princesa elegida. Vive cada momento como si estuvieras en lo alto de la montaña de la vida. Vive como si todo estuviera bien, porque lo está. Aunque no puedas ver, Dios está obrando. Él proyecta luz en lugares oscuros, guiándote en cada paso. En los días sombríos de la vida, vive como si fuera un día soleado y brillante, porque lo es. Porque Dios aún está sentado en el trono. Él te ama y tiene en mente lo que más te conviene. Recuerda a quién le pertenece el poder que permanece en ti. El mismo poder que resucitó a Jesús de la muerte es el que vive en ti.

Cuando te encuentras en la cima de la montaña, agradécele por el paisaje. Y cuando te encuentres abajo en el valle de la vida, recuerda y vive como si todavía estuvieras en la cima, porque lo estás. ¿Por qué? Debido a quién perteneces. Vive en la luz de Dios, quien vive dentro de ti. Mientras recuerdas todo lo que Dios ha hecho por ti, párate erguida como la hija del Altísimo. Eres amada, eres valorada y Él te ve completamente.

¿Cómo puedes dejar que la luz de Dios brille a través de ti, ya sea en el valle o en la cima de una montaña?

3 de junio

Siéntate y confía

*La salud me puede fallar, mi espíritu puede debilitarse,
¡pero Dios permanece! ¡Él es la fuerza de mi corazón;
él es mío para siempre!*

SALMOS 73:26 NBV

Todos sabemos qué hay que hacer, y qué es lo que Dios quiere que hagamos. Se supone que debemos entregarle nuestras cargas, confiar que Él se encargará de todo. Eso es fácil durante el primer segundo… está bien, durante los primeros segundos. ¿Pero luego qué? Empezamos a dudar, a enojarnos. Y antes de que te des cuenta, otra vez hemos levantado rápidamente las cargas y las volvemos a colocar en nuestros hombros.

Es tan fácil entregar nuestras cargas a Dios. Lo difícil no es llevártelas de regreso, ni empezar a dudar de la bondad y fidelidad de Dios. Lo difícil es conservar la confianza en su dirección cuando no vemos ningún movimiento de su parte. En cambio, ¿qué debemos hacer luego de entregar nuestras cargas en las manos de Dios? Orar. Orar y confiar. Orar, confiar y negarte a participar con la duda y la preocupación, porque ellas no son tus amigas.

Siéntate y confía, anticipando con ilusión de cómo Dios mismo resolverá tu problema. Él ha prometido que tendrá el extremo cuidado hasta en los detalles mínimos. Él está presente y contigo en cada situación. Así que en lugar de estar dispuesta a llevar de regreso tus cargas por la duda y la preocupación, sonríe mientras Dios sostiene tus cargas y relájate, con la certeza de que Él saldrá por completo de esta situación por ti.

¿Qué deberías de hacer en lugar de volver a recoger tu carga? ¿Podrías permanecer quieta con la confianza que Dios se encargará de todo?

4 de junio

Vuela lejos

*Alaben a Dios, quien no pasó por alto mi oración
ni me quitó su amor inagotable.*
Salmos 66:20 ntv

Los hijos dejan el nido, al menos se supone que lo hacen. ¿Cuándo? Cerca del inicio de la universidad. No importa si están listos porque, listos o no, allí se van. Ellos anhelan independencia y tú anhelas silencio. Pero eso no hace más fácil dejarlos ir. Yo siempre supe que mis hijos crecerían y encontrarían su propio camino. Pero creo que pensé que estaría lista, feliz de dejarlos ir.

Noticias de última hora: no lo estoy. Quiero protegerlos, asegurarme de que su corazón solo le pertenezca a Dios; asegurarme de que coman fruta y verduras y que consuman las vitaminas adecuadas; asegurarme de que no tropiecen en el mal, sin importar el placer. Yo quiero que vean solamente películas buenas, que escojan únicamente a los amigos más sanos y que se enamoren solamente de quien Dios tenga para ellos.

Esto me hace pensar en Dios. Él es nuestro Padre, y, aun así, nosotras sus hijas lo dejamos también. Justo como nosotras liberamos a nuestros hijos cuando crecen, así también Él lo hace, dándonos el control por completo. Él escoge darnos vida, la cual está llena de decisiones que podemos tomar. Él nos ve y nos deja ir. Le duele el corazón cuando, nosotras sus hijas, tomamos malas decisiones. Él también preferiría decidirlo todo por nosotras, al igual que nosotras por nuestros hijos. Pero Él no lo hace. Él permite que volemos y fallemos. Pero Él siempre está esperando para llevarnos de vuelta.

¿Qué puedes dejar ir en las vidas de tus hijos para que Dios se encargue de ello? ¿Cómo puedes convertirte en hijo de Dios que tome decisiones de las cuales Él se sienta orgulloso?

5 de junio

Volar de regreso

¡Cuán precioso, oh Dios, es tu gran amor! Todo ser humano halla refugio a la sombra de tus alas. Se sacian de la abundancia de tu casa; les das a beber en el río de tus delicias. Porque en ti está la fuente de la vida y en tu luz podemos ver la luz.
SALMOS 36:7-9 NVI

Cuando estamos solas, no estoy segura de que Dios piense que estamos siempre listas. Mientras mis hijos se van, sin estar completamente listos según mis cálculos, todo lo que puedo hacer es seguir el ejemplo de Dios para nosotras. Él nos creó, pero nos deja vivir nuestras propias vidas, tomar nuestras propias decisiones, recostarnos en nuestras propias camas que hicimos. ¿Será que hay veces que Dios está contento con nosotras? Sí. ¿Será que Él también quiere siempre tomemos la decisión correcta? Por supuesto, pero no siempre lo hacemos. Cometemos errores.

Parándonos en la brecha, su amor siempre es constante, incondicional. No necesitamos demostrarnos nuestra valía para que Él nos ame. Él siempre está listo, con brazos abiertos cuando decidamos regresar. Mientras te reclinas y observas a tus hijos tomar una decisión tras otra, solo recuerda continuar amándolos. Ámalos y recíbelos cuando vuelvan de visita. Tu amor será una red segura en su mundo. Tu amor será para ellos un ejemplo de Dios mismo. Y ahí, amigas, es donde está todo.

¿Cómo puedes amar a tus hijos donde ellos están?
¿Cómo puedes mostrarles hoy la gracia de Dios?

6 de junio

Agotamiento

Porque satisfaré al alma cansada, y saciaré a toda alma entristecida.
Jeremías 31:25 RVR1960

Hoy estoy tan cansada que apenas puedo mantener mis ojos abiertos. Nada en especial, solo mucho que hacer. Llevar un hijo al entreno de básquetbol, lo que toma 45 minutos de ida y 45 de vuelta. Ayudar al de siete años para que esté listo y dejar papelería de la escuela. Comprar donas para el juego de voleibol de mi hija porque hoy es su cumpleaños. Recoger a mi hija del curso de verano y llevarme a todo el batallón a almorzar. Adecuar una hora de tiempo para ir a nadar. Salir corriendo al juego de voleibol de mi hija, bueno, de hecho, a dos juegos. Regresar a casa, meter la pizza en el horno porque los chicos protestan que deben de cenar, mientras tengo que hacer el glaseado de merengue para el pastel gigante de arco iris porque no tenía suficiente glaseado. Luego glasear el pastel extra de chocolate que es el favorito de mi hija y que lo pidió. Ser la anfitriona de una fiesta de cumpleaños. Entretener a la de siete años y a su primo en la noche. Yo solo necesito dormir bien, o unas vacaciones.

Sonríe, la vida es muy ocupada pero llena de vitalidad. Cuando la gente te necesita sí es agotador, pero también es muy satisfactorio. Crear recuerdos es de lo que se trata este día. Cada día está lleno de posibilidades, como la reír de y amar. Pero no te ocupes tanto que te olvides de ver la vida que has construido. Estás cansada porque te estás enfocando en las necesidades de alguien más y eso es increíble. Algún día habrá un recuerdo precioso. Pero por ahora ve a escondidas a descansar un poco, porque mañana el circo comenzará otra vez. Y podrás hacerlo todo otra vez.

Toma un momento, date un descanso mientras reflexionas sobre la vida que Dios te ha dado.

7 de junio

Cortar el césped

> El que confía en sí mismo es un necio;
> el que actúa con sabiduría estará a salvo.
> **Proverbios 28:26** NBV

¿Alguna vez has tomado una decisión absurda? Yo lo he hecho y voy a compartirte una de ellas. Me gusta cortar el césped de mi gigantesco jardín, ver el avance y, además, me sirve de ejercicio. A mi esposo le encanta ayudar. Para darle una sorpresa, me propuse cortar todo el césped. Las temperaturas estaban alrededor de los noventa grados, y además era un día lleno de radiante sol. Gran idea, ¿verdad? No lo fue. Aunque me obligué a tomar agua, estaba chorreando de sudor cuando entré a la casa y me desmayé frente a nuestro querido admirador. Me refresqué y me cambié y allí fue cuando todo fue cuesta abajo.

Estuve enferma el resto del día, difícilmente podía moverme. Unas horas más tarde, contacté a mi vecina enfermera para que me ayudara, y su diagnóstico fue de insolación. Mi mamá y ella dijeron que necesitaban tomar electrolitos; yo quería tomar lo que mi mamá había traído, pero lo único que podía hacer era dar pequeños sorbos. Una vez que finalmente me rehidraté, me sentí un poco mejor. Al día siguiente, estaba aún mejor, pero seguía sin ser yo misma. ¡Qué pena!; todo esto porque quise cortar el césped.

A veces, la vida demanda que "hagamos algo" o que actuemos para avanzar. Nosotras queremos, pero es doloroso. Los pasos pequeños nos llevarán allí, como si fueran saltos agigantados; o en mi caso, con sorbos pequeños. No tenía que cortar todo el césped de mi jardín gigantesco de una vez. Desde entonces me impidieron cortar el césped, a menos que lo corte por partes o muy temprano en la mañana. Chicas, no tenemos que ser perfectas, incluso con el césped.

*¿Qué proyecto puedes hacer en partes pequeñas
y manejables en lugar de quedarte exhausta?*

8 de junio

Él nunca, jamás, se va

"Sean fuertes y valientes. No teman ni se asusten ante esas naciones, pues el Señor su Dios siempre los acompañará; nunca los dejará ni los abandonará".

Deuteronomio 31:6 NVI

Dios ha prometido que nunca nos abandonará. Jamás. Cambiémoslo a una perspectiva positiva: Dios ha prometido que siempre estará a nuestro lado, estar justo allí con nosotras. Deuteronomio 31:6 nos recuerda: "sean fuertes…no teman ni se asusten". Debido a que el Señor va con nosotras, nunca nos fallará ni nos dejará. Pero ¿cómo es posible que permitamos que el miedo nos persiga? Debemos poner fin a este hábito de recurrir al miedo. Ya que Dios siempre está con nosotros, no tenemos nada que temer, nada. No de la guerra, no de niños gritones, no de situaciones familiares complicadas, no de cambios laborales, ni siquiera de la muerte.

Podemos lanzarnos de lleno a aquello que Dios tiene para nosotras porque Él está con nosotros. ¿Nerviosa por hacer un cambio? ¿Te preguntas si puedes manejar el presente? Bueno, tú lo puedes hacer. Claro, no por ti misma, pero en cada cosa pequeña, recuerda que Dios está contigo. Él está contigo cuando lavas los platos, cuando llevas a tu hijo a la escuela y mientras cortas el césped. Está contigo en el doctor, y está contigo en el autoservicio. Está contigo cuando te despiertas en la noche, y también cuando le das un sorbo a tu café matutino en el corredor. ¿Qué diferencia marcaría en tu vida si empiezas a recordar que Él siempre está presente, a tu lado y en cada momento? Sé fuerte y valiente. Dios, quien es el creador de todas las cosas, está contigo en todo momento de cada día. Y Él nunca te abandonará. ¡Qué hermoso es poder confiar en Él!

¿Vas a confiar nuevamente en Él hoy?

9 de junio

Descansa

Vuelve, oh alma mía, a tu reposo, porque Jehová te ha hecho bien.
SALMOS 116:7 RVR1960

¿Te invade la incertidumbre? ¿Tu cerebro esta abrumado con los *qué pasaría sí…*? Bien. Sí, está bien. ¿Por qué es bueno que te encuentres llena de angustia? Porque eres humana y no puedes saber el futuro. Es bueno que se nos recuerde nuestra fragilidad como humanos. A veces nuestras cabezas se hinchan mucho porque pensamos que somos magníficas. Lo somos, pero solo cuando nos anidamos en el poder de Dios, seguras en su amor y en su gracia salvadora. Cuando tu mente recurre a la preocupación, sonríe porque eres humana. ¿Sabes quién no lo es? Dios. Dios es infinito en tiempo y espacio. Él es el principio y el fin. Es el Creador de todas las cosas, incluyéndote a ti. Lo sabe todo, así que tú no debes hacerlo. Él lleva el futuro, para que puedas estar en el presente.

Cuando caminas con Dios, Él guía tus pasos en el camino de la vida. Sabe qué hay en cada esquina, giro y vuelta. Ya que Él lo sabe, ¿por qué deberías saberlo tú? ¿Por qué preocupar tu cabecita? Sonríe porque eres humana. Y luego continúa sonriendo porque le perteneces. Él entiende esto y también todo lo demás.

¿Qué puedes entregarle, al ignorar el presente y descansar en su paz?

10 de junio

La voz de Dios

¿Quién es el hombre que teme a Jehová?
Él le enseñará el camino que ha de escoger.
SALMOS 25:12 RVR1960

¿Cómo escuchas a Dios? ¿Están tus manos abiertas, siempre listas para recibir? Puedes escucharlo mientras oras, no solamente llenando cada momento con tus palabras, sino también quedándote quieta en su presencia. Él también puede hablarte durante los sermones o mientras lees algo que te parece profundo, que resuena con tu espíritu, el cual es el de Dios. Ayer, mientras estaba escuchando a mi hija mayor, escuché hablar a Dios a través de ella. Era un consejo que yo misma sabía que era cierto, pero esta vez supe que Él me estaba hablando a mí.

¿Escuchas? Él puede susurrar palabras de vida a través de tu cónyuge. Puede recordarte sobre su paz, cuando la vida parezca desalentadora. Él puede dirigir tus pasos a través de la confirmación de circunstancias. Puede redargüirte a través de cualquier medio que sea necesario. Dios quiere compartir contigo sus pensamientos y planes. Él quiere ser tu Pastor. Pero tienes que buscarlo, buscarlo a través de devocionales y de la oración. Declárate suya. Y luego escucha. Escucha su voz. Siente su paz a través de tu obediencia a Él. Y sonríe cuando Él confirme los planes que tiene para ti. Yo nunca he escuchado la voz audible de Dios; sin embargo, sé, sin lugar a duda, que me ha hablado innumerables veces. Y ayer fue una de ellas. Escucha siempre la voz de Dios. Él no te decepcionará.

¿Has escuchado la voz de Dios últimamente?
¿Escuchas hoy la voz de Dios?

11 de junio

La actitud

¡Oh Señor, te alabaré con todo el corazón,
y le contaré a todo el mundo las maravillas que haces!
Salmos 9:1 NBV

Tú nunca dejarás de tener problemas. Déjame decirlo de otra forma: Siempre habrá algo, algo que te enfade en algún lugar. ¿Por qué? Porque nada es perfecto siempre. Suena pesimista, ¿no? ¡Lo siento! Amigas, solo nos estoy llevando a la realidad. Estoy bajándonos de la nube y evitando que nos metamos en la arena. ¿Cuáles son algunos fastidios de la vida, preguntas? ¡Vaya! La lista es interminable. Limpiar el desorden de los demás (¿A quién engaño? Si a veces es molesto limpiar mi propio desorden. ¿Dónde está esa empleada doméstica?). No encontrar lo que buscabas en la tienda. Grifos que gotean. Actitudes innecesarias de hijos malagradecidos, ir al restaurante favorito de alguien más, picaduras de zancudos. El hecho que el azúcar es mala para uno, aunque sabe tan increíble en la comida. Hormigas rondando por el piso de mi cocina. Influencias terribles invadiendo a nuestros seres queridos. El tránsito.

En Juan 16:33, Jesús dijo que en esta vida tendríamos aflicción, pero que confiáramos porque Él ha vencido al mundo. Él ha vencido absolutamente todo. Cada molestia, cada problema, todo eso. Así que ¿qué es lo que Él nos pide hacer a pesar de todas y cada una de las molestias? Que confiemos en Él, que nos mantengamos enfocadas en lo que es importante. Que alabemos a nuestro Dios asombroso, aún con nuestras actitudes no tan positivas. Porque cuando lo alabamos, nuestras actitudes salen de lo profundo.

*¿Cómo está tu actitud? ¿Permites que el malhumor de otros
o situaciones fastidiosas afecten tu estado de ánimo?*

12 de junio

Refleja a Jesús

Hagan todo sin quejarse y sin discutir, para que nadie pueda criticarlos. Lleven una vida limpia e inocente como corresponde a hijos de Dios y brillen como luces radiantes en un mundo lleno de gente perversa y corrupta.

FILIPENSES 2:14-15 NTV

La manera en que reaccionas a los enfados diarios, aunque sean momentáneos, refleja ante otros tu relación con Dios. La manera en que reacciones a las cosas que no salen como querías dirigirá a la gente hacia Dios o los alejará de Él. Difícil, lo sé. Solo empieza a pensar en ello. Cuando te sacan de quicio ¿refleja tu actitud a Dios? Ay. Sé que soy culpable de reaccionar en mi carne cuando no estoy concentrada en Dios.

Busca a Jesús para inspirarte. Él estuvo disgustado, estoy segura. Más allá de lo que humanamente podamos comprender. Al caminar con nosotros, Él sabía lo que cada persona debería haber estado haciendo para aumentar su bienestar. ¿Alguna vez has estado de malhumor por el hambre? El hambre es muy irritante. Jesús pasó hambre muchas veces, pero Él nunca dejó que ninguna molestia terrenal dañara la imagen de Dios.

Refleja a Jesús en todo lo que hagas. Y cuando falles, continúa intentando. Pide a Dios que te ayude. Él te ayudará, y el triunfo será cada vez más fácil. Solo que no me des una pizza insípida y congelada cuando esté de mal humor por el hambre. Porque si lo haces, Dios no brillará a través de mí. Ah, está bien, ¡me esforzaré en reflejar a Jesús en esa situación también!

¿Cómo afectará tu actitud a otros? Considera a Jesús como aquel que enfrentó dificultades con una actitud positiva. Nosotras también podemos.

13 de junio

¿Cómo lo hizo?

Busquen al Señor y su fuerza, búsquenlo continuamente.
1 Crónicas 16:11-13 NTV

¿Cuándo lo supiste, Jesús? ¿Cuándo supiste en definitiva cómo morirías? ¿Cómo no te sentiste completamente abrumado por la ansiedad en casi cada momento después? ¿Cuándo supiste que eras el Hijo de Dios? ¿Cuándo llegaste a amar a toda la humanidad con todos nuestros problemas y pecados? ¿Siempre quisiste salvarnos? ¿Cuándo te diste cuenta de que tú eras nuestra única esperanza? El plan de salvación de Dios eras tú, ¿fue eso casi demasiado de soportar?

Por encima de todo, eras humano, con necesidades humanas como la de agua, comida y descanso. ¿Cómo hiciste para no ofender a las personas cuando habían pasado horas desde tu última comida? ¿Cómo pudiste funcionar a la perfección cuando estabas totalmente exhausto? Me asombras. Eras completamente humano, así que tu poder no tenía nada que ver con eso. Tú simplemente lo hiciste. Tu vida no fue fácil, aun así, fuiste el ejemplo perfecto para todos nosotros. Tú llevaste todas las cargas del mundo, sin desviarte de tu camino ni por un momento.

Enséñanos. Enséñanos a refrenar nuestras lenguas cuando las cosas no salen como queríamos. Enséñanos a amar a otros cuando ellos no se lo merecen para nada. Enséñanos a difundir tu amor y salvación a los demás. Y enséñanos a simplemente confiar en ti. Eso es lo que tú hiciste. Tú confiaste en el Padre, quien tenía el plan perfecto: tú. Y nuestro Padre es fiel. Él fue totalmente fiel a ti, y será totalmente fiel a nosotros, por siempre y para siempre. Oh, que seamos más y más como tú cada día.

Cuando pienses en Jesús, sigue adelante e imítalo. Sus acciones sin pecado son por las que debemos esforzarnos a cada momento.

14 de junio

Aferrarse a Dios

Pero tú, oh Señor, eres un escudo que me rodea; eres mi gloria, el que sostiene mi cabeza en alto. Clamé al Señor, y él me respondió desde su monte santo.

SALMOS 3:3-4 NTV

La vida es casi maravillosa, ¿no es así? Llena de tantas cosas buenas. Pero hay muchos momentos en que tu mente puede entrar en desesperación o pena o simple enfado. Cada uno de esos momentos puede ser una oportunidad para aferrarte a Dios, para dejar que Él te transforme. Para que, una vez más, te vuelva a cubrir con su bondad. Cuando estás enfrentando esos momentos de adversidad, recíbelos con el conocimiento de que Él es suficiente. Dios te llenará con su poder y su capacidad para vencer. Pero tienes que decidir aferrarte a Dios. Si dejas que tu mente entre en desesperación, escogerás estar sola, aferrándote a ti misma y a tu autocompasión.

Es más sencillo enfrentar la vida cuando sabemos que no estemos solas. Podemos ver a Dios obrando cuando dependemos de Él. Y lo que es más importante, nosotras permitimos que Dios obre cuando dependemos de Él. Permítele obrar en ti hoy. Permite que Él seque tus lágrimas y susurre en tu oído su plan perfecto para ti. Sigamos dependiendo completamente de Dios en cada aliento que respiramos.

¿Cómo puedes hoy depender de Dios? ¿Cómo puedes aferrarte a su Palabra, la cual te provee con su fuerza, sabiduría y paz?

15 de junio

Un paso a la vez

Los pensamientos del diligente ciertamente tienden a la abundancia; mas todo el que se apresura alocadamente, de cierto va a la pobreza.
PROVERBIOS 21:5 RVR1960

¿Alguna vez has enfrentado un desastre? Un proyecto grande, ¿tal vez? ¿O a un acontecimiento vital inminente? ¿Cómo podemos mantener la calma ante la posibilidad de un nuevo bebé? ¿O al iniciar una nueva empresa? La respuesta reside en un paso a la vez. Concentrarse en ese paso, solo un paso a la vez. Como dice el viejo refrán: "¿cómo puedes comer un elefante? Una mordida a la vez".

De cualquier forma, si te concentras en el resultado final, te vas a desanimar una y otra vez. Las metas toman tiempo y algunas veces son difíciles de alcanzar. Escoge tu meta, pero concéntrate en cada paso. Después de un paso, piensa en el siguiente y así sucesivamente. Antes de que te des cuenta, mirarás hacia atrás y verás lo lejos que has llegado. Estarás mucho más cerca de tu meta. Te detendrás y agradecerás a Dios por el progreso que has hecho. Aun si retrocedes un par de pasos, mira el impresionante camino que has recorrido. ¡tremendo! Deja de preocuparte porque aún no has alcanzado tu ambiciosa meta. Sonríe de qué tan lejos has llegado y continúa. Con Dios a tu lado, ¡tú puedes!

¿En qué meta estás trabajando?
¿Qué pasos tomarás hoy para alcanzar esa meta?

16 de junio

Revestida de su amor

*Así como el Padre me ha amado a mí,
también yo los he amado a ustedes.
Permanezcan en mi amor.*
JUAN 15:9 NVI

Jesús nos ama, así como Dios lo ama a Él, perfectamente, absolutamente. No hace falta nada. Jesús quiere que permanezcamos en su amor. Él quiere que habites en el perfecto amor de Dios por ti. Habitar significa residir, quedarte por un largo, largo tiempo, para descansar. Cuando habitas en Dios y en su amor, no hay espacio para el miedo. Cuando te enfocas en su amor, la ansiedad se marcha y la preocupación se va. Se desaparece. ¿Por qué? Porque te sientes segura, amada, completa.

Primera de Juan 4:18 nos recuerda que "no hay temor en el amor, sino que el perfecto amor echa fuera el temor". El amor perfecto de Dios echa fuera todo temor. Cuando permaneces en el amor de Dios, no hay temor. ¿Cómo permaneces? Reemplaza todos los pensamientos escépticos con la verdad de Dios. Usa la Escritura u otras palabras que han hablado a tu corazón. Descansa en el amor de Dios, respira. Y siempre permanece. Fija tu mente en eso. Enfoca tu corazón en eso. Y quédate, por un largo, largo tiempo. Permanece.

*¿Cómo puedes permanecer en el amor de Dios?
¿Cómo ese enfoque puede desechar el miedo y la preocupación?*

17 de junio

Horriblemente decepcionada

Así como el Padre me ha amado a mí, también yo los he amado a ustedes. Permanezcan en mi amor.
JUAN 15:9 NVI

Cuando estás horriblemente decepcionada con algo en la vida, cuando no hay nada que hacer al respecto, ¿Entonces qué? ¿Cuál es tu reacción? ¿Dar vueltas en autocompasión, y disfrutar el ánimo de desesperanza que te envuelve? Mientras que por un momento se podría sentir bien, tu estado de ánimo te manda al baño. Hay una mejor manera. Personalmente, me gusta hacer una lista de mis bendiciones. Me esfuerzo por mantenerla actualizada, pero debo admitir que lo hago fatal, en el mejor de los casos. Una alternativa es que puedes comparar tu decepción desalentadora con algo aún peor. Eso definitivamente pone las cosas en perspectiva.

El punto es este: cambia tu enfoque a los tesoros que Dios te ha dado. Como esa lista de las bendiciones que todas deberíamos tener en algún lado. O las palabras de ánimo que te pueda susurrar una estimada amiga o tu cónyuge. Porque cuando te enfocas en todas las bendiciones en vez de las decepciones, ganarás el examen de Dios brillantemente. Y tu estado de ánimo quedará fuera del escusado. De hecho, estarás muy complacida. Reacciona a la vida con gracia. Tu ejemplo será un escalón para Dios. Será un escalón para Dios en vez de una piedra de tropiezo para Satanás.

¿En qué se convertirá tu próxima decepción? ¿Vida o muerte?

18 de junio

Detente

*Oyéndolo Jesús, le respondió:
No temas; cree solamente, y será salva.*
Lucas 8:50 RVR1960

Es tiempo de hacer un alto. Deja de estar de acuerdo con los pensamientos que te dicen que no eres suficientemente buena. Deja de escuchar las mentiras adentro de tu cabeza, diciéndote que no eres amada. Deja de recurrir al camino fácil que te retrasa en tus objetivos. Deja de conformarte por menos cuando Dios quiere más para ti. Deja de sentarte, esperando que la vida te encuentre. Deja de pensar en cosas que nunca van a mejorar. Deja de actuar como una cristiana inútil.

Empieza a actuar como una hija de Dios. Empieza a creer la verdad de que eres más que suficiente. Empieza a escuchar la verdad de que eres amada por completo. Eres tan amada que Dios envió a su Hijo Jesús a morir por ti. Y Jesús hubiera muerto solo por ti. Empieza a creer que el futuro es brillante, lleno de posibilidades. Empieza a trabajar en los objetivos que Dios ha colocado impresionantemente en tu camino. Empieza a cumplir el destino que Dios tiene para ti. Declara que Dios que controla tus pensamientos, y por el amor de Dios, empieza a caminar hacia Él.

*¿Qué mentiras o conductas puedes dejar de creer o hacer
para empezar a convertirte en lo que Dios quiere que seas?*

19 de junio

Espera al Señor

Espera al S<small>EÑOR</small>; él acudirá. Sé valiente, resuelto y animoso.
Sí; espera, y él te ayudará.
S<small>ALMOS</small> 27:14 NBV

David escribió la frase "espera al Señor" dos veces. ¿Piensas que fue así porque él tenía sus propios problemas? Es fácil ver los personajes bíblicos excepcionalmente divinos. Después de todo, sus palabras están citadas en la Biblia que todavía leemos. Pero ellos eran humanos, con defectos como tú y yo. Y aparentemente David en verdad necesitaba recordarse a sí mismo de esperar al Señor.

¿Y tú? ¿Necesitas que te recuerden de esperar el tiempo de Dios? "Espera en el Señor" solo eso significa, esperar, y esperar. Espera su tiempo. Y mientras tanto, David nos anima a ser fuertes y esforzados. ¿Por qué? Porque él sabía que requiere fuerza esperar al Señor, la fortaleza de Dios. Además, requiere corazón, lo que significa tu voluntad y determinación, rendir tu amor a Dios, rendir tu confianza en Él, y en su tiempo y camino perfecto, por muy lento que te parezca. Cuando Dios está obrando, lo cual ten por seguro siempre es así, la espera es lo difícil. Fue difícil parar los personajes bíblicos en aquel entonces y es difícil para nosotras hoy. Así que tranquilízate, estás en buena compañía. Mientras esperas al Señor, se fuerte y valiente. Él está obrando y Él siempre terminará lo que ha comenzado.

¿Qué estás esperando en el Señor hoy? Sé fuerte y valiente,
y espera a Dios. ¡Vale la pena!

20 de junio

Orden restaurado

Te pidió que le preservaras la vida, y le concediste su petición; los días de su vida se alargan para siempre.

SALMOS 21:4 NTV

¿Por qué hay cristianos desanimados? ¿Por qué cualquiera de nosotras pierde la esperanza? Porque somos humanas y olvidadizas. Podría decir tontas, pero no lo haré. ¿De quién somos? Te diré de quién: somos de Dios. Literalmente somos las hijas de Dios, sus amadas. Dios, quien creó todas las cosas, incluyéndonos, nos ama. Él cuida de nosotras. Él va antes, detrás y al lado de nosotras. Él conoce cada pensamiento antes que siquiera pronunciemos una palabra. Él conoce el principio y el fin. Él conoce nuestros deseos más profundos. Y Él nos ha dado toda la autoridad en la tierra. Tenemos autoridad sobre la tierra, incluyendo sobre el enemigo.

Cuando Jesús murió por nuestros pecados, Él restauró el orden del cielo. Para todos los que creemos, Él anuló la muerte y la tumba. Él anula la muerte mientras nosotras también vivimos. Deja de caminar como si estuvieras muerta. Tú tienes el poder de Dios en ti. Úsalo. Tienes a Dios de tu lado, compórtate como tal. Tienes la compañía del Altísimo, quien quiere ser tu mejor amigo. Pídele de su paz, que sobrepasa todo entendimiento humano. Pídele que su amor fluya a través de ti para todos los que conozcas. Pídele su sabiduría para guiarte en las decisiones de cada instante. Pídele fe, la cual pueda ir más allá de lo que puedas ver. Pídele que te llene con su misma naturaleza. Su fidelidad te dejará atónita, dejándote por completo sin palabras. Pero solo si te detienes y en verdad piensas a quién le perteneces. Tú le importas completamente a Dios.

¿Crees ser hija de Dios? Con esa categoría, viene el increíble poder, paz, sabiduría y amor de Dios. Pídele hoy que te llene.

21 de junio

Veneno

> La muerte y la vida están en poder de la lengua,
> y el que la ama comerá de sus frutos.
> **Proverbios 18:21 RVR1960**

¿Estás afectado por el veneno? Nosotras nunca vamos a ingerir el veneno intencionalmente. Hablo de un veneno sutil. Personas o situaciones tóxicas. Mentiras del infierno. El veneno como tal, está por todas partes, infectándonos más fácilmente que tomar líquido. ¿Qué deberías hacer, cuando sin previo aviso, te encuentras en medio del veneno? Negarte a participar ¿No es eso lo que les enseñan a los niños sobre las drogas? Puedes apostarlo. Es un buen consejo. Negarte. Fija tu mente para no participar. El veneno está hecho para causar dolor, cortándote hasta la médula. No lo permitas. Mantén la cabeza fría y supéralo. Parece sencillo, pero es muy difícil. Nuestra naturaleza tiende a sucumbir ante la tentación. En este caso, sucumbir a la tentación del dolor. El dolor es familiar. El enojo es familiar. La decepción es familiar. Esas reacciones tóxicas son veneno.

Tengo un ejemplo. Una vez, alguien trajo regalos para todos menos para mí. Fue un ataque directo con la intención de hacer daño. Si hubiera dejado que el veneno entrara profundamente, el enojo y la depresión se habrían aferrado a mi alma. En vez de eso, me negué a participar, dejando que la decepción cayera al suelo. ¡Puf! Si hubiera dejado que el poder tóxico se arraigara, el veneno habría ganado, lo cual era justo lo que la otra persona quería.

Batallar con personas tóxicas o situaciones únicamente puede hacerse con Dios. Él está de tu lado. Él está presente, peleando por ti. Él quiere todo lo bueno para ti. ¿No quieres estar de su lado? Tú puedes estarlo cuando resistes personas y situaciones tóxicas, pruébalo. Yo confío totalmente en ti, con Dios.

¿Con qué veneno colaboras? No dejes que te afecte. En cambio, aférrate a la paz de Dios y tu identidad en Él.

22 de junio

Preparada y en espera

Porque por medio de él fueron creadas todas las cosas en el cielo y en la tierra, visibles e invisibles, sean tronos, poderes, principados o autoridades: todo ha sido creado por medio de él y para él.

Colosenses 1:16 NVI

Dios nos dice, nos ordena que nos calmemos, a estar perfectamente quietas, inmóviles, sin movimiento, en silencio, inertes, listas, en espera, confiadas. Cuando estamos tranquilas, podemos escuchar lo que Dios nos quiere decir. Cuando estamos tranquilas, no hay distracciones. Cuando estamos tranquilas, Dios nos ve preparadas. Él nos ve deseosas de escuchar, y es en esos momentos cuando Él habla.

Dios nos dice que estemos quietas y que sepamos que Él es Dios. En nuestra tranquilidad, nosotros tenemos que ver que Dios es quien Él dice ser. Debemos darnos cuenta de que Dios es Dios. Tenemos que reconocer el poder supremo de Dios. Fija tu mirada en lo celestial. Establece tu confianza en Él. Calma tu corazón ansioso y pon toda tu confianza en Él. Recibe su perfecta paz siempre. Quédate quieta y comprende que Él es Dios. Con Dios teniendo el control, nosotras no tenemos qué temer, porque en Él todo fue creado. Todo ha sido creado por Él y para Él. Confiar en Él con todo tu ser mantendrá tu corazón seguro y dentro de su plan perfecto para ti.

¿Cómo puedes estar quieta hoy, dándote cuenta de que Dios, quien creó todo, te está esperando para hablar contigo?

23 de junio

El monólogo interno del miedo

> De inmediato, Jesús extendió la mano y lo agarró.
> —Tienes tan poca fe—le dijo Jesús—.
> ¿Por qué dudaste de mí?
> MATEO 14:31 NTV

Tú conoces el miedo. El miedo trabaja para Satanás tratando de persuadirnos cada día. Imagina el monólogo interno del miedo como si fuera una persona buscando tentar a alguien: ¿Dónde está mi próxima víctima? La encontraré y le voy a susurrar duda en su cabeza. Ella se ve preocupada. Parece que tuve éxito. Veo que se está alistando para ir a trabajar. Vamos a apilar más duda. Oh, bien, ella piensa que es la chica fea del *salón. Ella acaba de tirar su ropa disgustada consigo misma. Vamos a afirmar las dudas en su cabeza.*

¿Cuál es mi nombre? Miedo. Yo suelo mandar, y poseo poder absoluto cuando los amigos me lo dan. ¿Cómo me lo dan? Ellos ceden a las mentiras que les digo y dudan de la verdad de Dios. Yo me callo *solo con el poder de Dios. Pero si logro que ellos se olviden de eso, gano; y estoy tan acostumbrado a ganar que casi llega a ser aburrido. En serio, mi trabajo es muy fácil. Oh no. Espera. Esa chica de la que me burlé está escuchando música cristiana. Está escuchando esa canción que habla de proclamar la victoria sobre el miedo. Déjame plantar rápidamente otra duda. ¡Dispara! Ella inmediatamente declaró la verdad de Dios en respuesta a mi intento. La dejaré tranquila por el momento. Es hora de encontrar otra víctima...*

¿Escuchas al miedo tentarte con mentiras? Reconócelo. Rechaza el miedo al declarar la verdad de Dios. Dios siempre gana en contra del miedo, pero solo si tú niegas el miedo y, en cambio, escoges a Dios.

¿Qué tan fácil es para ti creer una mentira del miedo?
¿En qué parte de tu vida ha ganado la duda?

24 de junio

La búsqueda implacable del miedo

Porque yo Jehová soy tu Dios, quien te sostiene de tu mano derecha, y te dice: No temas, yo te ayudo.

Isaías 41:13 RVR1960

Hoy, el miedo continúa su monólogo interno. Recuerda que está tratando de incitar con mentiras a su siguiente víctima: *Es ella. Me haré cargo de ella, parece ser un blanco fácil. Le susurraré una mentira en su cabeza y esperaré su reacción. ¿Debería decirle que ella no le gusta a nadie y que nunca estará a la altura? O ¿Debería recordarle de todos sus pecados recientes, convenciéndola que ella es basura? Ah, no importa, ambas mentiras son creíbles. Ah, ¡Qué bien, se la creyó! Se le nota por su estado de ánimo descontrolado y por sus lágrimas. Mañana regresaré y le susurraré otra mentira.*

Destruir personas con mentiras es increíblemente fácil. ¿Tú dijiste que esta chica es cristiana? Bueno, me alegro de que ella no se encuentre caminando en la verdad de Dios. Si lo fuera, ella debería declarar mis palabras como una mentira. ¿Sabe ella siquiera de quién es el poder que posee? Afortunadamente, ella aparece haberlo olvidado. Mi trabajo ha terminado. Ella parece estar destruida y no parece ser capaz de cumplir con el plan de Dios para ella. ¡Gané otra vez! Hora de encontrar otra víctima. Pero regresaré para asegurarme que ella está bajo mi control.

El miedo implacable persigue a sus víctimas, pero prestar atención a la voz del miedo es una decisión. Cuando escuchamos las mentiras, nos alineamos nosotras mismas con el miedo y su misión; lo cual es lo opuesto a la de Dios. Nosotros únicamente tenemos que estar de acuerdo con la verdad de Dios y romper por completo las mentiras del miedo con el poder del Dios todopoderoso.

Al conocer la verdad de Dios, ¿cómo le contestarás al miedo la próxima vez que toque la puerta?

25 de junio

Puertas abiertas

Porque no nos ha dado Dios espíritu de cobardía, sino de poder, de amor y de dominio propio.

2 Timoteo 1:7 RVR1960

Está abierto, pase adelante, ¿quién está ahí?, preguntaste. El Miedo, la Duda y los Celos. Mi casa está abierta, así que ellos entran. Sin saberlo, los invité por creer las mentiras en mi cabeza. Honestamente, pensé que se iban a ir. Pero no quieren irse. De hecho, se rehúsan a salir sin que yo use el poder de Dios para ordenarles a hacerlo. ¿Por qué todavía no les he pedido que se vayan? Es porque me siento cómoda con ellos. El cautiverio se siente familiar. Es quien soy. Ellos vinieron a mi casa hace mucho tiempo; apenas puedo recordar la sensación de libertad. Los huéspedes de mi casa no solo se han quedado mucho tiempo, sino que, además, se mudaron por completo. De hecho, hasta les construí habitaciones.

Les hice espacio sacando a la paz, el amor y la seguridad. ¿Ha venido Dios últimamente? Bueno, yo no lo he invitado desde hace un tiempo. Ha pasado un tiempo, y mi casa está un poco desordenada. Desordenada con miedo, dudas y celos. Tengo temor de limpiarla. No creo que pueda hacerlo. Pero estoy celosa de la casa limpia de mi amiga. Ella tiene tanta paz de Dios; yo también quiero eso.

¿Te suena conocido? Declara la verdad de Dios y haz esta oración: *Dios, te pido por favor que regreses a mi vida. Límpiame de todo lo que no es tuyo. Yo declaro que mi casa le pertenece a Dios.* ¡Amén! Ahora camina confiadamente en el poder de Dios y su paz. Y cierra la puerta. De hecho, cambia la cerradura. Porque Dios tiene nuevamente el control.

¿Qué puertas abiertas están permitiendo que el miedo, la duda y los celos entren a tu vida? Ciérralas hoy con la autoridad absoluta de Dios. Es tiempo de limpiar la casa.

26 de junio

Entrega todo a Dios

Qué grande es la bondad que has reservado para los que te temen. La derramas en abundancia sobre los que acuden a ti en busca de protección, y los bendices ante la mirada del mundo.

SALMOS 31:19 NTV

Dios te mira. Él te mira cuando nadie más lo hace. Mira tus muchas alegrías, y las lágrimas que has derramado en secreto. Él mira tu corazón. Sabe que quieres hacer lo mejor para Él, y eso le trae gozo a su corazón. Sabes que Él mira todo lo que haces. Él te recuerda que eres suficiente. Lo que tú eres es suficiente. Eres su hija valiosa. No tienes nada que demostrarle. Él te ama por lo que eres.

¿Qué es lo que Dios quiere de ti? Todo lo que Él necesita es tu corazón. Entrégale tu corazón y deja todo lo demás en sus manos, sus manos capaces. Entrégale tus hijos, tu matrimonio, tus responsabilidades. Entrégale todo eso, todo. Entrégalo y no pidas que te devuelva nada. Él te ayudará fielmente en cada paso del camino. Todo el camino a lo largo de este año y más allá. Da un paso atrás y evalúa tu vida. Dios ha estado contigo; Él está contigo y siempre lo estará. Siempre. Sabes que Él te ama y está inmensamente orgulloso de quién eres.

Escribe tus preocupaciones. Ora y entrégalas todas a Él. Cada una de ellas. Rompe la lista y rehúsa a seguir preocupándote.

27 de junio

Decepcionar a los demás

Queda claro que no es mi intención ganarme el favor de la gente, sino el de Dios. Si mi objetivo fuera agradar a la gente, no sería un siervo de Cristo.
GÁLATAS 1:10 NTV

¿Estás lista para un bombazo? ¿Una revelación impactante? Las personas no son perfectas. Las personas te fallarán con regularidad. A menudo nos sentimos decepcionadas por los demás. Hasta podríamos decir que nos sentimos así todo el tiempo. Es casi como esperar que ellos sean perfectos, especialmente en su comportamiento hacia nosotras. Esperamos que las personas se comporten mucho mejor que nosotras mismas. Es como si nos permitimos comportarnos como nos plazca, pero esperamos que los demás nunca flaqueen, jamás.

¿A qué norma te estás sujetando? No estoy pidiendo perfección de ti, tú tampoco puedes ser perfecta. Solo no esperes perfección de los demás. Si lo haces, entonces estarás decepcionada constantemente. Y me refiero a constantemente. Comparte a los demás la gracia de Dios que te ha dado. Ámalos aun cuando te fallen o decepcionen. Te puedo garantizar que tú, por otro lado, también decepcionarás regularmente a los demás. Tú vas a querer que la misma gracia que les otorgaste a ello, sea recíproca para ti, ¿no es así? Da gracia, camina en perdón y sonríe con agradecimiento absoluto por las bendiciones de la gracia y el perdón.

¿Cómo te decepcionan a menudo las personas? ¿Cómo puedes otorgar gracia, al saber que tú también a veces decepcionas a las personas?

28 de junio

Más

Porque somos hechura de Dios, creados en Cristo Jesús para buenas obras, las cuales Dios dispuso de antemano a fin de que las pongamos en práctica.
EFESIOS 2:10 NVI

La vida está muy llena, ¿no lo es? En nuestro mundo material, hay millones de opciones. Mucho más de lo necesario, ¿sí? Mientras navegamos este mundo, intentando dar lo mejor de nosotras, siempre habrá más opciones. Más libros educativos que leer, lecciones que probar, actividades que guardar. Más recetas para probar y más métodos de ejercicio que investigar. Más programas sobre decoración para ver e ideas para analizar. Más ropa que comprar, más atuendos que hacer, tiendas para comprar. Esto sin contar el intento de encontrar las mejores ofertas. Nunca alcanzaremos la cúspide del conocimiento en cualquier área de nuestra vida. Siempre habrá más y más conocimiento que acumular. Más, y más y más.

Me parece que esto es abrumador. Yo quiero dar lo mejor de mí en todo. Quiero ser la mejor maestra, así que leo blogs, libros, tomo clases y constantemente intento mejorar mis clases. Quiero ser lo mejor de mí, así que leo blogs, agrego enlaces a mis favoritos, y compro libros para encontrar la fórmula del éxito. Yo quiero ser la mejor esposa cristiana, mamá e hija, así que agrego más libros para mi lista de lectura, la cual, debo de admitir, nunca podré leer todos ellos en el transcurso de mi vida. Todo termina donde siento que nunca podré lograrlo. Y no lo lograré, si me posiciono arriba de Dios. Dios es todo lo que importa. Búscalo, y Él te guiará en todo, ya sea grande o pequeño.

¿Qué decisiones te abruman la vida? Pide hoy a Dios que te guie en todo.

29 de junio

Eres suficiente

*El corazón del hombre traza su rumbo,
pero sus pasos los dirige el Señor.*
Proverbios 16:9 nvi

Amigas, nosotras no tenemos nada que demostrarnos. Dios nos ama y nos acepta. Él conocimiento es maravilloso, incluso ordenado por Dios. Pero puede convertirse casi en una religión, un ídolo a lo sumo. Sí, deberíamos de buscar conocimiento, pero no con el riesgo de sentirnos incompetentes si no lo hacemos. La mentira es que tenemos que saber todo. Eso nunca ocurrirá. Lamento decepcionarte, pero tú nunca sabrás todo sobre cualquiera que sea tu área de enfoque. Usa los talentos que Dios te da para trabajar, mejorar y buscar conocimiento. Pero deja que Dios te guíe.

Si guardas enlaces o correos o listas de libros para leer que desaparecen repentinamente, ¿tal vez eso sería como un alivio para ti? Esto es un indicador de sobrecarga de información. Si no quieres ser tan atrevida como para borrar años de marcapáginas, entonces asigna un tiempo límite para tu búsqueda de información. Separa veinte minutos al día para leer tu libro o el enlace que guardaste. Dedica un día completo para sumergirte en las aguas y organizar, borrando los artículos innecesarios. Lo que sea que decidas hacer, simplemente recuerda esto: Dios conoce todo, así que nosotros no tenemos que hacerlo. Él ordena tus pasos cuando confías en Él. Permítele guiar tu búsqueda de conocimiento, sabiendo que ya eres suficiente. Ya tienes asegurado su amor. Agradécele por tu sed de conocimiento. Luego, relájate, dale una probadita a tu libro y saborea la satisfacción de ser suficiente; porque lo eres.

¿Tienes docenas o incluso cientos de marcapáginas guardadas en redes sociales o en otros lugares? Atrévete a borrar. ¡Es una actividad totalmente liberadora!

30 de junio

La prueba

*Conoce, pues, que Jehová tu Dios es Dios, Dios fiel,
que guarda el pacto y la misericordia a los que le aman
y guardan sus mandamientos, hasta mil generaciones.*

DEUTERONOMIO 7:9 RVR1960

¿Quieres demostrar que Dios existe? ¿Quieres demostrar que Él está aquí? Abre tus ojos, mira alrededor. Antes de Dios, tu vida era un desastre. Antes de su salvación, tu vida era una ruina. Tu vida después de Dios ha tenido muchos desastres. Pero Él está allí todo el tiempo, ayudándote a sobrellevar. No ilesa, pero si completa.

En lugar de enfocarte en las decepciones, sorpréndete de que Él ha estado allí y todavía lo está. En lugar de pedirle a Dios evidencias de su existencia, mira las que tienes ante tus ojos. Tu cónyuge, tus hijos, el trabajo que no sabías que lo necesitarías. Tu círculo seguro de familiares y amigos. Provisión de bienes justo cuando los necesitabas. Apoyo emocional de una amiga cuando era lo que más importaba. Inexplicables estallidos de gozo durante las pruebas. Una paz que sobrepasa todo entendimiento, manteniendo tu corazón protegido cuando la vida parecía caótica desde fuera. Dios nos sonríe todo el tiempo a través los demás. Esa es la evidencia. Vivimos en un mundo caído. Pero Dios ha marcado toda la diferencia en esta vida. Su provisión te ha llevado por situaciones que ni siquiera sabías que eran malas. Su amor te ha llenado con su paz vez tras vez. He ahí las evidencias.

Decide enfocarte en lo bueno más que en lo malo. Mira su mano que ha estado en tu vida, está en tu vida y siempre estará en tu vida.

Julio

1 de julio

¿Seguirás confiando?

> El Señor está cerca de quienes lo invocan,
> de quienes lo invocan de verdad.
> Salmos 145:18 nvi

¿Seguirás confiando en Dios cuando todo alrededor se vea mal? ¿Mantendrás tu fe cuando parezca que Dios te ha dado la espalda? ¿Recuerdas a Job? Job mantuvo su fe a pesar de que su vida entera se derrumbaba. La vida que conocía se desvaneció. Todos sus hijos murieron, sus negocios fracasaron, su hogar se quemó, sus posesiones se perdieron totalmente. Su esposa ardía en enojo mientras culpaba a Job por todo lo sucedido. Sus amigos lo aconsejaron mal. Estaba solo y sentía que Dios le había dado la espalda, pero la fe de Job nunca vaciló. Se mantuvo fiel, nunca titubeó y en el tiempo perfecto de Dios, Job recibió una restauración completa. ¿Tienes ese tipo de fe? Si Dios quitara todo lo que tienes en esta vida, ¿seguirías confiando en él? No es que Dios vaya a hacer precisamente eso. No obstante, a veces nos parecerá que Dios está ausente de nuestra vida, pero sigue aquí. Siempre.

Descansa confiada en que Dios está en pleno control. Dios nunca perdió el control de la vida de Job. Dios simplemente dejó que Satanás pusiera a prueba a Job, pero estaba ahí para respaldarlo, así como está para respaldarte. Siempre. Cuando pareciera que Dios se ha apartado de tu vida, ¿seguirás confiando en Él? Deberías, porque Él es fiel. Restauró a Job y te restaurará a ti también; lo hará completamente. Solo debes ser fiel, confiar totalmente como lo hizo Job. Deja que Dios obre y descansa en el conocimiento de que Dios es soberano sobre todo, incluso sobre ti. Dios te ve, ve cada detalle en ti. Aleluya.

¿Qué harás para confiar en Dios hoy como Job confió hace tanto tiempo?

2 de julio

Lo contrario

No sean, pues, insensatos; procuren entender cuál es la voluntad del Señor.
EFESIOS 5:17 RVC

El diablo se ríe. Se regodea cuando le damos plena razón y se burla entre dientes. Como cuando los chicos de octavo grado escriben lo tonto que resulta servir a aquellos que son menos afortunados. Cuando una hija ignora lo que han dicho sus padres y se escapa a pesar de ello. Cuando un estudiante roba las respuestas a su maestro. Cuando un teléfono celular exige la atención del esposo para que ignore la vida real. Cuando una empresa desvaloriza a sus empleados y solo pone atención en su cuenta de resultados. Cuando una empresa promociona y vende productos de inferior calidad y les miente a sus clientes fieles. Cuando las cadenas de noticias muestran historias amarillistas con la intención de exagerar la verdad para airar a la población. Y esas son algunas de las cosas que vemos.

El comentario sarcástico del hijo podría confirmar la mentira en la cabeza de la madre, declarándola incapaz. Las palabras ofensivas de un adolescente calan en un compañero, lo que confirma la baja autoestima de ambos. Un jefe desvaloriza a su empleado al imponerle largas jornadas innecesarias lejos de su hogar. Una joven adulta se va de su casa, se aleja de Dios, a pesar de la crianza que ha recibido. El diablo se ríe porque somos fáciles de engañar. Nos muestra a personas para que nos comparemos con ellos, lo que destila celos e inconformidad. Nos hace dudar de nuestra capacidad. Promueve el enojo y el egocentrismo. Nos convence de que somos más importante que otros al compararnos. ¿Por qué creemos sus mentiras? Porque somos humanos.

¿De qué forma has permitido que el diablo se ría? Hoy, derrótalo al enseñarle que has despertado y que vives cada momento para Dios.

3 de julio

No le sigas el juego al otro bando

Al necio no le complace la inteligencia;
tan solo hace alarde de su propia opinión.
PROVERBIOS 18:2 NVI

Debido a que somos humanos y seres caídos, elegimos dejarnos engañar ante los métodos insensatos del diablo. Sin embargo, sí existe otra opción: la vida. Específicamente, el árbol de la vida. ¿Recuerdas el jardín? El engañador presentó una elección a Adán y Eva. Si ellos comían y desobedecían a Dios, serían como Él, y ya sabes qué pasó. Amigas, el diablo se ha estado riendo de nosotras casi desde el principio de la creación. Es tiempo de dejar de darle una razón para que se ría. Es tiempo de elegir la vida cada vez que el diablo nos presenta la opción. Sus días están contados y por esa razón es que busca trabajar en nosotras. Quiere llevarse a cuantos pueda a su fosa, o incluso, entre los cristianos, lo que quiere es que vivamos en la fosa y que cada día disminuyamos la influencia de Dios sobre los demás. Eso duele.

Ahora riamos de él por el destino que le depara. Hemos ganado. Quiero escucharte reír porque ganamos en el paso, ganamos en el presente y ganaremos en el futuro. ¿Por qué? Porque Dios ha dado todo por nosotras. Elige la vida y vive de forma que te importe. Dale la vuelta al marcador y ahora ríete del diablo. Se siente genial, ¿no es así? No le entregues un asiento de tu mesa al diablo.

Vive siempre con la mente en Dios. No permitas que Satanás te engañe
en sus trampas de negatividad, actitud o temor. Elige la vida,
no le sigas el juego al otro bando.

4 de julio

Grandeza

No las mantendremos ocultas a nuestros hijos, sino que diremos a las generaciones futuras que el Señor es digno de alabanza por su poder y por sus hechos portentosos.
Salmos 78:4 RVC

La grandeza no yace en la oficina en la que trabajamos. La grandeza no se encuentra en cómo se ve una persona o en las cosas que posee. La grandeza emana del carácter, aquel carácter que produce un liderazgo de mayordomía, que incentiva a querer seguir, que atrae a los demás a lo largo del camino. La grandeza no existe fuera de Dios. Los humanos pueden hacer buenas obras, pero en su propia fuerza, pues nuestras buenas obras son tan planas como un panqueque. La grandeza yace adentro de nosotros. Ahí vive, en espera del llamado de Dios. En ocasiones, Dios la llama en nosotros y nos pide caminar en las alturas. Debemos someternos a Él y a su voluntad en nosotras. Debemos dejar de pensar en que somos lo primero y lo más importante.

Tuve la oportunidad de visitar Washington, D.C. y ahora pienso en George Washington cada vez que siento el llamado de grandeza de Dios. Dios lo usó para hacer una planificación estratégica a favor de un gran país. Piensa en las consecuencias si Washington le hubiera respondido a Dios con un "no", dándole prioridad a su seguridad en la propiedad llamada Mount Vernon, en lugar de ir a servir como el primer presidente de los Estados Unidos. ¿Cómo sería este país en la actualidad? ¿Crees que incluso existiría en la actualidad? Sométete a ti misma a Dios y mira hacia dónde te lleva. Incluso cuando esté influyendo solo en tu mundo más inmediato, ahí podrá revelarse su grandeza. La grandeza a la que Dios quiere llamarte puede, o no, llegar al nivel de nuestros padres fundadores, personajes como Billy Graham o Amy Carmichael. Aunque puede que así sea.

¿A qué te está llamando Dios que es más grande que tu mundo?
¿En qué te pide participar para lograr un impacto en el mundo para Él,
algo que perdure a través del tiempo?

5 de julio

Telarañas

En tus mandamientos meditaré; consideraré tus caminos.
SALMOS 119:15 RVR1960

¿Sientes como si tu mente está atorada? ¿No sabes cómo llegaste hasta aquí? ¿Te sientes incapaz de seguir adelante? ¿Te sientes tan abrumada que no tienes idea de dónde empezar? Cuando sentimos que la vida nos consume, nuestra conexión con Dios se torna borrosa. Cada vez que dependemos de nosotras mismas, en lugar de depender de Dios, empezamos a tejer esas telarañas y es cuando empezamos a enfocarnos en la multitud de cosas que pudiéramos, no las que deberíamos, estar haciendo y dejamos de preguntarle a Dios qué quiere Él que hagamos. Siempre que empiezo a sentir el peso de todo lo que supuestamente debo encargarme, siento que las conexiones en mi cerebro empiezan a explotar. Todo se asemeja a un circuito sobrecargado.

¿Qué tal si no revisas todo el correo? Bien, está bien, ponle atención a las cuentas por pagar que están por vencerse, pero ignora el resto de los correos. ¿Qué tal si solo envías tarjetas de regalo a tus familiares para Navidad, en lugar de cargar con la presión de encontrar el regalo perfecto para todos los 39 miembros de tu familia en las próximas tres semanas? ¿Qué tal si te despreocupas de estar desempolvando y comes solo sopa y huevos en las cenas de una semana? ¿Quién va a morir porque lo hagas así? Tal vez tus hijos se sientan morir porque no les encanta tu elección para la cena, pero ¿acaso les preguntaste? Establece límites. Dale espacio a tu cerebro. No puedes hacerlo todo. Limpia las telarañas y enfócate en Dios. Pídele que ordene tus pasos. Antes de comprometerte a hacer otra cosa más, pregúntale si deberías hacerlo. Deja de hacer las actividades extra. Vuelve a iniciar ese control de mando de los circuitos y limpia todas esas telarañas.

¿Cuáles son esas telarañas que puedes limpiar de tu mente? Establece límites al deshacerte de todo lo extra. Si no estás escuchando un "sí" que resuena, di "no".

6 de julio

Enfoque

No se amolden al mundo actual, sino sean transformados mediante la renovación de su mente. Así podrán comprobar cómo es la voluntad de Dios: buena, agradable y perfecta.

Romanos 12:2 NVI

¿En qué te estás enfocando? ¿En tus necesidades, intereses o deseos? Cuando te enfocas en ti misma, no importa nada más que tu felicidad. Buscas satisfacer tus necesidades. Los niños, por naturaleza, buscan ser lo primero y nuestro trabajo como padres es contener ese egoísmo. Por lo general, los berrinches se dan cuando los niños tienen poca conciencia de las consecuencias al dejar libre el monstruo del yo. Seguro que has sido testigo del horror que se despliega en las tiendas. La buena paternidad es la de aquellos que salen con sus hijos de la tienda, en lugar de ceder ante el berrinche. La esperanza es que cuando nos convertimos en adultos, nos enfoquemos menos en nosotros mismos y velemos más por los demás. La paternidad nos empuja a esta función, sea que lo que queramos o no. Recuerdo todos los años que me quedé en casa con los niños. Mis necesidades eran después de las de ellos; sin embargo, esos diarios "momentos de quietud después de la comida" me daban sanidad, eran la llave exacta para mi salud mental.

Enfocarme en los demás con el esfuerzo físico es relativamente fácil. Claro que es difícil de manera física, pero es fácil desde otra perspectiva. Por otro lado, enfocarnos mentalmente en los demás antes que en nosotras es una historia completamente diferente. Así fue como vivió Jesús. Coloca a otros antes de ti, ya sea emocional, física o mentalmente. Solo cuando Dios está a tu lado, puedes enfocarte en los demás. A medida que te enfoques en los demás, te estarás enfocando en lo que Dios ve. ¡Qué hermoso!

¿Cómo puedes enfocarte en los demás en lugar de en ti misma? ¿Cómo puedes ver las necesidades de los demás antes de ver las tuyas?

7 de julio

El enfoque de Dios

Más bien, busquen primeramente el reino de Dios y su justicia, entonces todas estas cosas les serán añadidas.

MATEO 6:33 NVI

Ver a los demás mediante el enfoque de Dios requiere disciplina y empatía. Significa que dejes de enfocarte en ti y en tus necesidades. Por ejemplo, ¿qué sucede cuanto tu esposo tiene una forma diferente de comunicarte a la tuya? ¿Deberías enfocarte en tu punto de vista natural o debes enfocarte en la de Él? Imagina la diferencia si te enfocas primero en tu esposo y te dejas a ti de último. ¿Qué haces si tus estudiantes en la escuela o tus propios hijos en casa, pareciera que vienen de otro mundo? En tu mente, ingresa a ese mundo y echa un vistazo. Estas personitas necesitan autoridad de sus padres y maestros, pero siempre con el enfoque puesto en ellos. La autoridad debería irradiar amor y aceptación.

Piensa en Jesús. Él escuchaba con paciencia a los niños y los calmaba con su amor y autoridad. Si se hubiera casado, hubiera pensado primero en su esposa, siempre. Como cristianas, Jesús vive en nosotras. Podemos ser sus manos y pies con los extraños, con los niños y con nuestro esposo. La próxima vez que surja un problema, no cambies de inmediato el enfoque sobre ti. Mantén el enfoque en Jesús. Si fuera necesario, date un tiempo fuera de todo. Sí, las mamás también necesitan tener su propio tiempo. Invita a Dios a limpiar tu mente con la de Él para que recibas su enfoque, para ver lo que Él quiere que veas, y para ignorar aquello que quiere que ignores.

Pregunta a Dios qué necesitas para enfocarte. ¿Qué necesitas para ver a través de Él? También pregúntale qué deberías ignorar, incluso cuando la respuesta no te guste.

8 de julio

Quédate tranquila ante Dios

Al único Dios, nuestro Salvador por medio de Jesucristo, sean dadas la gloria y la majestad, y el dominio y el poder, desde antes de todos los siglos y siempre. Amén.

JUDAS 25 RVC

Señor, ¿cuáles son tus pensamientos hoy? Eres el creador de todo, fuiste quien me creó. Tienes toda la autoridad en el cielo y en la tierra. Mi mente está bloqueada con el ruido del entorno. Te suplico que calmes mi mente. Necesito escuchar una palabra de ti este día. Necesito que me recuerdes estar en paz, estar en silencio, estar en paz conmigo misma antes el gran YO SOY.

Recuérdame estar en quietud y reconocer que eres Dios. Estás por encima de todo, de cualquier cosa, sea grande o pequeña. Estás por encima de mis hijos, por encima de mi esposo, por encima de mi trabajo, de mi salud, de mi casa. Todo lo demás está debajo de tu control. Ayúdame a recordar quién eres. Tienes toda la autoridad en el cielo y en la tierra. Eres el gran YO SOY. YO SOY significa que siempre has sido, eres en estos momentos y siempre serás. Como resultado de ello, puedo estar en quietud, si elijo estarlo. Puedo estar en quietud y reconocer que eres Dios. Puedo confiar en tu plan perfecto y escogido idealmente para mí. Me dices: *"Quédate tranquila, mi hija"*. Me quedaré en paz, con el conocimiento de que siempre estarás para mí.

Gracias, Señor, porque siempre ordenas mis pasos. Puedo empezar cada día con seguridad, con el conocimiento de que vas adelante y atrás de mí. Tu presencia siempre está firme a mi lado. Eres el gran YO SOY y me siento honrada de ser tu hija.

¿Cómo puedes permanecer en quietud ante Dios? Dios te tiene hoy. Míralo y nuevamente, empieza a confiarle todo lo que tienes.

9 de julio

Esperanza

"Te he quitado la carga de los hombros; tus manos se han librado del pesado cesto. En tu angustia me llamaste y te libré; oculto en el trueno te respondí; en las aguas de Meribá te puse a prueba".

SALMOS 81:6-7 NVI

En realidad, ¿qué es la esperanza? Esperanza es saber que la situación mejorará, ver señales de mejora, creer, desear o confiar. ¿Tienes esperanza? No importa en qué situación estés pensando. Puede ser algo grande o pequeño. Puede ser que tu esperanza sea que tu hijo o hija regrese a dar su reverencia a Dios. Puede ser que tu esperanza sea que tu jefe reconozca tu arduo trabajo. O esperas que tu cachorro finalmente vea cuál es su verdadero baño, que es afuera de la casa. Puede ser que tu esperanza sea que tu esposo se encargue de la cena para ayudarte. Claro, puede ser que alguna esperanza no sea muy razonable, como esperar que tu hijo, con sus propios medios, cocine una cena fabulosa o frote tus cansados pies. Esperar que los impuestos desaparezcan para siempre. Esperar que la época de invierno en Nebraska se mantenga a una temperatura agradable, no tan fría. Pero la esperanza en la vida real es posible; de hecho, es necesaria.

Como cristianos, tenemos esperanza en la vida eterna, en que viviremos eternamente con Dios. Cuando confiamos cada día en Dios para cada situación de esta vida, nuestra esperanza aumenta. Cuando le pedimos fielmente a Dios que intervenga y dejamos nuestras preocupaciones a sus pies, nuestra esperanza aumenta. Cuando nos damos cuenta de que no estamos a cargo y le agradecemos a Dios por estarlo, nuestra esperanza aumenta. Coloca tu esperanza en Él, coloca tus pensamientos, deseos y confianza. Y cuando venga la duda y toque a tu puerta, no le respondas, no la necesitas porque tienes esperanza. Una esperanza real que viene del Dios del cielo.

¿A qué esperanza te aferras hoy? Dios es Dios de esperanza. Coloca tu confianza renovada en Él hoy.

10 de julio

Sencillez

Jehová guarda a los sencillos; estaba yo postrado, y me salvó.
SALMOS 116:6 RVR1960

Me siento impactada por lo simple que debe ser nuestra fe. Hacemos del cristianismo algo muy complicado. Nos volvemos externas, insistentes en nuestra propia interpretación de las situaciones. Nos condenamos, tratamos de alcanzar estándares imposibles de perfección. Nos comparamos con los gigantes de nuestra fe, lo que nos vuelve en pozos de inseguridad. Escuchamos las mentiras que Satanás susurra en nuestro oído. Nos arrodillamos a los ídolos de nuestra carne. Todo lo anterior acumula montones de culpa y condenación sobre nuestro corazón, lo que adornamos con el sentimiento de que nuestra fe no es lo suficientemente grande, por lo que deberíamos hacer mucho más.

Regresemos a la sencillez de nuestra fe en Dios. No tenemos que saber todo de Él ni de sus caminos para confiar en Él. No necesitamos probar nuestra fe a nadie, ni siquiera a nosotros. Solo debemos saber que Dios es Dios y que tiene el control, eso es suficiente. No tenemos que hacer nada más que esto. Sin embargo, puedes tomar la decisión de seguir confiando en ti, en lugar de confiar en Dios. Nos dio esa posibilidad de elegir. No obstante, si seguimos confiando en Él, nunca nos defrauda y nunca lo hará. Todo lo obra en su perfección.

Recuerda que Jesús dijo que debemos tener fe como un niño. Solo se trata de creer, confiar y reposar. Relájate en la confianza de saber que Él es bueno y como una pequeña niña, goza de tu paz y disfrútala.

¿Alguna vez has complicado la fe? Hoy, relájate en los brazos de Jesús. Deja que tome todo en ti y que susurre paz sobre ti.

11 de julio

Amor confiable

*Vivirás tranquilo, porque hay esperanza;
estarás protegido y dormirás confiado.*
JOB 11:18 NVI

¿Tienes el placer de saber que estás completamente rodeada de amor? ¿Te sientes completamente confiada y con la certeza de que eres totalmente amada por tus seres queridos? ¿Por tu esposo, tus amigos más cercanos? Ser amada confiadamente significa que no has hecho nada para ganarlo. Puedes equivocarte de la peor manera, pero, aun así, seguir en paz, porque sabes que te aman por quién eres, no por lo que tienes. Eso es confiable.

¿Alguna vez has perdido esa confianza? Lamentablemente, nuestro mundo caído produce vidas que se resquebrajan por no tener un amor confiable. Nuestra única y verdadera esperanza de amor confiable descansa en los brazos amorosos de Dios, el que nos creó por amor y quien diseñó nuestro corazón para que amara. Su amor es confiable, nunca falla. Si nunca te has sentido confiadamente amada, es tiempo de poner tu confianza en Dios. Su amor por ti te sorprenderá. Podrás equivocarte, pero Él seguirá amándote. Podrás anteponer otras cosas antes que Él, pero Él te seguirá amando. Podrás decidir volver a hacer el compromiso y afirmarte hacia Dios por enésima vez y, aun así, seguirá amándote. ¿Cuánto? Envió a su único hijo para morir por ti. Su amor te precede y se mantendrá por la eternidad. Descansa confiada en su amor. No podrás ganarlo de ninguna forma, pues Él te lo entrega sin costo. Cuando confías en Él, tienes ese amor, confiable y absoluto. Por siempre.

¿Conoces cómo es el amor confiable? Dios siempre te amará y seguirá dándote esa confianza en su amor.

12 de julio

Confianza absoluta

Queridos amigos, no se sorprendan de las pruebas de fuego por las que están atravesando, como si algo extraño les sucediera.
1 Pedro 4:12 NTV

He invertido bastante tiempo estudiando a Abraham, más específicamente, del sacrificio de Isaac. Dios le pidió a Abraham que tomara a su único hijo, al que tanto amaba, y lo ofreciera en sacrificio. ¿Puedes tan solo imaginarte obedecer a Dios con esta orden? Es increíble, pero el siguiente pasaje dice: "A la mañana siguiente, Abraham se levantó temprano" (Génesis 22:3) y empezó su travesía con Isaac… para ir a sacrificarlo. Ese era el propósito expreso de este viaje.

¿Notaste algún altercado con Dios en este pasaje de las escrituras? ¿Alguna queja? ¿Preguntas? Abraham no hizo nada de esto. Unos dos capítulos antes, Abraham había estado negociando con Dios sobre la destrucción de Sodoma, por lo que sabemos que en algún momento se hubiera atrevido a cuestionar. Sin embargo, en esta situación él no actuó de esa forma. Me deja sin palabras, pues esto me demuestra cuánto Abraham confiaba en Dios. Dios le había dicho que su descendencia se multiplicaría por medio de Isaac. Tal vez Abraham tenía un vago sentimiento de que Dios intervendría, pues había recibido una promesa de Él. O tal vez supuso que tendría otro hijo y también lo llamaría Isaac. Había presenciado milagros, inclusive el nacimiento de su hijo a su avanzada edad. Abraham hablaba con frecuencia con Dios y por eso no cuestionaba los mandatos de Dios. Para llegar a sacrificar a su único hijo, Abraham tenía una fe inquebrantable. ¿Qué hubieras hecho en su caso?

Con frecuencia, Dios prueba nuestra fe. Ya sea pequeña o grande, Dios sigue pidiéndonos continuamente que simplemente le confiemos todo. Solo se trata de confiar en Él para pasar la prueba, pues como pasó con Abraham, Dios se revelará cuando confíes.

¿Cuál es el tesoro que entregarías por completo a la confianza puesta en Dios y en los planes que tiene para ti?

13 de julio

Nuestra labor

Siempre tengo presente al Señor; con él a mi derecha, nada me hará caer.
Salmos 16:8 NVI

En ocasiones digo: "¿En serio, Dios? ¿Es en serio?". A veces solo me pregunto qué piensa y a veces le digo: "¿No te gustaría probar de esta otra manera? En serio, ¿no te gustaría?". A veces simplemente me pregunto qué está haciendo. Otras veces solo alzo mis manos en símbolo de derrota y digo: "No tengo idea de cómo resolverás este enorme problema. Pero ya en serio, ¿cómo piensas arreglar la situación?". A veces solamente quiero saber qué incluye en sus planes.

Y nos lo preguntamos porque queremos saber, queremos tener la situación en control, queremos aportar nuestras ideas. Por cierto, ¿quiénes somos para siquiera pensar que deberíamos darle a Dios nuestro aporte de ideas? Dios lo sabe todo. Él nos creó y creó el mundo. Dios conoce el principio y el fin. Todo lo que tenemos es nuestra mente finita y limitada y a pesar de eso, nos atrevemos a darle nuestras ideas. Me pregunto si Dios solo se sonríe de lo que pensamos, pero es que no somos Dios en lo absoluto. Tengamos siempre en mente que Dios es Dios y que nosotras no lo somos. Pidámosle que guíe nuestra boca y nuestros pasos y nunca olvidemos cuánto le importamos a Dios. Dios se interesa por cada uno de nuestros pequeños detalles; nada pasa por alto. Él ya ha pasado por donde caminamos. Solo necesitamos orar y confiar.

¿Cómo puedes hacer para confiar completamente en Dios hoy?
¿Estás dispuesta a dejar de hacerte preguntas, sabiendo que Dios tiene el control y tú no?

14 de julio

Una fe sencilla

*Cuando te llamé, me respondiste,
y mi alma desfallecida se llenó de vigor.*
SALMOS 138:3 RVC

En realidad, el cristianismo es muy simple. No somos nada sin Dios; de hecho, somos menos que nada. Al ser pecadores, estamos destinados a vivir apartados de Dios por la eternidad. Nos creó, nos amó tanto que nos lanzó una cuerda salvavidas cuando Jesús murió en nuestro lugar. Cuando creemos en este regalo inmerecido de salvación, Dios queda para siempre con nosotras, queda inmerso adentro de nuestro corazón. Esa es la parte sencilla. Entonces, ¿por qué permitimos que la preocupación se asome? ¿Por qué alimentamos nuestros temores?

Dios es más grande que cualquier temor y puede encargarse de cualquier situación. Su poder puede multiplicarse por mil, por cien mil, por un millón sobre cualquier temor, duda o preocupación. Hazte el recordatorio de que está aquí y de que es más grande que cualquier circunstancia que enfrentes. Con Dios de tu lado, puedes estar llena de su perfecta paz y depender de Él al punto en que tu mente silencie el temor con fe. Como nos recuerda nuestro versículo de hoy, Dios nos llenará de vigor cuando a Él clamemos. ¿Lo llamarás y confiarás en los planes que tenga para tu vida?

Gracias, Dios, por salvarnos de nosotras mismas. No somos nada sin ti. Sigue recordándonos de tu asombrosa presencia que vive en nosotras. Contigo en nuestra mente podemos disfrutar de tu paz como nuestra guía en el camino que has elegido para nosotras.

*Piensa en todo lo que Dios ha hecho por ti. Siempre recuerda su poder
a través de ti. Pídele que te llene con su presencia
a medida que dependas totalmente de Él este día.*

15 de julio

Confía sin que te importe lo demás

Me sacó del hoy de la desesperación, me rescató del cieno pantanoso, y plantó mis pies sobre una roca; ¡me hizo caminar con paso firme!
SALMOS 40:2 RVC

¿Es difícil confiar en Dios cuando las situaciones se tornan oscuras? Cuando la vida pareciera que pende de un hilo y no puedes hacer absolutamente nada al respecto, ¿es difícil confiar en Él? Aunque pudieras quejarte, ¿qué más puedes hacer en ese punto? Cuando la vida es desoladora, ¿qué más queda hacer, sino confiar en Dios, que conoce todo lo que sucede?

Por un lado, confiar en Dios es muy fácil cuando la vida es como un tazón de cerezas. Ni siquiera me gustan las cerezas, pero preferiría eso al estrés de cualquier día. Me gusta lo monótono. ¿Confiar en Dios tiene más significado cuando la vida es difícil? Tal vez. Hay algo que puedo decirte: es durante el estrés de la vida cuando crecemos. Crecemos cuando la vida se torna difícil. Cuando Dios permite que el drama llene nuestra vida, esa es la oportunidad perfecta para crecer y para ver cómo Dios resuelve las circunstancias. Confía. ¿Puedes quejarte mientras avanzas? Posiblemente, pero asegúrate de pasar la prueba. Llama a una amiga y quéjate con ella, pero asegúrate de que esa amiga siempre te señale el camino a Dios.

¿Puedes confiar en Dios sin que te importe lo demás? ¿Incluso en la oscuridad? Crecerás cuando confíes en Dios durante la oscuridad. Haz el salto hoy.

16 de julio

La vida real

Yo sé que en mí, esto es, en mi naturaleza humana, no habita el bien; porque el desear el bien está en mí, pero no el hacerlo.
ROMANOS 7:18 RVC

Amigas, la vida es real, es un descontrol total. La vida real no está fabricada de rostros sonrientes como en Instagram. Tampoco es como aquellas casas decoradas con perfectas fotografías familiares merecedoras de estar en Pinterest. La vida real es esa cantidad de ropa abrumadora o aquellos pasteles de cumpleaños torcidos que se han hecho con amor. La vida real se trata de relaciones familiares que se complementan con gritos, discusiones y momentos egoístas, pero también con un cuidado auténtico y en conclusión, con abrazos y amor sin importar lo que haya sucedido. La vida real no es perfecta, es desordenada. Honestamente, a veces llega a ser desastrosa.

¿Por qué la vida real se percibe así? Porque estamos en un mundo resquebrajado. Cuando Dios creó nuestro mundo, la muerte todavía no era parte de él. El jardín del Edén rebosaba de vida. La muerte no existió hasta que el pecado entró al mundo. La muerte toma muchas formas alrededor nuestro. Incluso experimentamos la muerte de nuestros sueños cuando la vida se tuerce y dificulta. Dejamos de poder elegir lo que deseamos y en lugar de ello, enfrentamos las opciones que no nos gustan. La muerte también puede tomar forma de una depresión que nos roba horas, días, meses e incluso años. Y claro que también está la muerte literal acompañada del dolor que llega a oprimir tu interior.

Pero cuando aceptamos nuestras imperfecciones, la vida se vuelve más sencilla. No somos perfectos, pero Dios que nos creó y nunca comete errores, lo sabe y, aun así, nos ama. Dejemos de fingir que todo está bien, porque cuando aceptamos que no es así, le damos espacio a Dios para que intervenga, para que sane nuestras heridas, restaure nuestro corazón y reúna todas las piezas de nuestra vida.

¿Cuáles son tus imperfecciones? ¿No es sorprendente cuánto nos ama Dios a pesar de nuestras imperfecciones?

17 de julio

La vida real 2.0

¿Por qué te desanimas, alma mía? ¿Por qué te inquietas dentro de mí? Espera en Dios, porque aún debo alabarlo. ¡Él es mi Dios! ¡Él es mi salvador!
SALMOS 43:5 RVC

¿Alguna vez te has sumergido en un estado de autocompasión? Honestamente, se siente bien y hasta nos sentimos seguras de navegar ahí. En ocasiones, también se siente bien quejarse, concentrarse en lo malo o simplemente estar triste. Sin embargo, es más saludable sentir el dolor que ignorarlo, es mejor que hacer de lado tus sentimientos. La tristeza no es parte del estado de autocompasión. No se trata de "pobre yo", sino de aceptar el dolor sin exigir a los demás el permiso para adoptar una conducta equivocada.

Hace tiempo, me enteré de que mi bebé de ocho semanas de gestación no nacería. Esperé a que mi cuerpo se recuperara y que colaborara para regresar a un estado normal. De ahí surgió mi mal humor. Mientras para mí era perfectamente normal sentirme triste, llorar por lo que nunca podría ser, cruzaba el límite. Me sumergía en un estado de autocompasión. Empecé a trasladar mi tristeza a la depresión. No fue una bonita época, amigas. Era la vida real. Aunque sabía en mi cabeza que esa era la verdad, seguí sumergiéndome en mí misma.

¿No se supone que debemos contar nuestras bendiciones cuando estamos tristes? Sí, pero eso no consuela tanto como sentir lástima por nosotras mismas. Sin embargo, la fidelidad de Dios prevalece y siempre lo hará. Nunca recuperaré esos días de depresión, pero podré recordarlos para el futuro. Puedo recordar la clara diferencia entre lástima y dolor. Con la gracia de Dios, la próxima vez tomaré decisiones más sabias. ¿Tú también? Después de todo, así es la vida real.

¿La vida te ha abofeteado? Está bien sentirse triste, solo recuerda mantener tu confianza en Dios, en medio de toda situación.

18 de julio

El consuelo de Dios

> Pues, así como participamos abundantemente en los sufrimientos de Cristo, así también por medio de él tenemos abundante consuelo.
>
> 2 Corintios 1:6 NVI

Al ser nuestro padre, Dios anhela consolarnos por ser sus hijos. Siempre que me siento molesta a un nivel terrible, recuerdo que Dios me escucha. Él quiere ayudar a medida que mis lágrimas quebrantan su corazón. Se inclina para alcanzarme y levantarme del barro en el que me encuentro. Me sostiene en sus brazos donde me asegura y me protege. Poso mi cabeza en su hombro y descanso. Me alcanza un pañuelo para recordarme que no me preocupe, para recordarme que él tiene el control. Él me respalda, me ama y nunca me abandonará. Nunca.

Al recobrar la paz y la calma, Él me afirma. ¿Se va? No. Siempre permanece ahí. Cuando río, Él también ríe. Cuando estoy triste, Él también siente mi dolor. Él comprende, me cuida, sabe todo de mí. Permanece con su paz y me ayuda a elegir la vida. Elegir la vida es la diferencia entre las lágrimas y el gozo. Cuando recuerdo la protección de Dios, recupero el gozo. Aunque las tormentas estén azotando, Dios siempre estará en control. Podrá permitir que pasen situaciones, pero Él permanecerá firme a mi lado. Enfrentar las pruebas con Dios es fácil, pues sé que no estoy sola. Nuestro Dios nos consuela a través de lágrimas y de fortaleza. Somos bendecidas.

¿Cómo ves que Dios te consuela?

19 de julio

Esfuerzo diario

Permanezcan despiertos y oren para que no caigan en tentación. El espíritu está dispuesto, pero el cuerpo es débil.
MATEO 26:41 NVI

Cada paso que damos en nuestra vida requiere un esfuerzo diario. Caminar decididamente en lo que Dios tiene para ti es una elección. Es más fácil tambalear, caer en la autocompasión, aceptar el rechazo, ser parte de la indiferencia, escuchar al temor, que es casi el inicio de caminar a la muerte. Satanás conoce nuestras debilidades. Tentarnos se vuelve mucho más fácil si estamos acostumbradas a sucumbir en sus sendas engañosas. Somos tan débiles. A pesar de ello, con Dios, somos fuertes. Somos tan fuertes, pero lo desconocemos totalmente. Tampoco tenemos la más remota idea del poder que hay en nosotras, un poder que puede desmantelar las tentaciones del diablo en un instante.

Guárdate. ¿Cómo? Al dejar escritas las preciosas bendiciones de Dios. Repite versículos, proclama la verdad de Dios sobre las mentiras de Satanás. Reproduce música de adoración que llene tu cerebro con alabanzas a Dios, así le dices al miedo que se vaya. Da por cancelada toda obra de rechazo y declara el poder de Dios, sobre todo. Luego, vuelve a linear tus pasos a la vida, a la vida oculta debajo de las alas poderosas de Dios, pero también debes elegir permanecer ahí. Elige quedarte completamente en sintonía con Dios. Caminar con Dios produce vida. Él alejará todo temor y los dejará a sus pies. Cree en Él porque Él es vida. Su vida estará escondida con seguridad en sus manos.

¿De qué herramientas dispones para cancelar las mentiras del enemigo? ¿Música de adoración? ¿Lista de bendiciones? ¿Versículos escritos en tu espejo?

20 de julio

Obediencia a Dios

Sigan por el camino que el Señor su Dios ha trazado para que vivan, prosperen y disfruten y disfruten de larga vida en la tierra que van a poseer.

Deuteronomio 5:33 NVI

Cuando obedecemos a Dios, su poder nos recorre para alcanzar a otros. ¿Por qué? Porque "detrás de la acción de obedecer está la realidad del Dios todopoderoso".[3] Fue un predicador increíble, Oswald Chambers, quien escribió esta frase el siglo pasado. El pensamiento es tan profundo, que incluso me detuve varios días pensando en ella.

Cuando obedecemos a Dios, se muestra a sí mismo por medio de nosotros. ¿Qué significa obedecer a Dios? Significa amar a los demás, dar a los demás, animar a los demás, dirigir a los que guiamos en su sabiduría. Honrarlo en las distintas funciones que Él mismo nos ha dado. Cuando amamos a los demás con su amor, tenemos un efecto en la eternidad. Cuando nos convertimos en las manos y los pies de Jesús, su amor toca a otros por medio de nosotros. Cuando obedecemos a Dios, su poder se desata, su amor se esparce, su sanidad se libera, su paz se siente. ¿Crees que eres insignificante? Enfócate en esto: tu obediencia permite que otros vean a Dios.

*Al saber que otros ven a Dios a través de ti,
¿cómo afectará tus acciones de hoy? Deja que otros lo vean hoy.*

---

3 Oswald Chambers, "2 de noviembre: Autoridad e Independencia", en *En pos de lo supremo*.

21 de julio

Escuchar

> Hijo mío, presta atención a lo que digo.
> Escucha atentamente mis palabras.
>
> PROVERBIOS 4:20 NTV

¿Cómo te dispones a escuchar a Dios? ¿Estás siquiera escuchando? ¿O solo estás hablándole a Dios, exigiendo lo que deseas ser? Todos tenemos planes en nuestra mente de cómo quisiéramos que nuestra vida se desenvolviera. Todos tenemos ideas de los lugares a los que nos gustaría ir en esta única vida. ¿Alguna vez te has puesto a pensar en lo que oras? ¿Pasas mucho tiempo haciendo tus peticiones de lo que quieres a Dios? ¿Le muestras tu lista de la lavandería? ¿Cuánto tiempo inviertes en la adoración que le elevas? ¿Te mantienes recordando el asombro absoluto que deberías sentir? ¿O cómo está el tema de escuchar? ¿Cuánto tiempo pasas en silencio, escuchando su susurro a tu corazón?

En la vida, la norma es escuchar más de lo que hablas. ¿Y cómo funciona con la oración? Deberíamos escuchar más de lo que hablamos. Escucha el corazón de Dios. Sí, pídele de su provisión, protección y paz, pero dedica más de tu oración a escucharlo. Si estás tan ocupada hablando, puede que pases desapercibida su respuesta.

¿Cómo estás escuchando el corazón de Dios?
¿Estás invitándole a que te hable cada día?

22 de julio

La provisión continua de Dios

*Da a mis pies la ligereza del venado
y me mantiene firme en las alturas.*
SALMOS 18:33 NVI

Los ciervos son muy ágiles, a diferencia de nosotros, quienes nos caemos bastante y frecuentemente. En el caso de los ciervos, muy de vez en cuando tambalean. Dios los hizo de esa manera. Cuando confiamos en Dios, él asegura nuestros pies para el camino que ha preparado para nosotras: "Has despejado el paso de mi camino, para que mis tobillos no se tuerzan" (v. 36). Hace el camino y camina con nosotras, cuidando de cada paso y asegurándose de que no caigamos. Todo lo que tenemos es hacer es confiar en su voluntad y sujetarnos a Él. El camino es desconocido, cada paso lo tomamos en fe, pero sabemos que es bueno porque Dios es bueno.

Dios nos ayuda a pelear y nos muestra lo que debemos hacer y cómo debemos hacerlo: "adiestra mis manos para la batalla y mis brazos para tensar un arco de bronce". (v. 34). Nos provee de una fuerza increíble para lograr grandes proezas, proezas necesarias. Nos sorprende la fuerza que recibimos cuando somos fuertes por medio de Él.

Dios también nos salga: "Tú me cubres con el escudo de tu salvación y con diestra me sostienes; tu ayuda me ha hecho prosperar" (v. 35). No flaqueamos si estamos nos sujetamos a su mano derecha. Nos mantiene de pie, erguidas, nos mantiene firmes, a salvo e íntegras.

Abre la Biblia en Salmos 18:33. Sigue leyendo hasta el versículo 36. La provisión continua de Dios te ayuda cada día. Dios va delante de ti, preparando el camino. ¿Cómo puedes vivir en su fuerza hoy?

23 de julio

El "no" de Dios

*Puedes hacer todos los planes que quieras,
pero el propósito del Señor prevalecerá.*
PROVERBIOS 19:21 NTV

No siempre recibimos lo que deseamos. Los deseos de nuestro corazón no siempre se cumplen. Cuando Dios responde a nuestras oraciones con un "no", ¿estará demostrando su misericordia para nosotras? ¿Será una ampliación de su gracia? "No"; no significa que Dios nos haya olvidado o que ya no nos ame. En ocasiones nos muestra su gran amor por nosotros por medio de una respuesta que no queremos recibir y esto es por medio de su "no". Cuando Jesús oró en el huerto y le pidió al Padre que le evitara el sufrimiento, Dios dijo "no" porque había propósitos mayores en espera. Jesús pidió, pero también oró porque se hiciera la voluntad de Dios. La voluntad de Dios en tu vida también pudiera significar un "no". Recibiremos "no" para algunas peticiones, pero "sí" para otras.

La próxima vez que recibas un "no", recuerda su bondad. Su conocimiento del tiempo desde el principio hasta el fin, su deseo de darte cosas buenas. Mantente en oración para que tu corazón se ajuste con el de Dios, para que cuando lleguen los "no", te mantengas firme en saber que no reciben nada menos que la bondad del corazón de Dios.

*¿A qué peticiones Dios te ha respondido que "no"?
¿Seguirá confiando en él de todas maneras?*

24 de julio

El sepulcro vacío

> Pero el primer día de la semana, muy temprano, las mujeres regresaron al sepulcro. Llevaban las especias aromáticas que habían preparado. Como se encontraron con que la piedra del sepulcro había sido quitada, entraron; pero no hallaron el cuerpo del Señor Jesús.
>
> Lucas 24:1-3 RVC

Decidí venir hoy. Vine a ver a mi Señor. Traje conmigo las mejores especies que podía comprar para aromatizar su cuerpo. Sigo sin poder creer que murió por nosotros, por mí. Dio su vida por cada uno. Pagó por mis pecados, le debo mi vida. Me detengo al principio de la colina para tomar aire. Mi Señor y yo tuvimos unas charlas tan maravillosas; me enseñó tanto, tantas verdades. Me dio el valor que nadie jamás me había dado antes. Me dio esperanza y propósito, y ahora, ya no está. No puedo seguir pensando en ello porque estoy subiendo rápido para llevar las especias al sepulcro. Me acerco con cuidado, pues no quiero alterar a los guardias innecesariamente.

De repente, me detengo. El sepulcro está abierto y no hay guardias. Esperen, ¿qué pasó? Entro rápidamente al sepulcro y dejo caer las especies al suelo. Su cuerpo no está aquí. ¿Dónde está? ¿Qué hicieron con su cuerpo? Pero veo hacia abajo y ahí están los lienzos, pero Él no está. Me he quedado sin palabras, atónica y perpleja. De repente recuerdo sus palabras acerca de la resurrección. ¿Será posible? Me derrumbo en el suelo. ¡Sí! Si Jesús dijo que resucitaría de la muerte, entonces sí, ha resucitado. Pero ¿dónde está?

Imagina que vienes a honrar a Jesús esa mañana y encuentras el sepulcro vacío. ¿Qué hubieras hecho?

25 de julio

Un nuevo encuentro con Jesús

Entonces, justo mientras contaban la historia, de pronto Jesús mismo apareció de pie en medio de ellos. "La paz sea con ustedes", les dijo. Pero todos se quedaron asustados y temerosos; ¡pensaban que veían un fantasma! "¿Por qué están asustados? —les preguntó—. ¿Por qué tienen el corazón lleno de dudas?
Lucas 24:36-38 NTV

Logro poner un pie enfrente del otro para salir del sepulcro y visualizo el exterior del campo para buscar con la mirada. Las mujeres llegan corriendo hacia mí tan emocionadas que apenas pueden respirar. Tratan de recobrar el aliento para decirme que Jesús no está aquí porque ¡ha resucitado de la muerte! Veo sus ojos con atención y me doy cuenta de que ¡dicen la verdad! Voy corriendo con ellas y me uno al resto del grupo en el aposento alto. Al estar todos juntos, empezamos a hablar con emoción del sepulcro vacío.

Luego, de repente, ahí está con nosotros, en carne y hueso. Jesús, mi Jesús. Extiende sus manos a Tomás que tenía dudas de toda la historia desde el principio. Tomás creyó en ese momento, avergonzado de haber dudado alguna vez de su señor. Lleno de compasión, Jesús abraza a Tomás y a todos nosotros, uno por uno. Mi Señor y mi Dios vive. Vive en plenitud. Conquistó el pecado y la muerte para siempre. ¡Aleluya! Salgo corriendo del lugar, imposibilitada de contenerme más y grito para todo aquel que pueda oír: "¡Jesús está vivo!".

Estas son noticias tan buenas que no deben dejar de compartirse. Todo mundo debe saber, todos. Ahora tú sabes, ahora puedes recordar que Jesús, tu dulce Salvador, está vivo en plenitud, ahora y para siempre. Pagó por cada uno de todos nuestros pecados, los tuyo y los míos. ¡Aleluya!

Imagina ver a Jesús vivo después de haberlo muerto morir en la cruz. ¿Cómo puedes compartir estas buenas noticias? Porque debemos compartirlas.

26 de julio

Mantente firme

> Manténganse atentos y firmes en la fe; sean fuertes y valientes.
> 1 Corintios 16:13 RVC

Cuando llega la hora de la verdad, ¿qué decisión tomarás? ¿Te mantendrás firme? ¿Te burlarás? ¿Te quedarás de brazos cruzados? Cuando te dejen sin supervisión o cuando nadie te vea, ¿qué decisión tomarás? Nadie puede ver tu corazón, tu verdadero yo. No obstante, las personas pueden ver tus acciones. Pueden escuchar tus palabras o ver tu falta de acción. Esos aspectos revelan todo, son testimonio de los deseos de tu corazón. Pero más allá de lo que la gente ve, tu Dios te ve.

Nadie puede escapar a su mirada, nada. Ya sea que confíes tu vida en Él, o no, Él te ve. Lo ve absolutamente todo. Cuando nadie más está ahí para ti, Dios ve tus lágrimas tiernamente. Dios se regocija en tus triunfos porque anhela verte prosperar, pero también ve tus equivocaciones. Cuando te inclinas ante el mundo y despotricas con palabras deshonestas, también te ve. Cuando sucumbes ante la popularidad, haciendo de menos a quienes consideras inferiores a ti, Él te ve. Cuando tu voluntad se inclina a los vientos que tus amigos establecen, Él te ve. Cuando te burlas de tus autoridades, en secreto o en público, Él te ve. Cuando finges que sigues a Dios, también te ve. Cuando te ríes de esos chistes vulgares y participas en tu corazón de ello, te ve. Él te ve y lo sabe todo. Aunque seas la mejor en engañar al mundo, nunca lograrás engañarlo a Él.

Mantente firme en lo que sabes que es correcto. Mantente firme entre la multitud. En este mundo, traerás luz u oscuridad a donde vayas. ¿Qué prefieres esparcir? La próxima vez que enfrentes una situación cuestionable, ¿te mantendrás firme, te burlarás o permanecerás de brazos cruzados? Mantente firme.

¿Cómo te mantendrás firme en la verdad de Dios hoy?
¿Cómo dejarás que su verdad se refleje en tu corazón?

27 de julio

Tu sepulcro

Así que, si el Hijo los liberta, serán verdaderamente libres.
JUAN 8:36 RVC

¿Has salido de tu sepulcro? Es en serio. Eres libre gracias al poder salvador de Dios que corre por tus venas: eres libre. Has dejado todo vínculo con la muerte de este mundo. La muerte de las palabras ya no tiene poder en ti. Las circunstancias peligrosas ya no te paralizarán. La muerte del temor a lo desconocido dejará de consumirte. La ausencia de gozo o el fallecimiento de ese gozo que te llena de inseguridad ya no puede reclamar tu corazón. ¿Ya saliste de tu sepulcro? Sabrás cuándo tienes que salir porque sentirás la libertad que Dios desea darte con tanta abundancia. Cuando Dios salva tu alma, lo primero y lo más importante, es que ves con dirección al cielo. Cuando mueres, dejas de preocuparte en donde reposará tu voluntad eternamente. Sin embargo, hay otra segunda parte de esto.

Dios anhela que estando en la tierra, seas salva del mundo, que seas salva de la muerte que te rodea, salva de las palabras de muerte que te absorben, salva de las situaciones peligrosas que te paralizan, salva del temor a lo desconocido que te consume, salva de una vida sin gozo, de adaptarte a la inseguridad y a los pensamientos carentes de amor. Jesús quiere redimir tu vida en la tierra también. Quiere que camines completamente amada, valorada y apreciada. ¿Por qué? Porque eres su amada. Te salvó no solo de una eternidad que te mantendría alejada de Él, sino también te salvó de este mundo. Eres victoriosa, eres libre. Junto con Dios, eres victoriosa sobre este mundo que se te lanza encima. ¿Has salido de tu sepulcro?

¿Cómo puedes dejar atrás tu viejo yo y caminar a la libertad que Dios te da hoy?

28 de julio

Liberación

Desechen todo lo que sea amargura, enojo, ira, gritería, calumnias, y todo tipo de maldad. En vez de eso, sean bondadosos y misericordiosos, y perdónense unos a otros, así como también Dios los perdonó a ustedes en Cristo.

EFESIOS 4:31-32 RVC

¿Qué tal si decides liberarte de todo lo que no es útil? Me refiero a lo que no es útil y que sigues guardando en tu cerebro, como la falta de perdón a los demás. Has memorizado listas de todos los que te han lastimado y no solo te lastimas a ti misma, eso lo sabes, sino que, a nivel interno, tu cuerpo reacciona muy mal cuando retienes toda esa información. ¿Cómo sabes que todavía retienes lo inútil? Cuando el pensamiento de esa persona te vuelve a traer dolor, inundándote de una sensación enfermiza. ¿Qué tal si decides liberarte? ¿Qué tal si decides con toda intención dejar de aferrarte a ello? ¿Qué tal si te declaras como alguien a quien no se puede ofender? La próxima vez que alguien te lastime, ¿qué tal si decides no reclamar ese dolor? ¿O te niegas a participar? Así vas a disfrutar de la libertad. Si las personas ya no pueden ofenderte, permanecerás en paz. No significa que le des licencia a los demás a tratarte mal a su antojo, sino me refiero a las acciones pequeñas, como un comentario sarcástico de un niño, un cónyuge que no te trata a la perfección o las críticas de tu jefe.

Jesús quiere que su reino venga a la tierra. Quiere que vivamos en libertad, no que quedemos atrapadas por las ataduras de las ofensas pasadas. La libertad en Cristo significa la libertad de perdonar y olvidar. No significa que confíes ciegamente en aquellos que no han demostrado indignos de confianza, pero significa que no dejarás que el dolor te ate. Tu cuerpo clama por libertad. Tu mente clama por libertad. Tu alma y es libre. Elige esa libertad hoy. La elección es tuya.

¿Caminarás hoy en la libertad de Dios
y liberarás a los demás de tenerte como su rehén?

29 de julio

Fe

A quien amáis sin haberle visto, en quien creyendo, aunque ahora no lo veáis, os alegráis con gozo inefable y glorioso; obteniendo el fin de vuestra fe, que es la salvación de vuestras almas.

1 Pedro 1:8-9 RVR1960

¿Qué es exactamente la fe? Es creer. La fe en Dios en creer en Él. Creer que Él hará lo que dice, creer que Él sabe lo que es mejor. La fe es creer que nos respalda y nos dirige en los caminos del bien. Abraham tenía fe en Dios cuando le dijo que sacrificara a su único hijo, a quien Abraham había esperado toda su vida, el hijo de la promesa del que vendrían generaciones. Aun así, cuando Dios le pidió a Abraham que sacrificara a su único hijo, Abraham no dudó porque tenía fe, era una fe absoluta. ¿Tienes esa fe?

Jesús también tenía fe en Dios. Cuando llegó el momento, Jesús le preguntó si podía pasar esa copa de sufrimiento, pero concluyó su oración con "pero no se cumpla mi voluntad, sino la tuya" (Lucas 22:43 NVI). Jesús tenía una fe perfecta en el plan de su padre, una fe en los caminos más altos de Dios; era una confianza explícita. ¿Tienes esa confianza?

Todo se reduce de en quién creas, en dónde colocas tu fe. Todos tenemos fe en algo o en alguien. Incluso la ausencia de fe es fe en que no existe nada en qué confiar. ¿Dejarás tu fe en ti misma? Ahí tu fe fracasará, porque no hay nadie perfecto, sino Dios. O, ¿tal vez colocarás tu fe en aquel que creó todo? Recuerda la fe absoluta de Abraham y la confianza explícita de Jesús. Los dos fueron humanos y nosotras también podemos tener esa misma clase de fe. Solo pídela.

Hoy, ¿cuál es tu nivel de fe? ¿Cómo puedes fortalecer tu fe hoy?

30 de julio

¿Qué pensarías?

> Por eso, también puede salvar para siempre a los que por medio de él se acercan a Dios, ya que vive siempre para interceder por ellos.
>
> Hebreos 7:25 RVC

¿Qué pensarías si te cuento que tengo un amigo que sabe tu nombre? Y no solo tu nombre, sino todos los pensamientos que has tenido, incluso las lágrimas que has derramado, cada sonrisa que has expresado. Tengo un amigo que anhela ser la primera persona a la que acudas y una compañía de por vida. ¿Qué pensarías si te digo que existe alguien quien puede proveer para todas tus necesidades? Es alguien que anhela llenarte de bendiciones, si lo dejas. Es alguien que no solo te dará alimento para comer, sino alimento para tu alma cansada y agobiada. ¿Qué pensarías si te dijera que el consolador escucha cada una de tus peticiones? Es alguien que quebranta su corazón con el tuyo, que anhela quitar cada una de tus cargas, sin importar si son ligeras o pesadas.

¿Qué pensarías si te dijera que existe un protector que tiene toda la autoridad en el cielo y en la tierra? Es alguien que anhela detenerse, no solo frente a tu puerta física, sino a la de tu mente para eliminar los gigantes que ves e incluso los que no percibes. ¿Qué pensarías si te dijera que hay un pastor que quiere guiar cada uno de tus pasos para que no caigas? Es un pastor que anhela dirigir con gentileza tus palabras, pensamientos y acciones hacia la vida, en lugar de hacia la muerte. ¿Qué pensarías si te dijera que tengo un Padre que quiere darte todo lo que puedas llegar a necesitar? Es alguien que anhela más que protegerte, también desea amarte incondicionalmente y darte sabiduría, verdad y cada cosa que necesites. Todo lo que te he dicho es real, verdadero y está ahí para ti. Hoy, recuerda quién es. Es Jesús. Ahora recuerda quién eres tú y confía. Siempre.

Jesús es tu amigo, proveedor, consolador, protector, pastor y padre. Vive con Él desde hoy.

31 de julio

Hoy y mañana

Lo cierto es que hay un futuro, y tu esperanza no se verá frustrada.
PROVERBIOS 23:18 RVC

¿Has oído la frase: "Dios ya está ahí"? Significa que Jesús ya está en ese lugar y momento. Está en el pasado y está en el presente, pero también está en el futuro. Ya está preparándose para ti. Eso nos consuela, pero solo si lo creemos. Nos consuela saber que Dios está ahí, pero solo si eso es suficiente para nosotras, así debería ser. Dios debería ser suficiente. Su presencia, amor y paz son suficientes, pero solo si apagamos nuestro yo, que es el que desea mantener el control.

Por ejemplo, veamos el mañana. No estamos seguros de lo que sucederá, pero Dios ya está ahí y eso es suficiente. La preocupación o la ansiedad empiezan a reafirmarse únicamente cuando nosotras tratamos de volver a retomar el control, cuando nos imponemos nosotras y nuestros deseos en el plan perfecto de Dios. Claro que Dios nos da deseos y necesidades y cuando estos se adaptan a su voluntad y no a nuestra carne, permanecemos en paz. Pero cuando decidimos que debemos planificar para esto o para aquello, lo que en realidad estamos haciendo es quitar nuestra confianza de Dios, lo cual no es una buena idea.

Quitar nuestra confianza de Dios le dice que Él no es suficiente. Recuerda, Dios te respalda porque está en tu pasado, en tu presente y estará en tu futuro. Él ya te está esperando ahí. Sigue colocando tu confianza en Él. Permite que Dios camine contigo a cada momento. Cuéntale tus preocupaciones, pero déjalo que Él las resuelva. Escucha antes de hablar y confía en que Él es suficiente, porque así lo es.

¿No es consolador saber que Dios ya está ahí para ti?
Descansa y confía en que Él lo tiene todo resuelto, todo.

Agosto

1 de agosto

Honor

Ve en pos de la justicia y la misericordia, y hallarás vida, justicia y honra.
PROVERBIOS 21:21 RVC

En ocasiones, Dios permite que se den situaciones que simplemente no logramos entender, puede que se trate de algo increíble e incluso inexplicable. Tomemos el ejemplo de Job. Era un ciudadano ejemplar. Se trataba de un hombre normal, pecador, pero un hombre recto ante Dios, alguien que caminaba con integridad. A pesar de ello, Dios permitió que sufriera. Job no hizo nada para merecerlo, de hecho, Dios así lo dijo.

La madre de un estudiante muy apreciado falleció repentinamente. Un minuto antes estaba riéndose y al siguiente, se quedó en silencio. Era una mujer cristiana sólida, una esposa y madre de dos niños que se ofrecía para ayudar a otros. Entonces, ¿por qué Dios permitió que esto le sucediera tan de repente? No puedo ni siquiera imaginarlo. Así pasó con la historia de Job. No puedo entender por qué Dios permitió que Job sufriera. ¿Por qué Dios permite que alguno de nosotros sufra?

Algo sí sé: Dios usa cada situación para traernos a Él y acercarnos si se lo permitimos, en lugar de dejar que nuestro egoísmo usurpe la voluntad de Dios, lo cual nos puede convertir en personas con ira o con autocompasión. Si lo dejamos obrar en nosotras, Él podrá sanar nuestras heridas.

¿Tú o alguien a quien conoces ha sufrido profundamente? Identifícate con honor y deja que Dios sane a otros a través de ti.

2 de agosto

La vestidura del honor de Dios

Si alguno me sirve, sígame; donde yo esté, allí también estará mi servidor. Si alguno me sirve, mi Padre lo honrará.

Juan 12:26 RVC

Desafortunadamente, existe y siempre existirán sufrimientos inconcebibles en este mundo. Eso es un hecho. Creo que Dios está esperando que algunas de sus ovejas ministren sanidad y paz para el dolor de este mundo. No tengo mucha claridad en por qué elige que algunas de estas ovejas hagan el trabajo y no otras, aunque francamente, no es algo que deba entender. Dios usa todas las situaciones, ya sean malas o hermosas, para cumplir su propósito. Todo lo que podemos hacer es confiar en Él durante el proceso. Confía en Él para guiarnos y salvarnos.

Si la mano de Dios te elige para atravesar por un sufrimiento doloroso, date la oportunidad de llorar, pero siempre hazlo invitando a Dios en este proceso. Su paz limpiará tu corazón y tu mente. Sí, tu corazón nunca será el mismo, pero tu testimonio permanecerá fuerte para los demás y traerá esperanza y luz en la penumbra más oscura de este mundo. Tu luz levantará a otros de su derrota. Tu paz fortalecerá los corazones quebrantados. Tu fe ayudará a que otros se encaminen a los pies de Jesús. Tu ejemplo de vida del poder redentor de Dios romperá las cadenas de la desesperanza. Eres elegida por Dios, ¡qué honor!

Aférrate a Dios mientras vistes el honor del sufrimiento. Lo que hoy es tu momento de enseñanza puede atraer a otros a las manos sanadoras de Dios.

3 de agosto

Define tu ritmo

Por eso hay entre ustedes muchos enfermos y debilitados, y muchos han muerto.
1 Corintios 11:30 RVC

Sonríe. Debemos reír porque en ocasiones tomamos la vida demasiado en serio, en especial cuando nuestros días se convierten en una carrera. ¿Qué tan rápido vives? ¿A qué velocidad vives tus minutos? ¿Caminas a mil por hora con una interminable lista de pendientes que debes terminar? ¿Te alteras cuando estas tareas no se terminan en el tiempo en el que has establecido que debe hacerse? ¿Realizas las tareas apuradamente mientras vuelas sobre aquellos asuntos que realmente importan? ¿Cómo te sientes cuando eso pasa? ¿Te sientes sumamente feliz y satisfecha? ¿O apenas logras conseguir mantener la paz para tratar de ocultar ese ceño fruncido?

Si ves alrededor, verás todo. Verás todo lo que se debe completar, seguro que sí. Me acabo de mudar. Han sido tres semanas en las que esperaba tener todo arreglado, los cuadros colgados y las comidas listas que preparé con los alimentos de mi nuevo congelador. ¿En serio? Sí, es para reírse. A lo que me refiero es a que podría lanzar todo a los rincones, pero mi esposo y yo queremos arreglar todo, así que nos quedamos solo con lo que necesitábamos a mano. Y esta, mis amigas, se convierte en la intimidante tarea de llenar los novecientos pies cuadrados del garaje con nuestras pertenencias terrenales, aunque también quedaron varias en la casa. ¡Uf! De repente, mi ritmo se vio acelerado. ¿Por qué? Porque sé que estoy en la etapa de instalarme. Las etapas de negocios, de amigos están bien, pero no debemos dejar que se convierta en nuestro hábito.

¿Qué tan rápido va tu ritmo? ¿Tienes límites que te permitan descansar? Esfuérzate por mantenerte en la realidad y no olvides sonreír.

4 de agosto

Reflejemos la paz de Dios

Jesús les dijo: "Vengan conmigo ustedes solos, a un lugar apartado, y descansen un poco". Y es que tanta gente iba y venía, que ellos no tenían tiempo ni para comer.

MARCOS 6:31 RVC

¿Te sientas para comer? ¿O se te olvida hacer pausas y hasta te saltas alguna comida? Hoy me di cuenta de algo mientras estuve de pie por media hora tomándome un café. Me sentí con cierta culpa pensar en irme a sentar. Sabía que tenía demasiadas cosas por hacer, así que prefería quedarme de pie. Por todos los cielos, ¡siéntate! Para lograr más de lo que Dios quiere que hagamos, debemos tallar el espacio donde podamos sentarnos. Sentarse o no sentarse. Sentarse y asombrarnos de todo lo que hemos hecho. Todo lo que Dios ha creado.

En lugar de ver el ritmo frenético de la vida con una lista interminable de cosas por hacer, cambia tu enfoque. Enfócate en tus prioridades: Dios, tu cónyuge, tus hijos y todo lo demás. Dios no quiere que hagas su voluntad a costas de tu propia salud. Tu ritmo debería reflejar a Dios, tu rostro debería reflejar a Dios. Tu vida debería reflejar a Dios porque Dios refleja paz. Cuando tu vida refleja a Dios, su paz llena tu mente, cuerpo y alma. Cuando tu rostro refleja a Dios, tu cuerpo responde a tener una vida con paz. Y cuando tu paz refleja a Dios, las demandas de tu horario y tus actividades convergen en paz. Tu lista terminará porque te darás un tiempo para sentarte. ¿Puedes decir amén? Date el tiempo para sentarte. Siéntate y gózate de todas las bendiciones que Dios te ha dado. No es un placer culposo, sino que es honra a Dios porque le agradeces. Gracias, Dios.

¿Cómo puedes hoy reflejar la paz de Dios?
¡Asegúrate de sentarte mientras piensas!

5 de agosto

Si Dios así lo hace

Así que, no se preocupen por el día de mañana, porque el día de mañana traerá sus propias preocupaciones. ¡Ya bastante tiene cada día con su propio mal!

MATEO 6:34 RVC

En una ocasión, Oswald Chambers predicó: "Si Dios te puso aquí, Él es ampliamente suficiente".[4] Al desglosar esta frase, nos deja ver un gran panorama. Si Dios te quiere en algún lugar (y en realidad así es porque Él es soberano, sobre todo), Él será totalmente suficiente para cubrir todos tus temores y ansiedades, para lavar tu mente con su paz. Es totalmente suficiente para cubrirlo todo, incluso esos temores que albergas profundamente en tu interior. Él es suficiente para limpiar tu mente con su paz.

Si Dios coloca tus manos a trabajar, es más que suficiente para ayudarte a sobrevivir e incluso a prosperar. Si Dios te coloca en un hogar donde tu hijo no demuestra su agradecimiento, su amor por ti cubrirá todos los vacíos, llenará tu corazón con Él. Si Dios te coloca en un hospital para atender a un ser amado, su cuidado por ti brillará a través de las manos con las que cuidas y atiendas. Si Dios te coloca enfrente de una gran multitud, su voz llevará su mensaje a otros y hablará en lo más profundo de su alma. Si Dios te coloca en algún lugar para que te levantes por su nombre, su fuerza te llevará con seguridad y debajo de sus alas permanecerás segura y amada. Si Dios te llama a vivir sin tu cónyuge, su cuidado cubrirá los vacíos que hayan quedado detrás. Si Dios te llama a ser madre de algún hijo que haya concebido solo en tu corazón, su gracia se encargará de enlazar los vínculos entre madre e hijo. Cuando Dios te coloca, como su hija, en alguna situación, Él será suficiente porque Él es suficiente.

Entrega cada momento a Dios, y su fuerza y paz te cubrirá.

---

4 Oswald Chambers, "14 de mayo: El hábito de disfrutar lo desagradable" en *En pos de lo supremo*.

6 de agosto

Entonces Dios hará

Por la fe, Abrahán obedeció cuando fue llamado, y salió sin saber a dónde iba, y se dirigió al lugar que iba a recibir como herencia.

HEBREOS 11:8 RVC

Cuando Dios te coloque en medio de alguna circunstancia, siempre será suficiente para ti. Te llenará con fuerza suficiente. Te llenará con paz suficiente, de bondad, sabiduría y amor. La lista es infinita, tanto como la capacidad de Dios para darse a ti. Él hará todo esto y más si colocas tu confianza en Él, si buscas reflejar su semejanza para ser sus manos y sus pies y para que disminuyas tu luz y en tu lugar, brille la de Él.

Disminuir tu luz no significa que te desvanezcas, sino lo contrario. Disminuir tu luz significa apagar tu egoísmo y dejar que te inunde Dios, quien nos ama a todos en gran manera. Recuerda a quién perteneces. Recuerda lo que significa: que Él es más que suficiente. Medidas sobreabundantes de Jesús están disponibles para ti. Prefiero tenerlo a Él que a cualquier otra cosa. Gracias, Dios, por ser más que suficiente hoy. Gracias, Dios, por colocarme en esta posición. Espero con ansias tu provisión ampliamente suficiente de todo lo que necesite para cada momento.

¿Qué puede hacer para confiar permanentemente en que Dios te tiene donde Él desea? Pídele que te llene de su presencia hoy.

7 de agosto

Sellada

Los ojos del Señor están contemplando toda la tierra, para mostrar su poder a favor de los que mantienen hacia él un corazón perfecto.

2 CRÓNICAS 16:9 RVC

"Mantente sellada con la naturaleza de Dios y sus bendiciones vendrán sobre ti todo el tiempo".[5] Me encanta esta cita. "Mantenerse sellada con la naturaleza de Dios" significa llevar su marca, seguir a Dios y seguir su voluntad en nosotras. Que nuestro reflejo quede detrás del de Él. Significa mantenerse en línea con él, rechazar la autocompasión, el temor y los celos. Significa reaccionar de la manera en la que a Dios le gustaría que reaccionaras en esta vida; reaccionar con su naturaleza a través de ti. Y es que cuando actuamos de esta manera a través de Él, sus bendiciones vienen después. La abundante paz de Dios fluirá en tus dedos. El amor perfecto de Dios anulará todo temor. La aceptación total de Dios sobre ti te mantendrá salva y segura.

Solo podemos ser selladas con Dios cuando decidimos seguirlo. Podemos permanecer selladas y con fruto, solo cuando nos fortalecemos en Él, ese es el milagro. Dios usa a los débiles humanos para cumplir su propósito aquí en la tierra. Nos usa para bendecir a los demás, pero solo si hacemos nuestra parte. Solamente si permitimos que Él lo haga, de modo que rechazamos la carne cuando se aproxima. Quiero mantenerme sellada con Dios. Quiero dejar que las bendiciones de Dios fluyan a través de mí hacia los demás para que puedan probar la bondad de Dios. ¿Quieres hacer lo mismo?

¿Cómo puedes hoy mantenerte sellada con la naturaleza de Dios?

---

5   Oswald Chambers, "16 de mayo: El hábito de la riqueza" en *En pos de lo supremo*.

8 de agosto

Seguridad y honra

Por lo demás, cada uno de ustedes ame también a su esposa como a sí mismo; y ustedes, las esposas, honren a sus esposos.
Efesios 5:33 rvc

Seguridad. Es la necesidad número uno que muchas mujeres esperan que provean sus esposos. Necesitamos sentirnos protegidas, valoradas, amadas, seguras. ¿Somos la prioridad de nuestros esposos? ¿Nos respaldan? ¿Pelearían por nosotras? Necesitamos saber todo esto. Honra es la necesidad número uno que los hombres piden de sus esposas. ¿Los valoramos? ¿Los afirmamos en lugar de derrumbarlos? ¿Respetamos sus deseos? Los hombres necesitan saberlo. Necesitan sentirse valorados por medio de la honra que les brindemos.

Cuando los esposos se sienten honrados, se sienten seguros y amados. Cuando las esposas se sienten seguras, se sienten amadas. Cuando ambos se sienten amados, los matrimonios prosperan. El propósito de Dios es que tu matrimonio prospere y prosperar es más que solo existir; prosperar es tener abundancia. Los matrimonios abundantes llevan fruto, son vidas que reflejan el amor y la gracia de Dios, de forma que prosperan en la seguridad y la honra en el matrimonio. Dios desea que tu esposo te valore y en tu caso, que honres a tu esposo para cosechar al ciento por uno.

¿Cómo honrarás hoy a tu esposo?
¿Cómo honrarás a tu padre o a tus hijos varones?
Permíteles que sientan el amor de Dios por medio
de la honra que les des.

9 de agosto

El enemigo del miedo

Tú, deja tus pesares en las manos del Señor, y el Señor te mantendrá firme; el Señor no deja a sus fieles caídos para siempre. Y tú, Dios mío, ¡haz que esa gente descienda al profundo pozo de la perdición! ¡Esa gente sanguinaria y mentirosa no llegará a la mitad de su vida! Pero yo, siempre confiaré en ti.

SALMOS 55:22-23 RVC

La verdad está enemistada con el miedo. ¿Por qué? Porque el miedo quiere que ignores la verdad. El miedo quiere que te enfoques en la preocupación para que abandones todo aquello que es verdad. ¿De qué te atemorizas? ¿Qué miedo te ha mantenido atada? ¿Alguna vez has llegado a pensar que no eres suficientemente buena? Ese es el miedo. La verdad de Dios sostiene que eres suficiente solo siendo tú misma. El miedo por sentirnos rechazadas nos suplica que nos ignoremos a nosotras mismas, minimizándonos en lugar de ser naturales. ¿Tienes miedo de quedarte sin trabajo? ¿No es Dios quien tiene todo en sus manos? ¿No te ha prometido cuidar de tus necesidades como cuida a las flores del campo y las aves de los cielos?

¿Puedes ser cristiana y seguir con miedo? Claro que sí. ¿Por qué? Porque olvidamos quiénes somos. Olvidamos y acudimos a nuestra mentalidad carnal, la que nos produce gran cantidad de respuestas propias. Cuando Satanás (o el miedo) susurra una duda en tu mente, ¿cómo respondes? ¿Estás de acuerdo con el miedo? Si es así, estás invitando a que tenga efecto en ti. Y la próxima vez será mucho más fácil, eso te lo puedo garantizar y tú lo sabes.

No estés de acuerdo con el temor. Recuerda de quién es el poder que habita en ti y en lugar de ello, enfócate en la verdad de Dios.

10 de agosto

Dile adiós al miedo

Sí, les he dado autoridad a ustedes para pisotear serpientes y escorpiones y vencer todo el poder del enemigo; nada les podrá hacer daño.
Lucas 10:19 RVC

Cuando estás de acuerdo con el miedo, lo invitas con más frecuencia. Reconocer la legitimidad o la ciudadanía del miedo, invita a que inunde más. ¿Qué pasaría si, en lugar de invitarlo, lo rechazas? ¿Qué tal si mejor declaras la verdad de Dios? Si lo haces, seguramente ganarás. Tu ánimo dejaría de estar por los suelos. Rechazar la participación del miedo en ti, cancela su propósito. El enemigo trata de impartir constantemente el miedo para que llegue a tu puerta por medio de avenidas vulnerables. Somos muy predecibles y si cerramos la puerta decididamente, el miedo no entrará. Cierra esa puerta al negarte a escuchar las mentiras. En lugar de ello, escucha la verdad de Dios.

Satanás quiere que el miedo gobierne tu vida y que dicte hasta el más pequeño de tus movimientos. Quiere que seas aprehensiva a cada equivocación que cometas. Quiere que tengas miedo de usar tu voz y te defiendas. Quiere que te preocupes por sentirte sola o que te inundes de temor porque no eres la primera esposa y te llegues a sentir como la sustituta. Quiere que te compares con otras personas que han tenido algún nexo con el corazón de tu ser amado. El miedo se basa en lo desconocido. Significa que creamos escenarios en la mente que no son reales. Se basa en posibilidades. No te atrevas a fundamentar tu vida en esas posibilidades. Fundaméntala en lo que conoces, en la vida que tienes con Dios ahora. Él sabe, se encarga, es suficiente. Echa fuera el miedo y ciérrale la puerta con toda decisión.

¿Cómo le cerrarás la puerta al miedo hoy?
¿A qué verdad de Dios te aferrarás?

11 de agosto

Descansa en Dios

En paz me acostaré, y asimismo dormiré; porque solo tú, Jehová, me haces vivir confiado
SALMOS 4:8 RVR1960

Los veranos son para descansar, al menos en el caso de los maestros. Planificamos proyectos de verano y logramos algunas metas en casa, pero estamos con la idea de descansar. Somos como esos granjeros de antaño que conducían un tractor sobre sus tierras si ninguna prisa, o tal vez nos parecemos a personas que viven en el sur de los Estados Unidos que se sientan en la entrada de una vieja tienda abanicándose por el calor y hablando con todos alrededor. ¿Por qué? Porque podemos.

¿Tienes tiempos para descansar? ¿Determinas días o temporadas en las que puedes descansar hasta olvidar en qué día estás? Sí, es importante lograr tus metas cuando un poco más tiempo, pero no te olvides de simplemente existir. Deja que tu mente también descanse. Desconéctate de las redes sociales, de los correos y de las noticias. Cierra la puerta a todo ese ruido y descansa. Tristemente, mi verano terminó y regresó toda la aceleración. A pesar de eso, debemos tomar tiempo para descansar cada día. Llénate con Dios y con su paz, y tómate ese tiempo precioso para descansar.

¿Te tomas el tiempo para sentarte? ¿Has creado un espacio para el descanso de tu alma cansada? Cuando mis hijos eran pequeños, teníamos un tiempo obligatorio de quietud después del almuerzo. Los niños tomaban una siesta en su cama o jugaban en silencio en sus habitaciones. Nadie hacía otra cosa y se mantenía silencio por al menos una hora llena de bendición. Esta mamá necesitaba este tiempo todos los días. Era un dulce descanso en esos ocupados días que, a pesar de todo, eran preciosos días.

12 de agosto

Lo que roba

Porque nuestra lucha no es contra seres humanos, sino contra poderes, contra autoridades, contra potestades que dominan este mundo de tinieblas, contra fuerzas espirituales malignas en las regiones celestiales.

Efesios 6:12 nvi

Nuestra casa luce el césped propio de Nebraska, incluso he visto un par de enormes girasoles que han brotado en esta porción de tierra. Ahora bien, las casas alrededor de la nuestra dejan ver jardines bien podados con irrigadores sincronizados que se encienden cada mañana. Mi esposo y yo los hemos podido ver durante nuestras caminatas diarias. En nuestro caso es diferente, porque todavía tenemos césped natural y con esto me refiero a que también tenemos maleza, bastante maleza porque seguimos esperando que nos entreguen las planchas de césped verde. Esa molestia puede robar nuestro gozo y tratar de alejar nuestra mirada al hogar increíble que amamos, pero que no dejamos ser.

¿Qué te roba la paz o el gozo? ¿Qué situaciones roban tu paz y hacen que te enfoques en lo malo? ¿Qué hace que tus ojos dejen de enfocarse en la vida? Cualquier cosa podría robar tu paz. Me imagino muchísimas cosas que te afectan, que también me afectan y en general, afectan a todos. Se puede tratar de cosas tan pequeñas o muy importantes. Por ejemplo, hablemos de las fotos en la pared. Me encanta colgar decoraciones en la pared. A mi esposo no le gusta mucho, él prefiere las paredes vacías. Por ello, los dos llegamos a un acuerdo. ¿Permitiríamos que nuestras diferencias robaran nuestro gozo? ¡Seguro que sí! Podemos justificar muchos de nuestros estados de ánimo, ¿no es así? Pero ¿deberías dejar que el ánimo robe tu gozo? ¡No! Así que disfruta de estos acuerdos y deja que logren un cambio.

¿Cómo dejarás que Dios te ayude a elegir tu paz?

13 de agosto

El robo continuo

> Las armas con las que luchamos no son las de este mundo, sino las poderosas armas de Dios, capaces de destruir fortalezas y de desbaratar argumentos y toda altivez que se levanta contra el conocimiento de Dios, y de llevar cautivo todo pensamiento a la obediencia a Cristo.
>
> 2 Corintios 10:4-5 RVC

Hay muchas situaciones que pueden robar tu paz. El enemigo sabe cómo puede entramparnos para llegar al pánico y que abandonemos la paz. ¿Olvidaste dejar descongelando el pollo para la cena y ahora tu mal humor llena de colores tu visión? Puedes inquietarte hasta más no poder, lo que crearía una atmósfera tóxica, pero también puedes elegir enfocarte en algo positivo. ¡Sí! Mantengo alimentos que puedo tener a la mano y que dejo en otra sección de mi alacena o bien, puedo ir a comprar algo conveniente que ya esté listo. No tengo que planificar diariamente durante horas, cocinar en una hoguera o acarrear agua para alimentar a mi familia. ¡Aleluya! Por lo general, pienso en alternativas extremas cuando trato de animarme. ¿No haces lo mismo? Pareciera absurdo estar en una situación que me altere por no tener pollo descongelado a otra donde estoy agradecida por el agua potable y una estufa. Sin embargo, sí funciona.

En conclusión: Satanás sabe cómo robar tu paz. ¿Por qué? Porque te conoce desde hace años. Quiere que seas miserable, así que la próxima vez que algo salte para robar tu paz, dile que no. No lo dejes. No permitas que nada te robe el gozo ni que se acerque a tu estado de ánimo. Enfócate en el dador de paz y de gozo que creó todo alrededor. Enfócate en Él y todas esas pequeñas molestias desaparecerán. Hoy, elijo enfocarme en Él. ¿Lo harás tú también?

¿Cómo eliges enfocarte en Dios y en sus bendiciones, en lugar de las pequeñas molestias que roban tu paz?

14 de agosto

El antídoto ante el miedo

*Porque el ocuparse de la carne es muerte,
pero el ocuparte del Espíritu es vida y paz.*
ROMANOS 8:6 RVC

¿Cómo lo percibes? Me refiero a esa fea imagen que tienes en la mente cuando tus pensamientos son malos. ¿Cómo se ven esos pensamientos cuando empiezas a anidarte en la maldad? Y es que en ocasiones mantenemos esa imagen por demasiado tiempo. Las has visto tantas veces que ya sabes cómo se perciben. En mi caso, esos pensamientos no tienen muchas imágenes, en realidad es más como un marco negro, algo apagado. Honestamente, lo que hace es oscurecer la visión que tengo de mis bendiciones. Supongo que en tu caso pasa algo similar. En ocasiones esa gran imagen fea puede cambiar y agregar sufrimiento del pasado. Puede incluir los sueños truncados, personas que te han lastimado o situaciones que desearías que fueran diferentes.

¿Puedes imaginar qué sucede cuando solo ver esa fea imagen? Tu estado de ánimo se vuelve totalmente horrendo. Tus miedos empiezan a ser el centro de atención en tu cerebro vulnerable. La desesperanza y la desesperación se vuelven tus compañías, pero con la ayuda de Dios puedes derribar esas imágenes, puedes romperla en pedazos. Esas imágenes son veneno.

El antídoto al temor es la seguridad. Mira a tu alrededor y observa todo lo que Dios te ha provisto. El antídoto a la desesperanza es la esperanza. Abre tus ojos y mira todas las bendiciones que Dios derramó en ti. Recuerda que Dios tiene el control y recuerda todo lo que ha hecho por ti y lo que seguirá haciendo por ti. Mantente firme y endereza tu corona. Sonríe. Mientras trabajas en ello, que esa imagen quede bajo tus pies.

*¿Cómo se percibe esa imagen? ¿Vas a romperla y en lugar de verla,
vas a enderezar tu corona?*

15 de agosto

Gracias

*Porque tú has sido mi socorro, alegre viviré
bajo la sombra de tus alas.*
SALMOS 63:7 RVC

¿Tus labios siempre están llenos de alabanza? ¿La gratitud siempre destila de tu lengua? Es mucho más fácil quejarse. Y es fácil porque es más natural en nuestra mentalidad humana. Pero ¿qué pasaría si le dieras vuelta a la situación y cambias tu enfoque a cuán bueno es Dios? ¿Qué tal si cambias tu vida de oración mientras haces el lavado a un tiempo de agradecimiento? Créeme, me he quejado y cuando eso pasa, mi mundo se vuelve más feo y gris, lleno de desesperación. Sin embargo, cuando le agradezco por todo, es sorprendente ver cómo mi mundo, ese mismo mundo, se vuelve más hermoso y brillante, lleno de esperanza. Declara su bondad y agradece anticipadamente. Te sorprenderás de cuánta paz y esperanza vendrá sobre ti. Aunque en realidad, eso no debería sorprenderte. Enfocarte en Dios siempre nos apunta a lo demás: a su bondad.

Gracias, Dios, por todo. Gracias por darnos tu sabiduría en todo lo que hacemos. Gracias por darme gracias mientras empiezo un nuevo año escolar. Gracias por rodear a nuestros hijos con amigos piadosos y buenas influencias. Gracias porque siempre cuidas de nosotros y siempre vas adelante en el camino. Eres tan bueno, tan bueno con todos. Gracias. Gracias. Gracias.

¡Ahora es tu turno! ¿Cómo puedes cambiar a agradecerle a Dios por todo lo que ha hecho, en lugar de quejarte por lo que no ha hecho?

16 de agosto

Propósito

El Señor cumplirá en mí su propósito. Tu gran amor, Señor, perdura para siempre; ¡no abandones la obra de tus manos!
SALMOS 138:8 NVI

¿Sabías que los propósitos de Dios están a tu favor y no en contra de ti? Son esos mismos propósitos que sigues sin comprender. ¿Qué creerías que los caminos de Dios son mejores que los tuyos? Son los mismos caminos que todavía no logras ver. ¿Qué tal si Dios permite pruebas en tu vida por un propósito mayor que tu vida misma? ¿Qué tal si sus pruebas son para *desarrollar* la fuerza que tienes en Él? ¿Para que tu fe en Él crezca? ¿Qué pasaría si su plan es usar tu dolor como un ejemplo del caminar a través de las dificultades hasta llegar a una vida nueva en Él? ¿Qué tal si Dios usa tu continua fidelidad para enfrentar a la maldad y para glorificar al mismo Dios? ¿Qué diferencia haría eso en ti?

Cuando confías en que Dios es absoluto y quien tiene el control, nuestro caminar se vuelve más fácil. Nuestros pasos son más ligeros cuando sabemos que nuestro máximo propósito es vivir para Él. Él nos usa para atraer a otros a Él. Se vuelve un poco más fácil confiar en Él cuando traemos su propósito para nosotros a nuestra mente: ser la luz para otros. Podría ser que sigamos caminando entre el lodo, pero sabemos que Él estará ahí para levantarnos y sacarnos de ahí.

Que tus pruebas sean mucho más fáciles mientras alineas tu voluntad con la de Dios, aprendiendo a descansar en el conocimiento de que su propósito será cumplido en tu hermosa vida.

¿Confías en Él y en sus propósitos para ti?
¿Eso facilita las cargas que deberías entregarle a Dios?

17 de agosto

Creer

> De cierto, de cierto les digo: El que cree en mí, hará también las obras que yo hago; y aun mayores obras hará, porque yo voy al Padre.
>
> JUAN 14:12 RVC

¿Qué tan profundamente crees en Dios, en su bondad, en su fidelidad y en los dones que Él te ha dado? ¿Cuánto crees? Puedo seguir preguntando hasta que me quede sin aire. Muchos podrán compartir las verdades de Dios una y otra vez, pero solo cuando sus palabras se guardan en el corazón, es cuando toman significado. De lo contrario, no significan nada.

Todos tomamos nuestras propias elecciones, como creer, o no, en Dios. Creerle cuando las situaciones van muy bien, pero también creerle cuando estamos atravesando un oscuro bosque profundo. ¿Qué tan profundamente le crees? Incluso cuando no puedas sentir su mano, ¿estás segura de que Él está ahí? Incluso cuando estás decepcionada nuevamente, ¿en lugar de estar en la decepción, buscas en su fidelidad? Es normal tambalear un poco cuando hemos dejado que la duda entre al cerebro. Un pensamiento surge en tu cabeza y deja plantada una duda a la que respondes casi como si estuvieras de acuerdo. En lugar de ello, cuando las pequeñas dudas aterrizan sobre tu brazo, aplástalas como a un mosquito y elimínalas en el instante. Nadie tiene tiempo para las dudas. ¿Por qué? Porque las dudas siempre te llevan a otro sitio y ese otro lugar, te aleja de Dios.

¿Qué tan profundamente crees en Dios?
¿Qué respuesta das a las dudas que se quieren plantar?

18 de agosto

Cimentada en amor

Para que habite Cristo por la fe en vuestros corazones, a fin de que, arraigados y cimentados en amor, seáis plenamente capaces.
Efesios 3:17-18 RVR1960

Cuando los pensamientos saltan en tu cabeza y te infectan con la duda, debes deshacerte de ellos en el instante. Si no te deshaces de la duda inmediatamente, ¿sabes qué sucede? Que se queda en la esquina de tu mente y se acerca a la superficie con mucha frecuencia. Esa duda aparecerá a cada rato, minutos u horas, para tratar de confirmarse. Al enemigo le encanta confirmar dudas, lo cual te lleva a un problema mayor. Esa duda "confirmada" se ha duplicado. Amigas, ahí es donde todo empeora. Creemos en nuestras dudas cuando creemos más en nosotras que en Dios, cuando nosotras determinamos que somos las indicadas para establecer nuestra felicidad. Es cuando decidimos que somos las indicadas para resolver nuestros problemas o simplemente cuando creemos que ya no hay esperanza, por lo que nos rendimos. Hemos elegido la nada en lugar del poder de Dios.

Nuestra confianza en Dios es la piedra angular de todo. Si no creemos que Él es suficiente, vamos a buscar alternativas. Si no creemos que Él es fiel, dudamos. Si no creemos que Él está presente, cedemos al pánico. Mantén tu confianza en lo profundo, de modo que tus raíces estarán arraigadas, aunque nuestra superficie se vea afectada. Cuando la vida se resquebraja y seca, seguirás floreciendo porque tus raíces se encuentran cimentadas en Él. Elige mantener una confianza profunda porque la vida es muy real, así como Dios.

¿Qué puedes hacer para sumergir y desarrollar tus raíces?
¿Mantendrá el compromiso de alimentarte mediante la oración
y la lectura de la Biblia?

19 de agosto

Raíces

Ese hombre es como un árbol plantado junto a los arroyos: llegado el momento da su fruto, y sus hojas no se marchita. En todo lo que hace, prospera.
SALMOS 1:3 RVC

¿Cómo crees que se ve cuando tu confianza está cimentada en Dios? Imagínate un árbol. Eres ese árbol. ¿Dónde se encuentran las raíces de un árbol normal y saludable? Están enterradas, están a salvo y ocultas; están sólidas. Reciben agua debajo de la superficie y la diferencia con los árboles que no tienen raíces profundas es que estos últimos tienen raíces visibles sobre la superficie. ¿Cómo haces para que tus raíces se desarrollen y sumerjan en tu fe? Debes recordar la fidelidad de Dios. Ora por tu familia y amistades. Congrégate con otros que confirmen las palabras de Dios y navega en su palabra y grábala en tu corazón. Comparte su fidelidad con los demás. Adora a Dios porque Él es grande. Busca sus huellas, las cuales podrán ver en tu vida, solo detente a apreciarlas.

Todo ello te recordará de su fidelidad y te apuntará hacia Él. Fijar tu mente en Él hace que tus raíces se sumerjan más. Al ver hacia atrás puedes ver que las tormentas te hicieron caer, ¿no es así? Ahora, aunque sigan fuertes, tú eres más fuerte. Has mantenido tu fe durante esas terribles tormentas y te has mantenido firme por la ayuda de Dios. Puede que no todo sea perfecto, pero sigues creyendo a pesar de todo. Los árboles no trabajan para que sus raíces se profundicen, es un proceso que se da con tiempo y agua. Así como un árbol, tu fe crecerá con tiempo y agua: el tiempo que dediques fielmente a Dios y el agua que recibas de su palabra, de la congregación con los demás y de la oración. Como un árbol majestuoso que crece robusto en la tierra y se alza en medio del campo, así permanecerá tu fe sólida en esta tierra y se alzará sobre el miedo y la vida carente de Dios.

Sigue desarrollando tus raíces tan profundas como Dios las coloque.

20 de agosto

Oposición

Porque si ustedes viven en conformidad con la carne, morirán; pero si dan muerte a las obras de la carne por medio del Espíritu, entonces vivirán.
ROMANOS 8:13 RVC

¿Cómo te opones a Dios? ¿Qué palabras o acciones usas para decirle que no? Él nunca insistirá, nunca te rogará, solo te habla con su verdad y espera para que tú te acerques a Él. Sin manipulación, sin amenazas. ¿Entonces cómo te opones a Él? Cuando ignoras sus palabras para compartir su gracia, cuando acaparas tu agenda y no te queda tiempo para su palabra. Cuando eliges el entretenimiento antes de orar por tu familia. Cuando obedeces a tu carne en lugar de decidirte por lo que sabes que es correcto. Cuando escuchas las mentiras de tu mente en lugar de lo que sabes que es verdad. Cuando sucumbes al egoísmo en lugar de servir a otros. La lista sigue y sigue.

Oponerte a Dios es igual que amarnos más a nosotras. Sin embargo, ¿qué tal si invitas a Dios a que tome el control? ¿Qué tal si, en lugar de enfocarte primero en ti, le pides a Dios qué desea Él? ¿Qué tal si le preguntas continuamente a Dios cuáles son sus planes para ti y para cada momento? ¿Qué tal si piensas en Dios todo el día en lugar de solo cuando vas a dormir y tomas un tiempo para orar? Nos oponemos a Dios cuando nos enfocamos en nosotras. En lugar de ello, sé tu propia oposición y enfócate en Él. Enfócate en Dios completamente.

¿Cómo te opones a Dios? ¿Qué puedes hacer para cambiar?

21 de agosto

Encuentra paz

La paz les dejo; mi paz les doy. Yo no se las doy a ustedes como la da el mundo. No se angustien ni se acobarden.

JUAN 14:27 NVI

Jesús fue el epítome de la paz. En la Biblia, ¿vimos angustia en él cuando estuvo en la barca en medio de la tormenta? ¿O con la muerte de Lázaro? Habló ante miles de personas hambrientas y solo tenía cinco hogazas de pan y dos peces, lo cual no era suficiente ni siquiera para alimentarse él y los discípulos. Sin embargo, a pesar de todo esto y de mucho más, Jesús nunca se angustió, no entró en pánico. Su rostro se mantuvo tranquilo.

Incluso cuando Jesús estuvo en el Getsemaní y en agonía, estuvo en paz. Le preguntó a Dios si era posible evitar esa copa de sufrimiento, pero ahí permaneció, en oración. En su agonía, buscaba el rostro de Dios. Él se vació completamente de su yo y en su lugar se llenó con el plan de Dios, con la sabiduría y la fuerza de Dios. Eligió a Dios en lugar de a sí mismo.

Cuando te enfrentas a pruebas que te hacen agonizar, recuerda a Jesús. Elige su ejemplo de redención. Recuerda que Él tiene el control. Vacíate de ti y deja de enfocarte en ti para enfocarte en Él. Imita el compromiso que Él mantuvo en el plan de Dios. Sé como Él, que se alejó de sí mismo. Mantén la paz y la calma. Dios tiene el control.

¿Cómo puedes hacer que tu mente mantenga el propósito de aferrarse a la paz de Dios?

22 de agosto

Conocido

Bendito sea el Señor, que le ha dado paz a su pueblo Israel, conforme a su promesa, sin dejar de cumplir ninguna de las promesas que le hizo a Moisés.

1 Reyes 8:56 RVC

¿Cómo conocen a Dios? Lo conocen por aquellas situaciones que no parecen tener sentido en nuestra vida. Lo conocen por medio de la confianza que mostramos cuando no podemos ver el siguiente paso y por medio de la gracia que demuestra a nosotros cada día. Lo conocen por medio del amor que derramó en nosotras para que lo compartamos con los demás. También por medio de la paz que sentimos a pesar de las adversidades y por medio del perdón que concedemos a aquellos que nos han lastimado profundamente. También lo conocen cuando compartimos con aquellos que no tienen y cuando servimos a otros. Lo conocen por medio de las oraciones que elevamos y las respuestas que nos sorprenden. Lo conocen por medio de la liberación del dolor, cuando sana las heridas que han quedado y por medio de la sabiduría que nos concede cuando le suplicamos su ayuda. Lo conocen cuando nos levantamos a pesar del dolor, cuando en lugar de morir en esas situaciones, vivimos.

Dios es conocido por medio de la lectura de la Biblia, en nuestras oraciones, en nuestra adoración y en cada área que vivimos. Cada uno de nuestros días, conocemos a Dios por medio de las cosas sencillas y de las más importantes. Nos usa para darse a conocer a los demás cada día. ¿Qué tan bien lo conoces? Espero que muy bien. Haz que otros los conozcan hoy. El mundo lo necesita.

Comparte con los demás para que puedan conocerlo también.
Él debe llegar al conocimiento de todos.

23 de agosto

Lo que realmente importa

Tú, Dios y Señor, eres sol y escudo; tú, Señor, otorga bondad y gloria a los que siguen el camino recto, y no les niegas ningún bien.
SALMOS 84:11 RVC

Cuando decides deshacerte de lo que sobra, eliminas las decoraciones adicionales y te enfocas en lo que realmente importa es cuando te enfocas en Dios. Dios es todo. Él es el principio y el fin. Él es eternidad y después de Dios, están los demás. ¿Cuánto estás orando por aquellas personas que Dios ha puesto en tu vida? ¿Estás orando para que conozcan a Dios con todo su corazón, alma y mente? Eso es lo que importa.

Los trabajos van y vienen, las comidas se preparan y se comen. Las casas se construyen y en algún momento se derrumban. Los niños nacen y crecen, en algún momento se van del hogar a construir sus propias vidas. Solo una cosa verdaderamente dura para siempre: tu relación con Dios. Nuevamente, te pregunto, ¿cuánto te estás enfocando en esta vida temporal en la tierra? Es fácil dejar que los placeres de este mundo te distraigan de lo eterno. Dios quiere que disfrutes de tu vida, claro que sí. Sin embargo, asegúrate también de enfocarte en la gente a tu alrededor. Ellos necesitan tus oraciones más de lo que crees.

¿Debes reajustar lo más importante de tu vida?
¿En qué vas a enfocarte de ahora en adelante?

24 de agosto

No más esclavos

Allí mismo la mano del Señor vino sobre mí, y me dijo: "Levántate y ve al campo, que allí voy a hablar contigo".
EZEQUIEL 3:22 RVC

¿Puedes dejar de ser esclava del temor? ¿Y si decidieras no sentarte bajo el dominio de la ansiedad, la preocupación y la duda? ¿Y si decidieras dejar de ser la mujer que responde en temor o la que arremete en ira cuando se equivoca? ¿Y si dejaras de buscar quedarte sola en la oscuridad? ¿Y si declararas que, en lugar de todo ello, tu vida solo está en Dios? ¿Qué tal si dejáramos de lado todos esos recelos de la carne y siguiéramos sumergiéndonos en lo que Dios quiere? ¿Y si salieras de la barca y caminaras en fe en el plan que Dios tiene para ti? ¿Y si pones tus pies con firmeza en donde has dicho con tu boca que estarías todos estos años? ¿Y si declaras que hoy es el día que el Señor ha hecho para ti y te regocijas en él? ¿Y si realmente te detienes, bajas tus cargas y corres a los brazos de Jesús sin mirar atrás? ¿Y si hoy fuera el primer día del resto de tu vida, el día en que confiaste en Dios completamente, en lugar de tu vida pasada?

Puedo confirmarte que, si dejas todo eso, cambiarás por completo y para siempre. Sonreirás mucho más que como solías hacerlo. Caminarás con mucha más libertad. Estarás llena de la paz de Dios, lo que sobre pasa la comprensión. Solo una persona puede responder a todas esas preguntas: tú.

¿Decidirás hoy dejar de ser una esclava del temor?
Sal de ahí con la ayuda de Dios

25 de agosto

Algo más

*Y les dijo: "Vayan también ustedes a mi viña,
y les pagaré lo que sea justo".*
MATEO 20:4 RVC

En tu vida, siempre habrá algo más. Algo más que no te deje ser feliz. Algo más por qué quejarse o llorar. Sinceramente, siempre habrá algo más que te haga llorar, algo más que rompa tu corazón. ¿No es así? Por lo general, la culpa la tiene la comparación con los demás. Nuestro ánimo puede estrellarse contra el suelo si nos permitimos echar un vistazo al jardín de alguien más, eso arruina la forma en que visualizamos el nuestro. ¿Cómo visualizas el tuyo? ¿No te parece que es muy fácil compararse? Cuando comparamos, nos volvemos en los críticos de los demás y es cuando escarbamos en el orgullo. También podemos criticar nuestra propia vida y detenernos en la autocompasión. Todos los jardines son diferentes, las vidas son diferentes. En realidad, incluso aquellos que pareciera que tuvieran todo tienen sus secretos pecaminosos, sus momentos de suciedad, por así decirlo.

Disfruta el jardín que Dios te entregó. Averigua cuáles son esas plantas nuevas que Él plantó para ti. Échales agua y disfruta de su belleza. No pongas atención en los demás jardines, sino hasta que logres alegrarte sinceramente cuando los veas, deléitate en el jardín de tu amiga. Si no logras sentirte así, quita todas las redes sociales de tu vida, hazlo por una temporada. Quita esas redes y enfócate en Jesús y el jardín que Él ha traído para ti. Pasa tu tiempo libre en tu jardín y con Jesús, aprende a valorar su belleza.

*¿Cómo te sientes cuando comparas tu vida con la de los demás?
Deja de compararte y en lugar de ello, sé agradecida.*

26 de agosto

Restauración

¡Devuélveme el gozo de tu salvación!
¡Dame un espíritu dispuesto a obedecerte!
Salmos 51:12 rvc

¿Está bien que los cristianos se inclinen ante el mundo? No, pero de todas formas lo hacemos. Nos olvidamos de Dios; nos olvidamos del increíble sacrificio y de la salvación que nos dio por gracia. David también lo olvidó. ¿Recuerdas qué le pidió a Dios? Le suplicó que Dios restaurara su gozo. Eso me dice que él necesitaba sentir ese recordatorio. Necesitaba reenfocarse en lo que era importante. David cierra ese versículo con esta petición: que Dios le dé un espíritu dispuesto a obedecerle. ¿Qué? ¿Es acaso que en ocasiones David carecía de un espíritu dispuesto a obedecer a Dios? ¿Hablamos de David, el que escribió las oraciones y las alabanzas más hermosas que encontramos en el libro de los Salmos? ¿Necesitaba en ocasiones un espíritu dispuesto? Sabemos que así era por todo el problema en el que se involucró, a nivel real.

¿Necesitas un espíritu dispuesto? ¿Te falta un espíritu dispuesto de obedecer lo que Dios quiere que hagas? Pídele su ayuda. Pide a Dios que mantenga en ti un espíritu dispuesto. Significa que quieras que Él te llene con su poder, que te mantenga firmemente plantada en lo que es correcto y bueno. Antes de que tomes alguna acción, pídeselo. Pide a Dios que te dé una infusión fresca del Espíritu Santo. Pídele a Dios que restaure el gozo de tu salvación. David, un hombre conforme el corazón de Dios, sabía cuándo necesitaba la intervención de Dios. Tú también hazlo, tengo la idea de que se trata de un buen plan.

Pídele a Dios que restaure su gozo en ti hoy. La sonrisa de Dios
brilla en la belleza de tu vida.

27 de agosto

Renovación

Dios mío, ¡crea en mí un corazón limpio!
¡Renueva en mí un espíritu de rectitud!
Salmos 51:10 rvc

¿Se les permite a los cristianos de muchos años tener manchas? Me refiero a manchas e imperfecciones en su mente y corazón. La respuesta es que sí, todos podemos tener esas manchas. ¿Incluso los cristianos de muchos años? Un cristiano de muchos años es aquella persona que ha caminado con Dios un poco, puede ser unos días, unos años o incluso la vida entera. Siempre hablamos de los cristianos recientes, los bebés en su nueva fe. Les damos mucha libertad porque están aprendiendo apenas. Creo que no damos la misma gracia a los cristianos que tienen más años, los que están más experimentados, pero sí, cometemos errores como el resto de la humanidad. Nuestras vidas dedicadas se pueden distraer. Nuestro carácter puede volverse egoísta. Nuestros ánimos pueden verse afectados por la amargura en el alma. ¿Cuándo pasa eso, qué hacemos?

Cuando David escribió el versículo que tenemos hoy, confirmó que los humanos necesitaban renovar su corazón continuamente ante el todopoderoso Dios. David, el hombre que Dios usó claramente varias veces en la Biblia y de quien seguimos leyendo en la actualidad (piensa en eso: una persona importante), necesitaba que Dios limpiara su corazón. Necesitaba que Dios renovara el espíritu de Dios dentro de Él, que reemplazara el egoísmo humano que tenía en su interior con la esencia de Dios. ¿Le has pedido a Dios que te dé un corazón limpio? ¿Le has pedido a Dios que renueve tu espíritu con el de Él? No podemos funcionar sin el poder de Dios corriendo por nuestras venas. Eso significa, amigas, que empieza con nuestro corazón y alma. Pídele a Dios con libertad más de Él. Si David lo pidió, tú también puedes.

Pide a Dios que renueve tu espíritu y corazón, que los alinea con el de Él.

28 de agosto

Primero hay que perdonar

Jesús decía: "Padre, perdónalos, porque no saben lo que hacen".
Lucas 23:34 RVC

Mi perdón hacia los demás no debería depender de cuánto lo lamentan o si me lo pidieron, y esto es porque tal vez ni lo sientan ni lo hayan pedido. Incluso pueden pensar en que no hicieron nada malo. Si estás en esta circunstancia (que en algún momento todos pasaremos nuevamente), no estás sola. Yo también estoy ahí, pero no me quiero enfocar en mí ahora.

Es en Jesús. Es nuestro mayor ejemplo de perdón hacia los demás, incluso antes de que lo pidan. Lucas 23:34 registra que mientras sufría en la cruz, Jesús clamaba: "Padre, perdónales, porque no saben lo que hacen". Jesús perdonó a las personas que lo rodeaban mientras le injuriaban insultos. Perdonó a quienes le quitaron la vida antes de que se arrepintieran. Esto fue muy difícil de perdonar en comparación con las situaciones insignificantes que nosotras pasamos. Y Él nos perdonó antes de que se lo pidiéramos. Ya nos perdonó, pero debemos declararlo. Debemos pedirle aquello que Él ya ha hecho. Solo así nos mantenemos en libertad. Solo así quedamos limpios, sin pecado. A su vez, serás libre cuando perdonas a otros con libertad. En tu vida, ¿hay alguien que no te ha pedido perdón? ¿Ya perdonaste a esa persona, has cambiado las heridas por la paz de Dios?

¿Darás el perdón hoy como Jesús te dio su perdón?

29 de agosto

Triunfantes

> Pero gracias a Dios, que en Cristo Jesús siempre nos hace salir triunfantes, y que por medio de nosotros manifiesta en todas partes el aroma de su conocimiento.
>
> 2 Corintios 2:14 rvc

¿Eres una ganadora? ¿Vives de triunfo en triunfo? La confianza inquebrantable en Cristo trae los triunfos. El versículo de hoy nos recuerda que debemos agradecerle a Dios porque siempre nos hace salir triunfantes. Cuando nuestros caminos llegan a Él, tenemos confianza y llevamos fruto. No importa la prueba, no importan las circunstancias en las que Dios nos coloque, siempre nos dará la victoria.

¿Quieres estar en el equipo ganador? Claro que sí, todos queremos eso. Puedo asegurarte a qué equipo debes unirte: al de Dios. Vive para Él y deja que obre por medio de cada una de tus decisiones. Reposa en su sabiduría para que te guíe y no importa lo que tengas que enfrentar, sabrás que Él es soberano y que está en completo control. El triunfo que Él da empezará a darte un semblante hermoso. Podemos elegir en nuestro corazón ser agradecidas y rendirnos en cada momento a Dios para buscar su gloria y victoria.

Dios siempre te hará salir triunfante, pero debes colocar tu confianza diligentemente en Él, siempre.

30 de agosto

Leña mojada

En ese momento cayó fuego de parte del Señor, y consumió el toro que allí se ofrecía, y la leña, las piedras, y hasta el polvo, ¡y aun secó el agua que inundaba la zanja!

1 Reyes 18:38 RVC

¿Qué tan empapada están los leños de tu altar, qué los hace tan únicos que no se consumen? En otras palabras, ¿cuáles son esas cargas imposibles de creer son las que llevas encima? ¿Cuáles son esas situaciones desastrosas que hoy has declarado que no puedes solventar? Esos son los leños mojados, son las situaciones que parecen totalmente imposibles. La razón es que son imposibles, pero en tus fuerzas, no en la de Dios.

A Dios no le importa si la leña en tu altar está empapada. Seguirá enviando fuego del cielo para consumirla. A Dios no le importa cuán grande es tu carga, porque Él siempre será más grande que todo. Siempre. Recuerda el altar de Elías cuando estaba probando la superioridad de Dios contra la de los dioses falsos del enemigo. Elías estaba seguro de que Dios podría quemar su sacrificio, incluso cuando había empapado la leña. Recuerda, el fuego y el agua no se combinan, pero Dios pudo. Dios fue más que suficiente y en un instante, consumió todo. Hará lo mismo contigo. Se encargará de tus cargas, de esa situación que parece imposible, Él se encargará de ella y lo hará por completo. Solo debes confiar en Él y permitir que obre. Entrégale todo para que lo dejes obrar y observa cómo consume todo por completo.

¿Qué situación imposible vas a permitir que Dios arregle por ti? Ora y obsérvalo trabajar como solo Él puede hacerlo y a su tiempo.

31 de agosto

Te observan

*Los entendidos resplandecerán como el resplandor del firmamento;
y los que instruyen a muchos en la justicia
serán como las estrellas por toda la eternidad.*

Daniel 12:3 RVC

¿Estás consciente de que otros te observan? Observan cómo reaccionas en esta vida y cómo respondes. Como cristianos, somos testigos de Dios. Somos testigos, ya sea *para* Dios o *en contra* de Él. Cuando respondemos con amor a los demás y les servimos para ayudarles a satisfacer sus necesidades, somos el rostro de Dios. Y si como cristianos respondemos con egoísmo y queremos lo mejor para nosotros, ahí también estamos siendo testigos de Dios, pero es una respuesta egoísta, entonces en ese caso estropeamos su imagen, dejamos a Dios bajo un reflector negativo.

¿Qué lugares visitas cada semana? ¿El personal de los restaurantes anhelan que los visites o evitan atender tu mesa? ¿Alguna vez les has preguntado cómo les va en su día? Deberíamos andar esparciendo el amor de Dios en dondequiera que vayamos. Cuando salimos de un lugar, deberíamos dejarlo mejor que como lo encontramos, mejor porque hemos decidido ser testigos honorables para Dios. Él nos dio esta vida y también nos ha dejado a cargo para hacer discípulos en toda la tierra. ¿Cuántas personas se han atravesado en nuestro camino hoy? Deja en los demás el deseo de Dios mediante tu testimonio. Con su ayuda, deja ese deseo, no lo destruyas.

¿Quién te observa hoy? ¿Los están guiando a Dios o los estás alejando?

Septiembre

1 de septiembre

No más soledad

Pero el Señor es fiel, y él los fortalecerá y guardará del mal.
2 Tesalonicenses 3:3 RVC

Se sentó a la orilla de la cama, ensimismada en sus pensamientos, perdida, estancada. Su mente deambulaba muy fácilmente de la verdad a las mentiras, al punto que todo se confundía. Nada parecía tener mucho sentido ahora. En lo más profundo, sabía la verdad de quién era. A pesar de eso, de alguna manera, rechazaba la verdad. En lugar de permitir que la verdad de Dios sanara cada pulgada de su ser, se aferraba a las mentiras que habían envenenado su calma.

Era una chica cristiana, como tú. Era alguien que, desde una edad muy temprana, había confiado en Dios y había aprendido de su verdad. Si vemos un poco más en su habitación, podremos ver lo que hay detrás de ella. Es una presencia oscura que sonríe, llena de desprecio. Susurra a su oído alguna palabra que le causa lágrimas en ese momento. ¿Cómo es posible? Satanás es astuto y quiere hacernos miserables, en especial a las personas tristes y solas.

Mientras vemos cómo va desarrollándose esta triste escena, de repente se ve una luz. Es la silueta de un guerrero fuerte que dice: "Suficiente". Solo esa palabra es necesaria para que la presencia huya en ese momento. Las lágrimas de la chica cesan y se vislumbra una tímida sonrisa en su rostro. En voz audible susurra: "Gracias, Jesús". El guerrero la abraza y le responde: "Con gusto, mi niña. La próxima vez que te sientas ansiosa por algún pensamiento, identifica que es una verdad desde su origen. Recházala y habla vida en tu mente por medio de mi nombre. Nunca olvides cuánto me importas. Siempre estoy a un susurro de distancia".

Recuerda de quién eres mientras avanza tu día. Nunca estás sola, Jesús y su poder siempre están ahí para ti.

2 de septiembre

Aferrarte a tu vieja naturaleza

De modo que si alguno está en Cristo, nueva criatura es; las cosas viejas pasaron; he aquí todas son hechas nuevas.

2 Corintios 5:17 RVR1960

Al volvernos cristianos y declarar nuestra fe en Dios, nos renovamos ante sus ojos, tanto nuestra mente, cuerpo, alma, como nuestro espíritu. Las cosas viejas pasaron. Nuestros pecados han sido perdonados y gracias al perdón de Cristo, han sido limpiados. Sin embargo, muchos tenemos la tentación de aferrarnos a nuestra vieja naturaleza, que es nuestro antiguo yo, el que era pecador sin Dios. Solo porque las cosas viejas pasaron, no significa que no puedas quererlas de regreso.

Imagínate un armario. Después de que declaraste tu fe en Dios, Él sustituyó el contenido de tu armario con prendas nuevas y perfectas. No se trata de prendas del todo cómodas, sino que se trata de prendas que han sido elaboradas por el mismo Dios para ti. Te despiertas y piensas en qué usar. Las nuevas vestiduras son brillantes y casi te deslumbran. Instantáneamente, deseas de forma audible, aquella sudadera raída. La logras ver mal puesta en el suelo. ¿Te la pones? Es tu decisión. Tu vieja naturaleza te arrastrará y te tentará a que la uses. ¿Cuáles son las acciones cómodas, pero pecadoras, que insistes mantener, en lugar de comportarte como Dios quiere que te comportes?

Debes mantener tu fe en Dios. Pregúntale qué debes usar: ¿fe o miedo? ¿Ansiedad o paz? ¿Autocompasión o gracias? El temor, la ansiedad y la autocompasión resultan muy cómodas a veces, ¿verdad? Pero estas son las prendas horrendas. Pídele a quien te liberó, que te siga liberando cada día. Entre más elijas a Dios, más fácil será rechazar la vieja naturaleza. Pronto desaparecerá esa sudadera raída, pero solo si decides que dejarás de quererla.

¿Qué sigues usando de tu vieja naturaleza? ¿Le pedirás a Dios que te ayude a mantener tu armario limpio?

3 de septiembre

Ser la persona madura

Y no devuelvan mal por mal, ni maldición por maldición. Al contrario, bendigan, pues ustedes fueron llamados para recibir bendición.

1 Pedro 3:9 RVC

¡Uf! No me gusta ser la madura porque soy la que se tiene que disculpar primero. No quiero ser la que empiece a hacer enmiendas, tragarse el orgullo, abrir los caudales del perdón. Prefiero que la otra persona vaya primero. Así me siento mejor. ¿Qué hay de ti? De repente al escribir mi honesto egoísmo provoca sensaciones terribles cuando las leo y ahí me detengo. Pienso qué hubiera querido Dios que hiciera. Nuestro versículo de hoy nos recuerda que no debemos pagar mal por mal para tener bendición. En mi caso, yo quiero bendiciones. ¿Y tú? La otra cara de la moneda es: ¿A quién quiero complacer? ¿A Dios o a Satanás? Supongo que el que se alegra bastante es Satanás cuando quedo con los pies atrapados en el fango porque he decidido no perdonar, a menos que la otra persona culpable pida y suplique por perdón. Sé que Dios también se complace cuando yo me acerco primero. Aunque es divertido alimentar mi carne, también es algo que complace a Satanás. Eso me enferma, me enferma en serio.

Más que cualquier cosa, quiero agradar a Dios. Quiero darle mi todo. Eso incluye que perdone primero a aquellas personas que me han hecho mal. Significa que debo ser la persona madura. ¿Qué pasa si nunca se disculpan? Puedo seguir adelante porque no necesito su disculpa. Todo lo que necesito es Dios. Soy responsable por mí y no puedo ser responsable por los demás. No puedo dejar que los pecados de los demás me sigan agobiando. Primero, Pedro nos recuerda que seremos bendecidos cuando bendigamos en lugar de dar maldiciones. Es tiempo de hacer el cambio y se la persona madura.

¿Cómo puedes ser la persona adulta hoy?

4 de septiembre

Apetito

Oh Dios, tú eres mi Dios; yo te busco intensamente. Mi alma tiene sed de ti; todo mi ser te anhela, cual tierra seca, sedienta y sin agua.

SALMOS 63:1 NVI

¿Cuánto apetito tienes por Dios? ¿Qué hay en el menú? ¿Tienes oraciones profundas que te estremecen? ¿Súplicas para cambiar? ¿O te has estado saltando algunas comidas? ¿No le has puesto atención a tu apetito por Dios? Tal vez te das un aperitivo de vez en cuando, susurras una oración aquí y allá. Esa es una forma segura con la que perderás el peso de la influencia de Dios, sus bendiciones y su paz. Cuando tu apetito por Dios es saludable, tu cuerpo está robusto, es más fácil escapar de las tentaciones de Satanás. Sin embargo, lo opuesto también es cierto. Cuando somos indulgentes en consumir el mundo, ignoramos los platos fuertes en Dios, nuestros cuerpos no logran ser oposición de las tentaciones del diablo. Es peor cuando esos deseos del mundo consumen nuestro tiempo, siempre se quiere más y más, nunca te quedas satisfecha. Y con ello, Dios va disminuyendo poco a poco.

¿Dónde estás? ¿En qué categoría caes en el menú de Dios? Si has caído en el círculo de tener una alimentación mala, detente. Dice hoy dejar todo eso. Abre los Salmos y empieza nuevamente. Toma una pluma y empieza a escribir diariamente todo lo que Dios ha hecho por ti. Ora con seriedad, busca el rostro de Dios y su voluntad para ti y por los que amas. El siguiente día, vuelve a hacerlo y así continúa el siguiente y el siguiente. Tu fuerza se incrementará y antes de que te des cuenta, estarás con un deseo ardiente por Dios, mucho más que cualquier cosa en el mundo. Así, mis amigas, sabrán que tu apetito ha cambiado para bien.

¿Cómo puedes incrementar tu apetito por Dios hoy?
¿Cuáles son los siguientes pasos?

5 de septiembre

Controlada por la ira

Enójense, pero no pequen; reconcíliense antes de que el sol se ponga.
EFESIOS 4:26 RVC

¿Está bien enojarse? ¿Está bien llenarse de ira ante una situación incontrolable? Sí, está bien enojarse, solo no podemos dejar que se salga de control. Existe una diferencia entre ira y una vida controlada por la ira. En ocasiones, las circunstancias de la vida tienen respuestas justificables de enojo. Pero si te aferras a esa ira, te estará controlando a cada rato. Cada vez que recuerdes esa situación, tu cuerpo responderá como si se hubiera capacitado. Te hervirá la sangre, tu ánimo airado saldrá a relucir y te dirigirás a las personas de una forma tosca sin razón aparente.

Eso es pecado. ¿Por qué? Porque la ira te controla. Has estado capacitando la respuesta de tu cuerpo. En Efesios 4, Dios habla acerca de sacudirse del pecado. No significa olvidar o permitir que te lastimen nuevamente, de la misma forma. Solo significa elegir la paz sobre la ira, aprender por otra vía y no solo por el dolor. Es fácil enojarse, ¿no es así? Claro que sí, es muy fácil. Deja que las situaciones pasen. Las cosas que no importan en el balcón del cielo. En lugar de ello, deja que Dios te guíe.

¿Cómo has estado reaccionando a la ira últimamente?
¿Tus reacciones te controlan? Pídele a Dios que te ayude a cambiar.

6 de septiembre

No te estanques en la ira

> Y no den lugar al diablo.
> EFESIOS 4:27 RVC

Cuando te aferras a la ira, permites que el diablo entre en lo más profundo de tu corazón. Le entregas una llave mientras abres la puerta. Darle un punto de apoyo al diablo es mantener la ira, elegir hundirse en ella. Es casi seguro que tengas razón, pero ese no es el punto. Vivir en libertad con Dios, en ocasiones desafía toda lógica. Claro que deberías estar enojada con esa situación que pasó, pero Dios quiere que vivas en libertad. No puedes habitar en su libertad si estás con grilletes en la prisión de la ira.

Libérate y deja que Dios sane tus heridas. ¿Cómo? Pregúntale a Dios. Recuerda, perdonar no significa olvidar, pero sí significa libertad. Pídele a Dios que perdone por medio de ti. Luego, sin importar cuándo surja la ofensa o salte el dolor en tu cerebro (sabes que el diablo insistirá en recordártelo con frecuencia), entrégasela a Dios. Perdona una y otra vez. Tu cuerpo empezará a reprogramarse y va a reaccionar, pero con paz. La ausencia de ira te liberará de la prisión del dolor. Aprende de las situaciones, sí, pero no te quedes estancada en la ira. No vale tu tiempo ni tu paz.

¿Cómo puedes quitar el punto de apoyo del diablo o la falta de perdón en tu vida? Pide a Dios que te ayude a perdonar hoy.

7 de septiembre

Expectativas

La cordura del hombre calma su furor; su honra es pasar por alto la ofensa.
PROVERBIOS 19:11 RVC

¿Por qué vivir con los hombros encogidos por el resentimiento? ¿Por ofensas, irritación, expectativas fallidas de vida u otras opciones? ¿Por qué andarlas cargando? ¿Por qué arrojar pesimismo a cada paso? Porque tienes el derecho de hacerlo. Te equivocaste y de acuerdo con tus expectativas, necesitas algo de justicia. Mantendrás ese resentimiento sobre tu hombro hasta que equivocación se haya corregido. Eso es lo que llegas a pensar al menos.

¿Se puede justificar tu equivocación? Tal vez. Es posible que incluso definitivamente, pero no muevas tus expectativas no cumplidas al pecado, porque ahí sí te equivocarás. Pecar mientras estás ofendida se aprecia de muchas formas: usar la ley del hielo, hacer comentarios sarcásticos, girar los ojos, rechazar participar en las actividades, retraerse o ceder a la ira en su plenitud. Lo que acabo de mencionar, mis amigas, son pecados. Cuando estás equivocada, tus expectativas te fallan. Si alguien no logra cumplir tus necesidades esperadas, perdona. Si alguien olvida una fecha importante, perdona. Si alguien te da palabras acaloradas en respuesta a tu pregunta, perdona.

Cuando permites que Dios te libere de la ofensa de los demás, te estás liberando. El sentimiento de libertad sobrepasa con creces la prisión de la ofensa de alguien. Vive dentro del perdón de Dios. Extiende la gracia que recibes de Dios a los demás. Pide a Dios que resuelva tus situaciones de duda. En lugar de vivir en una tierra de fantasía o expectativas que se cumplan a la perfección, vive en la gracia de Dios. Alinea tus expectativas a los propósitos de Dios. Él siempre cumplirá las expectativas que tengas de él. De hecho, siempre las superará. Siempre.

¿Has tenido expectativas irreales de otros o de ti?
Pide a Dios que te ayude a volver a alinearlas con Él.

8 de septiembre

Reflejo

Por tanto, nosotros todos, mirando a cara descubierta como en un espejo la gloria del Señor, somos transformados de gloria en gloria en la misma imagen, como por el Espíritu del Señor.
2 Corintios 3:18 RVR1960

Somos el reflejo de lo que honramos. Somos el reflejo de lo que amamos. Somos el reflejo de aquel a quien pertenecemos. ¿Reflejas a Dios? ¿O reflejas lo que se ve en el mundo? ¿O te reflejas a ti mismo? La segunda epístola de Corintios habla acerca de la forma en la que nos vamos llenando de Dios al punto de reflejar su gloria. Cuando buscamos continuamente su voluntad, cuando nos entregamos a sí mismo de forma congruente, cuando elegimos continuamente estar solas, nuestro espejo reflejará la gloria de Dios, más y más.

¿Qué refleja tu espejo? Si somos honestos, nuestros espejos casi siempre nos reflejan a nosotros, a nuestros deseos, nuestras exigencias, nuestras necesidades. Ahora integra esta conversación abierta con Dios. Continuamente buscamos su sabiduría y paz en cada situación, en cada momento. Y poco a poco, tu espejo también empezará a reflejar la gloria de Dios. Cuando tu espejo refleje más de Dios que de ti misma, otras personas lo notarán y limpiarán sus espejos también para Él.

¿Cómo reflejarás a Dios hoy? Mantén tu conversación abierta con Dios mientras lo reflejas, poco a poco.

9 de septiembre

Fealdad

Los que son de Cristo Jesús han crucificado la carne con sus pasiones y deseos.
GÁLATAS 5:24 NVI

A veces nos sentimos muy cómodos con nuestra fealdad, con nuestras irritaciones carnales, con nuestras exigencias egoístas, con nuestras actitudes que parecen "ser más santas" que las de los demás. También nos sentimos cómodos con nuestras quejas cuando nos toca sacrificar algo, con nuestras respuestas cuando estamos equivocados, con la fealdad. ¿No sientes rechazo ante tu fealdad? Cuando ves esa fealdad en su esplendor, ¿la aceptas? Por lo general eso es lo que hacemos. No solo aceptamos esa fealdad, sino que también la llegamos a portar con orgullo a pesar de que nos reduce a la carne y el pecado. Nuestra carne clama egoístamente, pero Dios quiere que respondamos diferente. Es tan difícil, ¿no lo es para ti?

Las palabras de Pablo en Gálatas 5 nos recuerda alejarnos de toda la carne. Nos dice que eliminemos esos deseos carnales que contienen fealdad porque nos aparta totalmente de Dios. Cuando intencionalmente nos alejamos de la fealdad de la carne, Dios nos llena con su Espíritu. Recordarás su fruto: amor, alegría, paz, paciencia, amabilidad, bondad, fidelidad, humildad y dominio propio. ¿No resulta mejor reflejar bondad que maldad? ¿Humildad en lugar de ira? ¿Amor en lugar de odio? ¿Paz en lugar de discordia? Amigas, nuestra respuesta puede ser tanto con el fruto de Dios, como con la carne que hay en nosotras. El fruto lleva amor, la carne fealdad. Deja de mostrar un rostro con irritación. Pídele a Dios que reaccione a través de ti. Cada vez que hace seso, tu fealdad se desvanece. Puede resultar no tan divertido como alimentar tu carne, pero ¿no te agradaría más complacer a Dios que a tu ser pecaminoso?

¿Reflejas a Dios o a tu carne? ¿Elegirás reaccionar con la influencia de Dios?

10 de septiembre

Sopesa el miedo con la sabiduría

*Porque no nos ha dado Dios espíritu de cobardía,
sino de poder, de amor y de dominio propio.*

2 Timoteo 1:7 RVR1960

El espíritu de temor es real y no viene de Dios. Tampoco vienen de Él los sentimientos de pánico o ansiedad. ¿Recuerdas la cuarentena al principio de la pandemia por el COVID19? Todos se apresuraron a comprar papel higiénico por el miedo. La urgencia arrasó con las tiendas para buscar abastecerse, aunque la alacena ya estaba rebosante, y todo eso fue por miedo. Entregarse a la ansiedad crea una respuesta en tu cuerpo que involucra tu sistema inmune a largo plazo. La ciencia respalda esta aseveración. El temor no es bueno para nosotros porque nos vincula y provoca que actuemos y reacciones de manera irracional. Es lo opuesto a guardar paz, lo cual nos indica Dios.

En lugar del temor, Dios nos ha dado poder. Su poder. Nos ha dado de su amor y nos ha dado una mente sana. Es su mente. Cuando rechazamos los pensamientos de temor y adoptamos las palabras de verdad de Dios, cuando nos sometemos a su amor por nosotros y por los demás y cuando usamos su poder para mantener la paz, el miedo se desvanece. La ansiedad se va. Nuestra mente, cuerpo, alma y espíritu se llenan de Él.

Elige enfocarte en Dios. Elige sopesar el miedo con la sabiduría y podrás alejarte del papel higiénico, de los huevos, de los suministros de limpieza de la tienda, los podrás dejar ahí para alguien que realmente los necesite. Sí, a todos nos gusta estar preparados, pero hagámoslo con sabiduría, nunca con miedo. Al final, confía en Dios para todo, incluso para el papel higiénico.

*¿En qué maneras has dejado que el miedo gobierne tu mente?
Deja que la paz de Dios reine en lugar del miedo.*

11 de septiembre

Definición del miedo

Cuando siento miedo, pongo en ti mi confianza.
SALMOS 56:3 NVI

El miedo es la ausencia de paz. El miedo está detrás del deseo de tener conocimiento mortal cuando el mundo no ofrece nada. El miedo es creer que Dios no es suficiente, que Dios no está con nosotras. El miedo muestra nuestros temores más profundos. El miedo nos doblega, el miedo paraliza nuestros siguientes pasos y engaña nuestros pensamientos. El miedo nos atrapa fuertemente en cautiverio. Suena de lo peor, pero a pesar de ello muchas veces elegimos el miedo y lo invitamos a que permanezca.

En la actualidad vivimos en medio de los miedos de nuestra sociedad. El miedo al desplome de la economía y a perder los fondos de jubilación es uno de ellos. Durante la pandemia estaba el miedo de acercarse a alguien a menos de dos metros de distancia y con ello el miedo a quedarnos sin alimentos y, ah, sin papel higiénico.

En esta vida, Dios nos da elecciones. Podríamos elegir creer la verdad o no. Podríamos elegir creer su palabra o no. Nuestro versículo de hoy nos recuerda poner nuestra confianza en Dios cuando tenemos miedo, cuando no sabemos qué hacer, cuando estamos atrapadas en el temor. Ahí debemos elegir quitarnos esas ataduras y en lugar de ello, envolvernos en la paz de Dios y en su presencia. En el Señor no hay temor.

¿Qué crea el miedo en tu corazón? ¿Estás dispuesta a dejarlo ir y envolverte en la paz de Dios?

12 de septiembre

La provisión de Dios

> Fíjense en las aves del cielo: no siembran ni cosechan, ni almacenan en graneros; sin embargo, el Padre celestial las alimenta. ¿No valen ustedes mucho más que ellas? ¿Quién de ustedes, por mucho que se preocupe, puede añadir una sola hora al curso de su vida?
>
> MATEO 6:26-27 NVI

Necesitamos recordar que Dios provee para las necesidades terrenales como alimento, agua y refugio. También necesitamos recordar su provisión para las necesidades espirituales como perdón y gracia. Deberíamos tomar en cuenta que su autoridad es máxima sobre el diablo. Así también, Él provee para las necesidades emocionales como la comodidad y la paz. Las bodegas de Dios rebosan de provisiones. Su poder no conoce límites, ni para tus necesidades físicas. Así es. ¿Recuerdas a los israelitas? Dios los alimentó en el desierto, todos los días. Dios conocía sus necesidades, incluso las físicas.

La Biblia nos recuerda que Dios cuidó de las aves, quienes no tenían que hacer nada para cultivar sus alimentos. Somos más valiosas para Él, así que, ¿por qué hemos de preocuparnos por algo? Somos la creación más significativa de Dios. Él se encargará de nosotras por mucho más que solo por cada una de nuestras necesidades. Por lo tanto, no deberíamos preocuparnos o estar ansiosas por aquello que necesitamos. Cuando necesites algo, Dios te proveerá. No debería sorprenderte porque Dios te ve, ve cada una de tus necesidades. Él ya lo sabe. Es más que suficiente para cubrirte emocionalmente, más que suficiente para cubrirte espiritualmente y más que suficiente para cubrirte físicamente. Sigue confiando en Él porque es suficiente.

¿Seguirás confiando tus necesidades en Dios?
Pídele que tome tus cargas y confía solo en Él hoy.

13 de septiembre

Soledad

Pero yo siempre estoy contigo, pues tú me sostienes de la mano derecha.
SALMOS 73:23 NVI

Me he dado cuenta de algo. Es muy fácil sentirse sola. Sí, tal vez tengamos un esposo o hijos si ya somos mujeres maduras. Tenemos padres, amigos y tal vez una mejor amiga. Sin embargo, entre todo esto, estamos solas y caminamos por nuestra propia cuenta. Nuestro cónyuge podrá tener otros grupos, nuestros hijos crecerán y se irán de casa, nuestras amistades podrán decidir pasar tiempo con otras personas y nuestros padres nos aman, pero también tienen su vida.

Algún día estaremos frente a Dios y le rendiremos cuentas de nuestra vida. En ese día, si hubiéramos confiado en Jesús para recibir su salvación, Él se colocará enfrente de nosotras y mostrará el pago por nuestros pecados. El día del juicio tomará nuestro lugar, pero ya habremos estado juntos en esta vida. De esta forma entendemos que, en realidad, no estamos solas.

Nuestro salmo de hoy nos recuerda que Dios siempre está con nosotros, tomándonos de la mano derecha. Caminar en tiempos difíciles, incluso en la vida diaria, no nos da miedo. No nos sentimos solas. ¿Por qué? Porque Dios está con nosotras. Jesús está con nosotras. Cuando nos sentimos en soledad, no lo estamos. Podrá ser que te sientas sola, pero no lo estás. Los sentimientos no son precisos, los hechos sí. Los hechos son estos: Dios siempre está contigo y nunca estás sola. Recuérdate siempre que Dios, quien es el creador de todo, está contigo. A Él le importas. Él te conoce y te ama. Mi amiga, esa es la realidad por qué nunca estás sola.

¿Te sientes sola hoy? Elige creer que no lo estás porque Dios está ahí contigo.

14 de septiembre

La redención de hoy

Pero con Cristo estoy juntamente crucificado, y ya no vivo yo, sino que Cristo vive en mí; y lo que ahora vivo en la carne, lo vivo en la fe del Hijo de Dios, el cual me amó y se entregó a sí mismo por mí.

GÁLATAS 2:20 RVC

Jesús murió por nuestras decisiones, por todas ellas en total. Murió por nuestras actitudes, murió por nuestro egoísmo. Jesús murió por nuestro dolor y por nuestras lágrimas, las cuales están cubiertas por Él y su santidad. Cuando murió, el velo entre el cielo y la tierra se rompió para siempre, lo que nos permite tener una relación con Él aquí y ahora. Se trata de una relación real. La relación que Dios creó para que estuviéramos con Él. Recuerda el jardín el Edén, donde Dios hablaba con Adán y Eva todos los días. El pecado manchó esa eternidad, pero la muerte de Jesús anuló la deuda del pecado. Ahora, Jesús puede estar tan cerca como quieras, o también puede alejarse lo que tú quieras.

La redención viene cuando morimos, pero amigas, eso empieza ahora. A medida que vayas dejando tus cargas al pie de la cruz, Jesús las toma como si fueran suyas. Los lleva en sus hombres y literalmente toma tus cargas y pecados como si fueran suyos y las intercambia por redención. Intercámbialas por su paz perfecta. Recuerda, Él nos permite tomar nuestras decisiones. No solo quiere que confiemos en Él por la eternidad, sino que hoy y mañana, también confiemos en Él. A medida que lo ves ahí en la cruz, deja también tus cargas. Permite que se las lleve completamente. Recibe su paz, entrégate y deja que te llene con vida nueva, ahora y siempre.

¿Cómo vivirás en la redención que Dios tiene para ti hoy?

15 de septiembre

Oculto

¿Acaso soy Dios solo de cerca? ¡No! ¡También a la distancia soy Dios!
—Palabra del Señor. ¿Podrá alguien esconderse donde yo no pueda verlo?
¿Acaso no soy yo el Señor, que llena el cielo y la tierra?
—Palabra del Señor.

Jeremías 23:23-24 RVC

¿Qué estás ocultando? Tal vez se trata de un secreto o de un temor escondido. ¿Qué es lo que estás tratando de ocultar detrás? Tal vez se trata de un estatus laboral, una relación o un pecado. ¿Te hiciste de la idea de que no le caerías bien a nadie si supieran realmente quién eres? Estas preguntas te sumergen en el temor porque han equivocado la confianza. Confías en ti antes que en Dios.

Cuando te ocultas dentro de tus miedos, te pones en el lugar del encargado. Le estás diciendo a Dios que no confías en Él. Sal de ahí, sal detrás de donde estás y coloca tu mano en las de Dios. Cuéntale tus temores, tus ansiedades y pídele que las reemplace con la verdad. Con su verdad y Él lo hará. Te cubrirá con sus alas, te protegerá. En lugar de ocultarte de Dios, ocúltate con Él. Usa su protección en contra del miedo. Usa su protección en contra de la ansiedad. Usa su verdad para reemplazar las mentiras que has creído durante toda tu vida. Después de todo, Él ya sabe lo que pasa y sigue ahí, a la par tuya. Siempre.

¿Estás dispuesta a darle todo a Dios, incluso los miedos secretos?

16 de septiembre

Atraída a la piedad

> Por eso, ustedes deben esforzarse por añadir virtud a su fe, conocimiento a su virtud, dominio propio al conocimiento; paciencia al dominio propio, piedad a la paciencia, afecto fraternal a la piedad, y amor al afecto fraternal. Si todo esto abunda en ustedes, serán muy útiles y productivos en el conocimiento de nuestro Señor Jesucristo.
>
> 2 Pedro 1:5-8 RVC

¿Te sientes atraída a la piedad? ¿O te sientes enamorada de lo que ofrece el mundo? ¿Te cautiva el poder, el estatus, el dinero y las posesiones? ¿Deseas tener bondad o prefieres ese deseo egoísta que tiene que ver solo con tus propios éxitos? ¿Lo primero que piensas es servir a los demás, o quieres que los demás te sirvan a ti? ¿Antepones tus necesidades o piensas en las necesidades de los demás antes que en las tuyas?

Cuando no hay nadie alrededor, ¿dejas que Dios esté a tu lado como parte de tu hogar, o prefieres cubrirte en vergüenza por tus acciones, pensamientos o actitudes? En lo más profundo, ¿valoras la opinión de Dios o quieres alimentar el deseo de tu carne? ¿Te sientes atraída a la piedad o decides vivir para ti misma? Piensa por un momento. Arrepiéntete y reconoce que es imposible vivir atraída a la piedad si no te aferras de la gracia y la fortaleza que solo Dios puede darte.

Piensa en lo que Dios ofrece antes que en lo que ofrece el mundo. Anhela más de Dios.

17 de septiembre

Pecado es pecado

Al contrario, cada uno es tentado cuando se deja llevar y seducir por sus propios malos deseos. El fruto de estos malos deseos, una vez concebidos, es el pecado; y el fruto del pecado, una vez cometido, es la muerte.

SANTIAGO 1:14-15 RVC

Cuando piensas en que Jesús murió por nosotros, ¿qué es lo que viene a tu mente? ¿Piensas en esos pecados enormes como los asesinatos a sangre fría? ¿Asaltos a mano armada? ¿Aborto? ¿Ebriedad? ¿O piensas en pecados pequeños como el egoísmo? ¿Comentarios sarcásticos? ¿Envidia o celos? Aquí viene una que duele: ¿orgullo? No es común que cometamos esos pecados enormes si los comparamos con los pequeños pecados que tú y yo cometemos diariamente.

La Biblia dice que un pecado es un pecado. Eso significa que todos los pecados son iguales ante Dios porque todo eso no proviene de Él. De hecho, el pecado es lo opuesto a su santidad. En ocasiones, creemos que no necesitamos a Dios tanto como aquella persona que está sentado al otro lado porque esa persona sí que cometió un gran pecado. Pecamos cuando pensamos en eso, ahí ya cometimos el pecado de orgullo y nuevamente, necesitamos el perdón de Dios. Cuando Jesús murió por nuestros pecados, murió por todos los pecados, ya sean grandes o pequeños, uno o muchos, pecados diarios o aquellos que cometemos con más frecuencia. Jesús murió por todas nuestras elecciones. Murió por nosotros y murió por ti también, murió por todos nosotros.

¿Reconocerás tu naturaleza pecadora hoy y le pedirás a Dios que la reemplace con bondad y misericordia? El perdón de Dios es real.

18 de septiembre

El poder de tu testimonio

*Ustedes todos, los que temen a Dios, vengan
y escuchen lo que él ha hecho conmigo.*
SALMOS 66:16 RVC

¿Has menguado por completo por la causa de Cristo? ¿Antepones las necesidades de los demás a las tuyas? ¿Te inquietas de que el amor de Dios fluya a través de ti al punto que pones a otros delante de ti? ¿Lo haces siempre? ¿O sigues enfocándote en ti misma como número uno y cuando te conviene pones a los demás antes de ti?

La vida se va en un parpadeo. Es una gota de toda la eternidad. Sí, Dios nos creó para vivir en esta tierra. Sí, Dios creó el placer. Pero ¿cuál de los dos es tu enfoque? ¿Se trata de satisfacer tus necesidades para complacerte a ti? La obra más importante de Dios para nosotros no son las prédicas. Me atrevería a decir que la mayoría de las personas en el mundo, al menos en este continente, han escuchado de vez en cuando que lo más importante es servir a los demás. Dios quiere derramar su amor y misericordia sobre nuestros prójimos. Somos las manos y los pies de Jesús, es nuestro testigo. Cuando otros ven cuán diferente somos a causa de Dios, cuando otros ven cuánto nos importan los demás primero, cuando somos testigos de un Dios vivo, los corazones se abren a Dios para recibir un cambio. Así que te pregunto: ¿Cómo estás ayudando a que otras personas abran su corazón? O, en cambio, ¿estás ayudando a los corazones a permanecer cerca?

¿Cómo se ve tu testimonio? ¿Reflejas a Dios?

19 de septiembre

Atención

Los ojos del Señor están contemplando toda la tierra, para mostrar su poder a favor de los que mantienen hacia él un corazón perfecto.
2 Crónicas 16:9 RVC

Todos queremos que nos pongan atención. Si somos honestas, rogamos ser vistas. Todo esto viene por el amor, el deseo de sentirse amadas, valoradas, vistas.

¿Cómo pones atención a las personas? ¿Los valoras? Hoy, tomé unos minutos para poner atención a mi amiga. Necesitaba más amor, atención y valor que de costumbre. ¿Sabes qué? Yo también me sentí valorada. ¿Por qué? Porque Dios me usó. Él me tomó en cuenta para que yo pudiera ser sus manos y sus pies. Si pensamos en ello, es un honor.

¿Estás disponible para Dios? ¿Puede usarte? ¿Cómo valoras a tus seres amados? ¿Cómo afirmas a tu cónyuge? ¿A quién necesitas ponerle atención? Cuando estés dispuesta, la vida del Dios todopoderoso se derramará en tus manos para bendecir a aquellos a quienes atiendas. Tanto ellos como tú se sentirán valorados. Cuando tú te sientas valorada, ellos también se sentirán así.

¿No es increíble que Dios te ponga atención? ¿Puedes ponerle atención a los demás para que se sientan valorados hoy?

20 de septiembre

Alguien toca

En el día de mi angustia te invoco, porque tú me respondes.
SALMOS 86:7 NVI

Cuando la oscuridad toca a tu puerta, ¿por qué le abres? ¿Por qué atiendes al llamado? ¿Te da curiosidad? ¿Tienes curiosidad de qué busca la oscuridad? No deberías porque ya sabes qué trae. Te está ofreciendo problemas y lo sabes. En lugar de atender al llamado de la puerta, ignóralo. No prestes atención al toque constante que la oscuridad hace a tu puerta. Ignora los susurros de duda. Ignora los sentimientos de condenación, las mentiras que dicen que no eres ni amada, ni deseada.

En lugar de ello, medita en las palabras de vida que Dios nos ha dado. Enfócate en la Biblia y en la verdad de las palabras de Dios. El salmo de hoy nos recuerda que en el día de aflicción, podemos clamar al Señor. Y cuando lo llamemos, Él responderá. Dios, el creador de todo, responderá a nuestro clamor, pero debemos pedírselo. Debemos elegir llamarlo a Él para pedirle su ayuda. Debemos enfocarnos en Él y en su nombre, dejar de volver a abrir la puerta a la oscuridad, o mejor aún, dejar que sea Dios quien controle la puerta. Él se encargará de todo.

Cuando la oscuridad toque tu puerta hoy, ¿vas a responderle?

21 de septiembre

Perspectiva

Ya no hay judío ni no judío, esclavo ni libre, hombre ni mujer, sino que todos ustedes son uno solo en Cristo Jesús.
GÁLATAS 3:28 NVI

Mientras estoy sentada en mi cómoda y fresca casa en las afueras de la ciudad, puedo fingir que sé lo que es crecer en el área sur del país durante la década de los treinta, porque estoy leyendo el libro *Matar un ruiseñor*. Puedo imaginarme qué es estar en cautiverio en un campo de concentración durante la Segunda Guerra Mundial, porque estoy leyendo *El refugio secreto*. Los libros son ventanas maravillosas a otros mundos. Puedo dar un vistazo a otra realidad mientras estoy sentada en una silla, con los pies hacia arriba, con un café en mano y mientras siento el viento que llega a mi pórtico. Los libros llenan los vacíos, nos ayudan a ver perspectivas que nunca habíamos conocido. Nuestro Dios nos ha dado vida con gran misericordia y con nuestra vida nos pide ser sus manos y pies. ¿Cómo se ve? Puede ser tan simple como expresar una sonrisa a algún extraño, ayudar con abrir la puerta, respetar y honrar a otros antes que a ti.

Nuestro país tiene una historia abundante. Como todo en el mundo, no es perfecta, pero nuestro país está repleto de gente maravillosa, trabajadora, honorable que desea que su vecino y amigo tenga éxito por sí mismo. Sigue compartiendo el amor de Dios, deja de participar en las mentiras y el odio. Honra a otros antes que a ti mismo, no supongas lo peor. Lee acerca de la perspectiva de alguien más. "Nunca lograrás entender a una persona hasta que veas la vida desde su punto de vista… hasta que te metes en su piel y camines con ella".[6] Gracias por el recordatorio, Aticus.

¿Cómo honrarás la perspectiva de alguien más hoy?

---

6   Harper Lee, *Matar un ruiseñor* (Filadelfia, PA: Lippincott, 1960), 34.

22 de septiembre

Sabiduría

Porque el Señor da la sabiduría; de sus labios brotan conocimiento e inteligencia. El Señor da sabiduría a los hombres rectos, y es el escudo de los que vive con rectitud. El Señor vigila las sendas de la justicia, y preserva el camino de sus fieles.

Proverbios 2:6-8 RVC

Más de alguien podrá decir que no somos las personas más rectas del planeta. Y es que las personas rectas son aquellos que buscan a Dios en cada momento de su vida, así que aquí nos queda una pregunta: ¿Buscamos la sabiduría de Dios? Si nuestra respuesta es no, entonces te preguntaría: ¿Por qué no? Caminar con Dios no es sofocante, no estropea mi forma de caminar, sino que es libertad.

    El proverbio de hoy nos muestra cómo la sabiduría de Dios es una barrera real para el mal. Su sabiduría nos protege de tomar decisiones torpes que fácilmente pudieran llevarnos al mal. Un ejemplo de malas decisiones es tratar de usurpar el lugar de tu esposo. Si lo haces una y otra vez, la relación nunca más será la misma, a menos que regreses a la sabiduría de Dios y pidas perdón a tu amado. ¿Cuántos cientos de decisiones tomas en un día cualquiera? Son demasiadas para contarlas. Tenemos muchas oportunidades para caminar bajo la protección de Dios por medio de su sabiduría. También tenemos muchas oportunidades para salirnos de su cobertura y elegir seguir la carne.

    Proverbios 2:8 cierra recordándonos que Dios nos protege inigualablemente y que cuida los caminos de sus santos. No significa que no vayamos a tener pruebas ni dolor, sino que cuando estamos debajo de esa cobertura, su sabiduría nos guiará y nos invitará a permanecer en su íntima paz. Juntas permanezcamos debajo del refugio de nuestro Dios todopoderoso.

¿Hoy le pedirás a Dios su sabiduría? ¿Elegirás mantenerte bajo su cobertura de protección, en donde estés segura de tomar malas decisiones?

23 de septiembre

Libres o esclavas

Manténganse, pues, firmes en la libertad con que Cristo nos hizo libres, y no se sometan otra vez al yugo de la esclavitud.

GÁLATAS 5:1 RVC

Dios te ha hecho libre. Te salvó con la intención de ofrecerte libertad. ¿Libertad de qué? Del pecado y del castigo del pecado, que es la muerte. Cuando confiamos en Jesús como nuestro Salvador, literalmente nos salva de la muerte eterna. Es lo más maravilloso, aunque esta no es información nueva. La mayoría sabe esto desde que son niños, pero ¿existe algo más de lo que nos libre? Sí, puede darnos libertad del temor, de los celos, de la falta de amor, de la culpa. La libertad que Cristo ofrece va más allá de la salvación y del aquí y el ahora. Su invitación cubre esta vida. Pablo nos recuerda a permanecer firmes y a elegir la vida, elegir la libertad de Dios. Si elegimos aferrarnos a nuestra vieja naturaleza y escuchamos las mentiras o sucumbimos a la carne, nos volveremos esclavas. Y es que cuando no hay libertad, te conviertes en esclava.

Debemos dejar que Dios nos renueve cada día, pero se trata de decidirlo. Es tu elección. Es tu decisión caminar en la libertad de Dios o ceder a la vieja naturaleza. Ceder a esa naturaleza es esclavitud. Caminar con Dios y vivir con su poder es el mismo significado de la libertad. Elige caminar en la libertad de Dios y permanecer firme con la ayuda de Dios todopoderoso. Esto hará que las ataduras de la esclavitud al pecado se rompen y paz vendrá a tu vida. Sigue escogiendo la respuesta de Dios y se convertirá en un hábito a medida que dejas de ceder a la esclavitud del pecado. Experimenta la libertad de Dios y escógela. Con su poder, resistes ese yugo de esclavitud que ya conoces.

¿Qué ideas, acciones o pensamientos te siguen manteniendo en esclavitud?

24 de septiembre

Caminar con Dios

Tú me enseñas el camino de la vida; con tu presencia me llenas de alegría; ¡estando a tu lado seré siempre dichoso!

SALMOS 16:11 RVC

¿Tenemos que saber todo acerca de nuestro futuro? ¿Tenemos que saber cómo esta decisión afectará esta decisión mi vida futura? No, no tenemos que saberlo. De hecho, no podemos saberlo, es imposible. Podemos hacer planes, pero es Dios quien tiene el control de todo. Él es el autor y consumador de toda vida. Cuando colocamos nuestra confianza todos los días en sus manos capaces, nos guía a través de las aguas turbias de la vida y también de las aguas cristalinas.

Cuando hablo de las decisiones en la vida, las comparo con unas puertas. Estas pueden ser pequeñas o grandes y es Dios quien las abre, las abre completamente. Puedes entrar en esas puertas con confianza. Saber que Dios abre una puerta para ti debería ser el recordatorio de cuánto Dios piensa en ti. Conoce tu corazón y si estás confiando en Él en cada respirar, si descansas en la confianza de su bondad y misericordia. Incluso si la puerta está apenas abierta y sabes que Él quiere que actúes, que abras la puerta solo un poco más. Dile al miedo que se dé la vuelta y tú mantente firme con Dios. Cuando Dios te abre una puerta, recuerda que Él seguirá caminando a tu lado en cada paso del camino.

¿Qué puertas ha abierto Dios para ti?
¿Qué puertas ha abierto que tienes que atravesar hoy?

25 de septiembre

Puertas abiertas y cerradas

Yo sé todo lo que haces. Delante de ti he puesto una puerta abierta, la cual nadie puede cerrar. Aunque son pocas tus fuerzas, has obedecido mi palabra y no has negado mi nombre.
APOCALIPSIS 3:8 RVC

A veces, al estar frente a puertas de cambio o alguna oportunidad, Dios nos cierra esa puerta en el momento. Posiblemente llegues a caminar una senda específica, pero encuentras que todas las puertas están cerradas. Luego ves una puerta abierta y corres hacia ella, pero se cierra justo cuando has llegado a ella. Pregúntale a Dios por qué. Tal vez está enseñándote paciencia o tal vez solo está diciendo que no.

¿Qué deberías hacer cuando *crees* saber qué quiere Dios que hagas, pero no estás del todo segura? Camina confiadamente hacia la puerta, empújala. Si se abre, toma la mano de Dios y camina a través de ella junto a Él. Sin importar qué encontrarás del otro lado, estarás bien si caminas con Él. Caminar con Dios significa que te has entregado a sus propósitos y que confías en Él en cada respiro, en cada decisión.

Luego puedes pedirle confiadamente al Señor a dónde quiere llevarte. Él es todo lo que tienes y Él te da todo lo que necesitas. Coloca tu futuro en sus manos. ¡Qué hermosos son sus regalos, son buenos y hermosos! Agradece al Señor por guiarte y mantente atenta a su presencia. Dios está cerca y nada puede hacerte tambalear, así que agradece y complácete en Él. Siéntete totalmente segura porque te protege del poder de la muerte. Dios es fiel y no te abandonará en el mundo de muerte.

¿Alguna vez Dios ha cerrado alguna puerta en tu vida? Confía en que Él abrirá la puerta correcta para ti.

26 de septiembre

Elige y rechaza

> Hoy te he dado a elegir entre la vida y la muerte, entre bendiciones y maldiciones. Ahora pongo al cielo y a la tierra como testigos de la decisión que tomes. ¡Ay, si eligieras la vida, para que tú y tus descendientes puedan vivir!
>
> Deuteronomio 30:19 NTV

Tenemos opciones para todo, ¿no es así? Hay tantas opciones para el detergente de ropa o los colores para pintar, demasiadas si he de decirlo. Así también, en esta vida y en cada momento que respiramos, tenemos opciones por elegir. Nos toca elegir y rechazar. Debemos elegir la vida y rechazar la muerte de nuestras palabras, interacciones y actitudes que decidimos mostrar.

Pensemos en nuestra reacción ante las palabras de otras personas, a la forma en la que interactúan y sus actitudes. La reacción a las palabras hirientes está entre elegir y rechazar. Elige la vida y abstente de participar en esas conversaciones. Rechaza tomar esas palabras en tu corazón. Cuando reacciones a interacciones dolorosas, elige y rechaza. Elige la vida al alejarte en silencio y decidir no reaccionar en ira para que no te robe la paz. Cuando reaccionas a actitudes desagradables, elige y rechaza. Elige la vida al no tomar esa actitud terrible y rechazar que otros te desanimen. La vida real es verdadera, se trata de palabras, interacciones y ánimos que se escapan de la conversación y se comparten por medio de ti o por medio de alguien más. Debes estar preparada, así como se prepara un combatiente, para elegir y rechazar en todo momento. Requiere práctica. Si te das cuenta de que estás yendo por el camino equivocado y sientes una pestilencia similar a las palabras de tus amigos, elige y rechaza. Puedes hacerlo en cualquier momento, incluso cuando tu camino se ha empezado a torcer. Puedes elegir y rechazar.

¿Cómo elegirás hoy la vida, rechazarás la muerte?

27 de septiembre

Depende en Él

En ti, Señor, busco refugio; jamás permitas que me avergüencen. Por tu justicia, líbrame.

SALMOS 31:1 NVI

Cuando la vida se vuelva tumultuosa, permanecerás firme. ¿Por qué? Porque cuando solo Dios es tu salvación, tu roca, tu fortaleza, nada te moverá. No lo dudes. No te detengas. No temas confiar en Dios por completo. Incluso cuando esperas en silencio, Dios sigue obrando. Su paz se mantiene segura. Su protección está cerca y te rodea como una fortaleza.

Depende solo en Él. Depende en Él para ser fuerte durante el día. Depende en Él para amar a los demás. Depende en Él para tener paz que pueda calmar la tormenta. Depende en Él. Dios dice que no saldrás de su protección. No serás lanzado fuera de su presencia cuando eres de Él. Cuando eliges habitar con Él, cuando Él es tu salvación, cuando eliges permanecer en la salvación de Dios, en su protección y paz, nada te moverá, no importa si es algo grande o pequeño.

¿Cuál es tu duda? Entrégate completamente a Dios hoy. Depende en él en cada respiro. Dios será tu fortaleza, te protegerá de las tormentas del día. Será tu seguridad cuando confíes en Él, pero debes elegirlo.

28 de septiembre

Animal capturado

> Fuente de agua turbia, manantial corrompido:
> ¡eso es el justo que se rinde ante el impío!
> PROVERBIOS 25:26 RVC

¿Alguna vez te has sentido atrapada en una esquina cuando pasas por alguna discordia con alguien? ¿Te has sentido como un animal capturado? ¿Cómo reaccionarías? ¿A la defensiva? Yo lo haría. La carne quiere protección. Puntos de vista diferentes pueden complicar las situaciones, pero al final, ¿qué es lo que importa realmente? Tu respuesta, tu reacción continua. Cuando sientes que no te entienden, ¿qué deberías hacer? Apropiarte de tus acciones, entre ellas, pedir perdón cuando sucumbes a tu carne.

Pero también tienes una elección, en especial si te sientes sola en la discordia ¿Enterrarás tus pies en el suelo? ¿O seguirás adelante? La mejor opción es tratar de elegir la vida, el inicio de una renovación. Aunque suena como si se tratara de una elección extraña, hazte esta pregunta: ¿Qué quisiera Dios que yo hiciera? ¿Quisiera Él que siguiera sola con estas cargas? No. Él quiere que le entregues todo, lo bueno, lo malo y lo feo. Imagina que la persona con la que tienes la discordia es Jesús. Trátalos como si fuera Él porque los seres humanos no merecen ese trato. A medida que mis estudiantes leen *Matar un ruiseñor*, viene a mi mente que debo caminar sintiendo empatía por los demás, ver las circunstancias desde otros puntos de vista.

Habla con Dios, pídele que te llene de compasión y de su amor, de su comprensión para seguir adelante. Coloca una sonrisa en tu rostro y mantente firme. Cuando tu corazón está limpio, no hay nada que pueda preocuparte, porque Jesús es todo lo que importa.

¿Puedes mostrar tu reacción a Dios para darle el control?

29 de septiembre

Ponte firme

Sean prudentes y manténganse atentos, porque su enemigo es el diablo, y él anda como un león rugiente, buscando a quien devorar.
1 PEDRO 5:8 RVC

¿Logras ver lo que sucede? Constantemente, el diablo busca cómo entrar a tu casa, a tus hijos y a ti también. No puede detener las buenas dádivas que Dios provee; sin embargo, puede arruinar todo alrededor. Puede causar un conflicto en donde no había ninguno. Puede marchitar tus relaciones, haciendo que se debiliten y alejen. Puede tentar a tus hijos, absorbiéndolos en el mundo. Puede provocar que te enfoques en lo equivocado, quiere que te enfoques en lo feo, que olvides lo hermoso. ¿Por qué? Porque "tu adversario, el diablo, anda como león rugiente, buscando a quien devorar".

¿A quién devorará el adversario? ¿Te devorará a ti? ¿A tus hijos? Quizás el diablo haya perdido porque ya sabe que eres salva, que irás al cielo. No obstante, mediante tus elecciones puede hacer tu vida miserable aquí en la tierra. Puede negar tu testimonio, puede aplastar tu espíritu, puede causar que te deprimas y que te enfoque en las circunstancias equivocadas. Vuelve a tus raíces. Nuevamente, declara que tu hogar está en Dios y hazle saber esto al enemigo. Tus hijos son de Dios. Tú misma eres de Dios. Dale al diablo una pizca de lo que hay en tu mente y levántate. Es tan real como un león de verdad que anda merodeando alrededor de tus hijos, tratando de devorarlos. En realidad, no es tan diferente, así que ahora ponte firme y pelea.

¿Cómo pelearás por ti y por tu familia hoy?

30 de septiembre

Ven a mí

Vengan a mí todos ustedes que están cansados y agobiados; yo les daré descanso. Carguen con mi yugo y aprendan de mí, pues yo soy apacible y humilde de corazón, y encontrarán descanso para sus almas. Porque mi yugo es suave y mi carga es liviana.

MATEO 11:28-30 NVI

Jesús te pide que vengas a Él, que le entregues tus cargas. A cambio, Él te dará descanso, pero debes venir a Él. Resumiéndolo en una frase: es un mandato. No es solo una declaración o una pregunta, sino una acción que es necesaria para que puedas ser libre. Jesús no puede arrastrarte. Tu amigo no puede arrastrarte, como tampoco lo pueden hacer tus padres. Debes acercarte a Jesús por tu propia voluntad.

Si vienes a Él, Él te dará todo, te dará descanso. Permitirá que tu mente se llene de su presencia y de paz. Es fácil decirle: "después", pero ese después siempre llega muy tarde, e incluso podría nunca llegar. ¿Por qué no te acercas a Él? Porque quieres seguir tu propia voluntad. Queremos estar en un ánimo entorpecido donde todas las direcciones apunten a nuestro yo. Dios quiere hacer una mejor versión de ti misma, una versión mejorada. Quiere hacerte superior a todo lo que puedas imaginarte o hacer por tus propias fuerzas. Cuando te acercas a Él, te cambia. Cambiará tus deseos para que quieras lo que Él quiere. Acércate continuamente a Él, todos los días. Cada vez que te encuentres en una situación no tan buena, acércate y déjate caer a sus pies. Te dará su paz, una paz perfecta y descanso.

¿Vendrás a Él hoy y le entregarás todo? Recibe a cambio su paz hoy.

Octubre

1 de octubre

Fe en medio del valle

> Mis pensamientos no son los pensamientos de ustedes, ni son sus caminos mis caminos. Así como los cielos son más altos que la tierra, también mis caminos y mis pensamientos son más altos que los caminos y pensamientos de ustedes.
> Isaías 55:8-9 RVC

¿Cómo mantienes tu fe cuando Dios permite situaciones que no desearías que pasaran? ¿Qué haces entonces? Dios es soberano ante todo. Sí, nuestro mundo está quebrantado, pero nada pasa en esta vida sin haberse filtrado primero en las manos de Dios. Las manos de Dios sostienen nuestro futuro antes de que venga a nosotros. Su conocimiento es soberano y cubre cada cosa de una forma perfecta, por lo que decide qué permite y qué no. Eso nos trae consuelo, consuelo de saber que todas las situaciones pasan primero por sus manos.

Debido a que Dios conoce el principio y el fin, sus caminos y pensamientos integran un gran panorama, uno mucho más grande de lo que pudiéramos imaginarnos. Su pensamiento es mucho más grande que nuestra crisis momentánea. Dios quiere darle forma a nuestro carácter a largo plazo. Su visión va más allá de nuestra irritación diaria o de nuestro ánimo torpe. Sus propósitos son moldearnos en la persona que él ve en nosotros, que es la forma en la que Él nos ve. Dios tiene grandes planes para nosotros, pero ¿trabajaremos con Él? Todo se resume en la confianza. ¿Qué pasaría si Dios quisiera usar tus pruebas para bendecir a otros? ¿Qué Él quisiera aligerar la sanidad de las heridas de otras personas? Para hacerlo, debes atravesar airosamente el valle.

¿Estás dispuesta a caminar y atravesar el valle?

2 de octubre

Confianza en medio del valle

> Tú, Señor, eres mi escudo y mi fuerza; en ti confía mi corazón, pues recibo tu ayuda. Por eso mi corazón se alegra y te alaba con sus cánticos.
> **SALMOS 28:7** RVC

En ocasiones, Dios nos guía en medio del valle. Aunque está con nosotras, le seguimos implorando consuelo. Los valles no son agradables y a veces, parecieran interminables. Debido a que Dios tiene el control, nuestro consuelo es saber que Él está por sobre todo lo demás. Dios orquesta nuestra vida para su propósito. Permite que sucedas situaciones en la vida, usa el dolor para ilustrar su fidelidad y su bondad al caminar a través del valle.

No quiero pasar por el valle, no lo pedí. Los valles de mis amigos no se ven tan profundos como el mío. No es justo, sé que no lo es. Sin embargo, lo más importante es que Dios conoce todo y lo ve todo. Recuerda, Dios es el principio y el fin. Eso incluye el tuyo también. Años antes de que nacieras, Él te vio y conoce cuándo irás con Él al cielo y todo lo que sucederá en medio de estos dos períodos.

Dios también ve el potencial que puedes lograr solo con su ayuda y te ve íntegramente y feliz, confiando en Él en todo, como si fueras una niña pequeña. Vuelve a colocar tu confianza en sus manos poderosas. Entrega tus preocupaciones y temores a Él. Confíale tu futuro, pues después de todo, Dios ya está ahí.

¿Qué parte de tu historia puedes usar para compartir de la fidelidad de Dios a través del valle?

3 de octubre

Regalos

Pues si ustedes, aun siendo malos, saben dar cosas buenas a sus hijos, ¡cuánto más su Padre que está en los cielos dará cosas buenas a los que le pidan!

Mateo 7:11 NVI

Descansa en el entendimiento de que Dios es suficiente. Dios es el mismo que sujeta todas las cosas que existen en su mano. ¿Reposas en Él o prefieres oponer resistencia? ¿Confías en Dios en que te dará esos buenos regalos? Puede ser que no se trate de lo que pediste, pero siempre será un buen regalo, no importa qué sea. Para Navidad, las calcetas no son el regalo favorito, pero tus pies lo agradecerán para el siguiente invierno. Un electrodoméstico no es tan deslumbrante como una joya, pero te facilitará hacer la cena, así que honestamente, ese regalo significa tiempo. Cuando a un niño se le quita de las manos algo peligroso, puede que no se sienta con entusiasmo, pero esa acción será un regalo. Como padres, damos el regalo del dominio propio y de pensar en los demás, esperas que eso mantenga el orgullo a raya, al menos eso es lo que tratamos.

    Tratamos de dar estos buenos regalos a nuestros hijos. Supongo que no creen que sean regalos. Cuando Dios te da el regalo del desempleo, ¿agradeces? ¿Agradeces por un nuevo comienzo? Cuando Dios te da el regalo de un niño que funciona completamente diferente a ti, ¿agradeces? ¿Agradeces ver las situaciones con una perspectiva totalmente nueva?

    Cuando Dios permite desafíos en tu vida, es por una razón, para seguirte dando forma a su imagen. Descansa en el entendimiento de que tiene el control. Deja que sus regalos te moldeen en lo que Él quiere que seas. Bueno puede significar muchas coas y para nuestro Señor, será para tu bien.

¿Qué regalos de Dios no has querido recibir?

4 de octubre

Un ejemplo o una piedra de tropiezo

Por tanto, imiten a Dios, como hijos amados. Vivan en amor, como también Cristo nos amó y se entregó a sí mismo por nosotros, como ofrenda y sacrificio a Dios, de aroma fragante.

EFESIOS 5:1-2 RVC

Permítete ser un ejemplo en lugar de una piedra de tropiezo. Sé un ejemplo del amor de Cristo en lugar de ser un tropiezo al pecado. Es que puede ser sumamente difícil a veces, en especial cuando tu carne clama por justicia, por juicio, por orgullo. Cada vez que salimos vencedores en ser ejemplos de Dios, damos vida a los demás. Y cada vez que nos convertimos en una piedra de tropiezo para el pecado, traemos muerte a esa misma gente.

¿Cómo podemos convertirnos en un ejemplo en lugar de una piedra de tropiezo? Todo lo que podemos es hacer es pedir ayuda a Dios. Cuando somos débiles, Él es fuerte. Los mejores ejemplos de Dios son personas sin fuerza propia para cumplir con la obra que Dios tenía para ellos. Sin embargo, ahí es donde el poder de Dios brilla en su máximo esplendor.

El primer paso es reconocer que no podemos ser un ejemplo sin Dios. Después, debemos decidir dejarlo obrar en nosotros para lo que sigue. Deja que elija tus palabras, que elija tus acciones y deja que su misma naturaleza fluya en la tuya. Cuando lo permites, Dios bendecirá a otros a través de ti. Si piensas con detenimiento, es un gran honor.

¿Qué puedes hacer hoy para ser un ejemplo del amor de Dios en lugar de una piedra de tropiezo al pecado?

5 de octubre

Las artimañas del diablo

Esforzaos y cobrad ánimo; no temáis, ni tengáis miedo de ellos, porque Jehová tu Dios es el que va contigo; no te dejará ni te desamparará.

DEUTERONOMIO 31:6 RVR1960

A Satanás no le importa si eres tibio. No va a invertir su tiempo en ti cuando no estás caminando con Dios y es porque te tiene justo donde te quiere. Sin embargo, cuando vemos el esplendor de la vida y grandes proezas, pon atención porque seguramente el diablo está ahí. Sabe que Dios tiene un gran plan para tu vida y quiere detenerlo a toda costa. Tratará de hacerte sentir que a Dios no le importa ver cómo se destruye tu familia. Te querrá hacer sentir que Dios te ha dado la espalda cuando las situaciones no funcionan como quieres. La meta del diablo es lograr que dejes de confiar en que Dios tiene planes de bien en mente para ti y que olvides que Dios sigue cuidándote.

El diablo quiere mantenerte ocupada, inconsciente de la influencia del mal en tus hijos. Quiere que sigas ciega a las reparaciones que necesita tu matrimonio. Quiere mantenerte con apatía en las brechas de tus relaciones más importantes. Quiere que te sientas impotente, que Dios o puede ni podrá ayudarte, que ni siquiera está cerca. Satanás quiere que desmorones en la tristeza porque así te vuelves débil, sin rumbo y tibia.

La próxima vez que sientas la tentación para regresar a tu vieja naturaleza, recuerda que ahí es donde el diablo te quiere. En lugar de eso, dile que de ninguna manera. No le des el gusto, sino dale la satisfacción a Dios, quien ha prometido que nunca te dejará. Con Dios de tu lado, no hay nada que temer.

Hoy, mantente atenta a las distracciones. Vuelve a enfocarte en Dios.

6 de octubre

Cansada

> Por ti derrotamos a nuestros enemigos;
> en tu nombre aplastamos a nuestros agresores.
> **SALMOS 44:5** NVI

¿Estás tan cansada como yo? ¿Estás cansada con el enemigo que trata de interponerse en tu vida? ¿Trata de afianzarse de un lugar en tu hogar para interponerse con tu familia? ¿Qué tanto estás cansada? ¿Estás lo suficientemente cansada para hacer algo al respecto? ¿O solo te quejas desde tu cómodo sillón? Reclama tu territorio. Declara que tu Salvador está a cargo de ti y de tu familia en cada centímetro de tu hermoso hogar. Salmos 44:5 nos recuerda que podemos derrotar a nuestros enemigos mediante el poder de Dios, por medio de su nombre.

Invita a Dios a inundarte a ti, a tu familia y a tu hogar de su paz y conocimiento de todo lo que es verdadero. Arrepiéntete de participar en cualquier actividad que no es de Dios y echa al diablo, dile que tu familia es para Dios. Amigas, la guerra se ha prolongado y las batallas se repiten. Pareciera que sigue una y otra vez, pero nunca pierdas la fe. Nunca te rindas en esta travesía porque Dios es fiel. Él es soberano sobre todo. Mantén tu paz y resguarda a tu familia. Todos estamos cansados del enemigo. Enséñale quién manda, enséñale que hablas en serio. ¿Quién me acompaña?

¿Cómo pelearás por tu familia hoy? ¿Qué elecciones tomarás que muestren claramente que Dios es quien está a cargo de tu familia?

7 de octubre

Elijo la esperanza

¿Por qué te desanimas, alma mía? ¿Por qué te inquietas dentro de mí? Espera en Dios, porque aún debo alabarlo. ¡Él es mi Dios! ¡Él es mi salvador!
SALMOS 42:5-6 RVC

¿Alguna vez has hablado contigo misma? ¿Hablas contigo sobre algo que harás o que dejarás de hacer? ¿Te dices a ti misma que hay que levantar el ánimo? ¿O te dices que debes detenerte? Cuando hablas contigo, lo que haces es suponer que eres importante, en como que hablas con alguien con tus audífonos inalámbricos. Los versículos que tenemos hoy, los escribió alguien que hablaba consigo mismo. Le preguntaba a su alma por qué estaba abatida.

Cuando te sientes desanimada, ¿te preguntas por qué? Tal vez ya sabes la razón. El salmista no está preguntando por qué su alma está desanimada, ya sabe qué es lo que pasa. Lo que está preguntando es por qué no ha logrado levantarse de ahí, por qué ha decidido no alabar a Dios en lugar de seguir desanimado. Sigue hablando consigo mismo y le dice que tenga esperanza en Dios. Se recuerda que debe elegir la esperanza. Luego, declara nuevamente que alabará a Dios, que recordará que Dios es la salvación perfecta. Enfócate en Dios, elige la esperanza en lugar de la desesperanza. Está bien que te lo recuerdes y hazlo hasta que se vuelva un hábito elegir la esperanza en Dios, en lugar de la desesperanza en tu situación. Vas a necesitar recordártelo, pero no te preocupes. Dios estará más que feliz de ayudarte en cada minuto.

Sin importar lo que acabe de pasar, levántate. Espera en Dios, búscalo y Él te levantará mientras tu enfoque se va centrando en Él.

8 de octubre

Rechazo

Quédense tranquilos, que el Señor peleará por ustedes.
ÉXODO 14:14 RVC

Satanás quiere que nos rechacemos. Quiere que nuestras acciones sean como de alguien rechazado, no amado. Cuando actuamos de esa manera, cumplimos con lo que quiere. En realidad, nos convertimos en personas rechazadas y no porque lo seamos, sino porque así actuamos. Como padres, debemos obviar el rechazo de nuestros hijos y seguirlos amando. Como cónyuges, debemos seguir amándonos el uno al otro y dar validación plena a nuestro esposo. Como ciudadanos de nuestra gran nación, debemos contagiar de vida a los demás.

Jesús dijo palabras que no eran comunes, de hecho, eran controvertidas y rechazadas en ese tiempo. Sin embargo, Él se clasificó con esas palabras. Sus palabras no lo hicieron percibirse como alguien rechazable. Entonces, ¿por qué permites tú sentirte así? Porque sucumbes a la tentación del yo, del yo no amado. Así que detente y date cuenta de que la meta de Satanás es que te rechaces a ti misma, solo dile que no.

Dios nunca te pedirá que te rechaces. Está de tu lado y pelea por ti. Te toma de la mano para que tengas una vida plena. En Juan 10:10, Jesús dice: "El ladrón no viene sino para hurtar, matar y destruir; yo he venido para que tengan vida, y para que la tengan en abundancia". El rechazo viene como un ladrón que a eso se dedica, a robar, a matar y a destruirte. Jesús te trae vida, una vida abundante. Deja que Dios te dé liberta, te dé paz que sobrepasa todo entendimiento. Guarda tu corazón y mente.

¿Qué hábitos en ti están creando rechazo? ¿Cómo puedes apropiarte de la libertad de Dios y amarte como Él te ama? Vive como una hija del Altísimo.

9 de octubre

Necesitamos a Dios

¡Bendice, alma mía, al Señor, y no olvides ninguna de sus bendiciones!
El Señor perdona todas tus maldades, y sana todas tus dolencias.
El Señor te rescata de la muerte, y te colma de favores y de su misericordia.
El Señor te sacia con los mejores alimentos para que renueves
tus fuerzas, como el águila.

S*almos* 103:2-5 RVC

Dios, te necesito. Necesito tu fuerza porque la mía se ha terminado. Necesito tu amor por los demás, porque ya no tengo para dar. Necesito tu paz porque no me ha quedado ni para dos segundos. Necesito tu amor para mí también, todo se ha acabado. Necesito todo de ti, porque todo mi ser se ha consumido.

Lléname y renuévame con tu ser. Cubre mi fealdad, mi ser tembloroso, con tus brazos. Necesito tu seguridad. Necesito tu protección y tu cuidado. Te necesito. Siempre eres fiel, siempre. En cada pequeña situación eres fiel cuando te lo pido. Me llenas de gracia. También me permites vivir en mi propia naturaleza cuando te entrego todo mi egoísmo. Escojo estar contigo, total, completa y absolutamente, escojo estar contigo. Lléname con tu presencia. Solo así volveré a tener esperanza, solo así tendré la fuerza para continuar. Solo así me afirmaré como tú deseas.

Cuando sientes que te has consumido, clama a Dios. Solo Él puede llenarte con lo que necesites. Cuando estés agotada, depende solo de Dios. Su fidelidad te asombrará.

10 de octubre

Solo Dios

Jesús los miró y les dijo: "Para los hombres, esto es imposible; pero para Dios todo es posible".
MATEO 19:26 RVC

No podemos depender de nadie más que de Dios. Dios es lo único que necesitamos. Si colocas tu confianza en los humanos, te defraudarás de una forma muy amarga. Pero Dios jamás te decepcionará. Claro que Él no siempre hará lo que quieres, pero puedes descansar con la seguridad de que Él está contigo. Sus caminos son mejores para ti y te tiene en su corazón. En Dios no habita el pecado, su amor es puro. No está mancillado por los intereses humanos.

Sí, podemos confiar en nuestros cónyuges y también podemos confiar en nuestros hijos. Sí, podemos depender en nuestra familia y amigos, pero en algún momento te decepcionarán y lastimarán tu corazón. Una y otra vez. Dios nunca lo hará. Dios nos provee relaciones humanas en esta tierra, pero nunca llenarán el vacío en nuestra alma. Solo Dios puede llenarlo completamente. ¿Es soledad? Los humanos no pueden darte la compañía que necesitas, pero Dios sí puede. ¿Es tristeza? Los humanos no pueden ser tan empáticos como lo necesitas, pero Dios sí puede. ¿Es confusión? Los humanos no pueden darte la guía que necesitas, pero Dios sí puede.

Aunque Dios es quien nos permite estar rodeadas de las personas con quienes vivimos aquí en la tierra, solo Dios podrá llenar el vacío que ellos no pueden. Nunca podrán porque las personas te decepcionarás, pero Dios jamás lo hará.

¿Qué decepciones has vivido? Perdona y recuerda descansar solo en Dios. Él llenará tus grietas cuando confíes completamente en Él.

11 de octubre

Recuperar la cordura

Escapen del lazo del diablo, en que están cautivos a voluntad de él.
2 Timoteo 2:26 RVR1960

Supongo que quieres recuperar la cordura y vivir honrosamente ante los hombres. Vivir sin sentido común demuestra insensatez y por lo general se muestra para todo lo que ves. En ocasiones no vemos nuestra propia imprudencia. ¿Por qué? Porque no estamos viviendo con cordura, en lugar de ello, vivimos bajo la influencia del diablo. Cuando no vivimos con sabiduría o en la cordura que debemos, estamos a merced del diablo, atadas a su voluntad. Es como si estuviéramos siendo partícipes de los planes de maldad del diablo, en lugar del diseño divino de Dios.

Solo cuando somos amables, gentiles y pacientes es cuando Dios puede liberarnos de vivir insensatamente, debajo de la cautividad y la voluntad del diablo. La segunda epístola a Timoteo, en el capítulo 2:25 nos da más instrucciones y nos dice: "Así, humildemente, debe corregir a los adversarios, con la esperanza de que Dios les conceda el arrepentimiento para conocer la verdad" (NVI). Solo cuando vivimos con el fruto del Espíritu, Dios abre nuestros ojos para revelar nuestro egoísmo, lo que nos lleva a presenciar la verdad de Dios. Amigas, muchas veces se nos pasa por alto. Pensamos que somos seguidoras de Dios, pero estamos equivocadas porque confiamos en nosotras antes que en Él. Confiamos en nuestro razonamiento y no dejamos que el Espíritu Santo nos redarguya de nuestra vieja naturaleza.

Al cambiar, podemos huir de nuestras pasiones juveniles y seguir la rectitud, la fe, el amor y la paz con un corazón puro. Dejemos que Dios abra nuestros ojos a su voluntad y que nos dé la valentía de obedecerlo. En lo personal, me da escalofríos pensar que mi actuar favorece la voluntad del diablo, ¿Y tú qué piensas?

¿Qué hábitos o acciones relucen cuando muestras una influencia insensata en lugar de la influencia de Dios? Hoy es el día para cambiar.

12 de octubre

El valor a los demás

Den, y se les dará una medida buena, incluso apretada, remecida y desbordante. Porque con la misma medida con que ustedes midan, serán medidos.

Lucas 6:38 RVC

¿Qué tanto valor das a las personas? Es el suficiente valor para atenderlos, más allá de un "Hola, ¿cómo estás?". ¿Realmente quieres escuchar una respuesta diferente a "Bien"? Si es así, muéstrales a tus amistades que los valoras. Profundicemos. ¿Qué tanto valoras a tu cónyuge? ¿Le preguntas qué necesita de ti para llenar su corazón? Y cuando preguntas, ¿te esfuerzas por cumplirlo? Si es así, estás demostrando que valoras a tu esposo o tal vez solo crees que ahí está y das por sentada su presencia. No valoras ni su amor ni su servicio, lo tomas como algo normal o una rutina. Bueno, si es así, es momento de despertar.

¿Qué tal si hoy fuera tu último día? ¿Cómo quisieras mostrarle a tu esposo que lo valoras? Creo que podrías hacer más de lo que haces ahora. Valorar a tu esposo no es difícil. Se trata de preguntarle cómo está y escucharlo con atención sin distraerte. Es buscar conocerlo, buscar tener esa conexión con él. Las personas reconocen el amor en formas diferentes. El lenguaje de tu amor quizás no sea igual al de tu esposo, así que pregúntale y toma medidas ante la situación.

Dios te bendijo con un esposo. Dios te bendigo con tus amigos. Solo en nuestro egoísmo es que podemos llegar a desatender los hermosos regalos que tenemos enfrente. Tratémoslo como regalos que realmente valoramos. Ese regalo se te devolverá al mil por uno con el tiempo.

¿Cómo puedes valorar a tu esposo hoy? ¿A tus amigos? ¿A tus compañeros de trabajo? ¿A tus hijos? ¿Cómo puedes valorar a Dios hoy?

13 de octubre

Sana y salva

*Tu presencia me envuelve por completo; la palma
de tu mano reposa sobre mí.*
SALMOS 139:5 RVC

Dios está contigo en cada paso del camino. No solo está contigo, sino que también va detrás de ti. Cubre tu pasado y se lleva el dolor. Si se lo permites, se lleva el dolor porque lo que quiere es que vivas en el presente, pero tienes que entregárselo y con decisión, evitar la autocompasión que sientes. En lugar de ello, decide mantener los recuerdos dulces y deja que Dios supervise toda la negatividad que está asociada con el pasado.

Dios también va delante de ti para preparar tus planes futuros. Confiar en Dios tu futuro significa que no estarás ansiosa ni temerosa de lo que podría pasar. Descansas con el conocimiento de que Dios tiene todo bajo control. Reconoces que sus deseos son mejores y que estará para ti en ellos, tanto en los momentos de paz, como en los difíciles. Te despiertas cada mañana con acción de gracias por su guía en los planes que Él tiene, a medida que el día avanza. Te cubre con su mano y te cubre con su refugio y protección, te da una perfecta paz. La bendición de su presencia es suficiente para calmar tu alma ansiosa. Es suficiente para cubrir tu pasado nada perfecto. Es suficiente para mantenerte en perfecta paz y para que conozcas sus planes perfectos para ti.

Que esta sea tu oración hoy: Gracias, Señor, por cuidarme y caminar conmigo, por cubrir mi pasado, presente y futuro. Aumenta mi fe y mi confianza para saber que estás a mi lado, que estoy a salvo y en paz.

14 de octubre

Anhelos

*Que responda a los deseos de tu corazón
y te conceda todas tus peticiones.*

SALMOS 20:4 RVC

¿Cuál es el anhelo más profundo de tu corazón? ¿Ganar la lotería? ¿Casarte? ¿Lograr terminar el día? ¿Qué tal si anhelaras conocer a Dios? Él quiere conocerte. De hecho, ya te conoce, tanto adentro como afuera. ¿Recuerdas todas esas características desagradables de las que no te gusta hablar? Pues Él las conoce. ¿Todos esos pensamientos oscuros de que no das la talla? Él los conoce. Él ve tus temores del futuro y ve tus remordimientos del pasado. Ve tu corazón quebrantado. Él lo ve todo. ¿Sabes qué? Aun así, te ama. No solo eso, sino que también anhela tener una relación contigo. Jesús anhela llenar tus vacíos y pagar tu deuda. En ocasiones, los cristianos mantienen sus cargas. Sabemos que somos salvados, pero seguimos con remordimientos. Nos aferramos a pensar en que queríamos que algunas situaciones hubieran sido diferentes, guardamos amargura, ira, miedo. Nos aferramos a todo eso, pero ¿sabes algo? Dios lo conoce todo. Cada situación por muy pequeña que sea. A pesar de eso, quiere que vivas en plenitud como eres.

Acércate a Dios, deja todo a sus pies incluso ese temor secreto que has guardado toda tu vida. Puede ser que te dé un poco de incertidumbre, pero vale la pena. ¿Sabes por qué? Porque Dios tomará tus miedos y los cargará por ti. Cuando lo haga, esos miedos se convertirán en amor. Tu miedo se transforma porque Dios es perfecto. Él endereza los caminos y cancela el pecado. Dios crea belleza de las cenizas. ¿Qué estás esperando? Corre hacia Él. Entrégate y dale todo. A su vez, Él te dará su paz, la cual es perfecta. No hay nada que se le compare en este mundo, nada.

Hoy, entrégale todos los anhelos de tu corazón.

15 de octubre

Simplemente Jesús

Si permanecen en mí, y mis palabras permanecen en ustedes, pidan todo lo que quieran, y se les concederá.
JUAN 15:7 RVC

Jesús, te necesito. Te necesito con todo lo que soy. Necesito tu fuerza porque la mía se ha consumido. Necesito tu sabiduría para ver a través de la inmoralidad del mundo. Necesito tu amor para que fluya en mí cuando el mío se ha acabado. Necesito tu compasión cuando siento que la gente difícil merece tener consecuencias, o misericordia cuando las personas reciben lo que no merecen. Necesito tu paz, necesito tu perfecta paz. El mundo es todo un desastre y así está mi pequeño mundo. Todo alrededor siempre demanda mi atención, aunque tú eres todo lo que busque. Deseo medir todas esas demandas con tu voluntad. Deseo buscarte sobre todo lo demás y deseo que me llenes con todo lo que necesito porque sin ti, no soy nada.

Gracias por tu fidelidad, Señor. Gracias por tu amor y gracias por tu consuelo. Mientras me incorporo en tu presencia, solo puedo existir. Solo puedo anhelar ser lo que tú quieres que sea. Anhelo hacer lo que tú quieres que haga. Guíame, Señor, en los planes que tienes para mí. Atráeme a tu voluntad, pues solo ahí podré encontrar tu paz. Eres mi todo, te amo, mi Señor y salvador.

Cuando nos acercamos ante Dios, estamos reconociendo humildemente nuestra necesidad de Él. Él nos llenará fielmente con su paz, amor, fuerza y sabiduría. Pídesela hoy.

16 de octubre

En la búsqueda

Cuando ustedes me busquen, me hallarán, si me buscan de todo corazón.
JEREMÍAS 29:13 RVC

¿Qué estás buscando? ¿A cambio de qué darías tu vida? ¿Qué pensarías si esta felicidad te costara algo? ¿Valdría la pena, lo que sea que busques? Empezamos a pensar que puede haber un dolor temporal cuando buscamos un bien mayor. La educación universitaria solo tarda unos meses (o años), pero la recompensa se concentra en lograr un mejor trabajo y tener mejores ingresos. El ejercicio puede consumirnos unos minutos cada día, pero ganamos salud. Planificar las vacaciones requiere esfuerzo, pero los recuerdos durarán por años. ¿Qué estás buscando a costa de tu felicidad? ¿Posicionarte? ¿Tener la razón? ¿Mejorar una actitud, tal vez? ¿Vale la pena?

He estado estudiando a Agustín de Hipona para una clase. Es un personaje que data del siglo IV. Su meta máxima para la educación era perseguir la felicidad y la paz de Dios. Anhelaba escuchar la voz de Dios. ¿Qué tal si sustituyes tus metas con la búsqueda del amor y la paz de Dios? ¿Tu búsqueda te deja paz en el alma? ¿Estás buscando a Dios para que sea tu todo?

No fuimos creados para estar solos. Fuimos creados para amar, para vivir en una comunidad. Una comunidad que nos apoyara al atravesar los valles y se alegrara con nosotras en las colinas. ¿A quién respondes cada día? ¿A tu dulce yo? ¿O a Dios? Señor, haznos más como tú. Crea en nosotras un corazón limpio que te busque con todo nuestro ser y que escuche tu voz para guiarnos en el camino.

Mira en tu corazón y observa si lo que buscas encaja en lo que Dios quiere para ti. ¿Le dejarás que guíe tus caminos y que ponga en ti su limpio corazón?

17 de octubre

¿De quién eres?

Y es que nadie vive para sí, ni nadie muere para sí, pues si vimos para el Señor vivimos, y si morimos, para el Señor morimos. Así que, ya sea que vivamos, o que muramos, somos del Señor.
ROMANOS 14:7-8 RVC

¿Eres solo tuya? ¿O eres de Dios? ¿Vives para ti únicamente? ¿O vives bajo el aliento de Dios? Vivir para ti nada más puede que resulte divertido, está bien. Sin embargo, también es triste y causa soledad. Es como un pozo sin fin. Entre más profundo caves en tu ser, más lejos estarás de Dios, quien, de hecho, es el creador de todo, incluso de tu vida. Entre más persigas el mundo tratando de encontrarte, más sola permanecerás.

¿Qué tal si en lugar de perseguir los caprichos egoístas, vas detrás de la voluntad que Dios tiene para ti? O también, ¿qué tal si en lugar de seguir cayendo en ese pozo egoísta, caminas en el plan que Dios tiene para tu vida? Cuando recuerdas de quién eres, eres capaz de mantenerte un poco más firme. Cuando recuerdas de quién eres, te das cuenta de que nada más importa, ni las toallas que combinen con el baño, ni los zapatos deportivos de tendencia, ni la foto familiar perfecta. Nada de esto importa porque todo te apunta a ti. Ahora, levántate, ponte firme y permanece en aquel que vino a este mundo por ti. Importa más de quién eres, que quién eres.

¿Estás viviendo para ti? Pide a Dios que te ayude a vivir para Él. Cada día, toma pequeños pasos hacia Él. Él te guiará en todo el camino.

18 de octubre

La mujer maravilla

> Jesús le dijo: "Yo soy el camino, y la verdad, y la vida; nadie viene al Padre, sino por mí".
>
> JUAN 14:6 RVC

¿Has estado impidiendo que Dios te muestre lo que tiene para ti? ¿Estás impidiendo tu libertad de seguir caminando hacia adelante? ¿Estás impidiendo que la paz de Dios cubra todo temor? ¿Estás impidiendo su presencia? Cuando nos aferramos a cómo creemos que deberían ser las circunstancias, impedimos el mover de Dios. Cuando nos aferramos a los temores familiares, impedimos la paz de Dios. El miedo se queda y la decepción abruma.

Perdóname, pero debo hablar de la Mujer Maravilla. Sí, la superheroína. En la película *Wonder Woman* (La Mujer Maravilla) *1984*, luchaba para dejar ir a su primer amor. Al enfocarse en esa pérdida, iba perdiendo lentamente sus superpoderes. Solo cuando dio vuelta a la página de su primer amor y del dolor punzante por completo, logró recuperar su superfuerza, lo cual fue esencial para su destino. Su experiencia también coincide completamente con nosotras. Cuando nos aferramos a situaciones específicas, en lugar de entregárselas a Dios, limitamos nuestros "superpoderes".

Sí, Dios es soberano. Sí, Él puede hacer todo, pero también nos da la opción de elegir. Podemos elegir estancarnos o movernos a la libertad que tiene para nosotras. Así que, entrega cada situación a Dios, todo lo que haya en tu pasado, presente o futuro. Suelta esos sueños que te decepcionaron, deja que el pasado repose y deja que Dios reine plenamente. Solo cuando cambiamos de página podemos movernos hacia los planes sorprendentes que Dios tiene para nosotras.

¿Cómo estás impidiendo que Dios se mueva en tu vida?

19 de octubre

Sus alas

Pues te cubrirá con sus plumas y bajo sus alas hallarás refugio.
Su verdad será tu escudo y tu baluarte.
SALMOS 91:4 NVI

Dios ha prometido que te cubrirá completamente con su ser, y te ocultará bajo sus alas. Encontrarás refugio en él y estarás segura. Su fidelidad es un escudo impenetrable. Imagínate, una guerrera, envuelta totalmente en alas de acero y mientras el enemigo está justo ahí, lanzándote dardos con sus armas, tú, la guerrera, estás segura. Sus plumas o alas te mantendrán segura. Esa es la imagen de Dios que te rodea con su protección, sus alas.

Imagina a Dios que te rodea con su armadura, su protección para cubrirte de lo que venga. Su fidelidad siempre será tu escudo, una barrera del mundo externo. Nada puede acercarse para lastimarte. Nada puede acercarte para terminar con tu vida, porque Dios es más fuerte, más fuerte que todo y es quien permanece. Podrás sentirte lastimada porque eres humana, pero con Dios, seguirás siendo fuerte. Como su hija, tienes acceso a su fuerza, poder y seguridad. Gracias, Dios, porque siempre me cubres. No existe otro lugar donde preferiría estar.

¿Te colocas debajo de las alas de Dios?
¿Permanecerás ahí y confiarás todo en Él?

20 de octubre

Imagina

¡Pero mírenme a mí! ¡Soy como un verde olivo en la casa de Dios, y en su misericordia confío ahora y siempre! Yo te alabaré siempre delante de tus fieles, porque has actuado en mi favor. Por siempre confiaré en tu nombre, porque es bueno confiar en ti.

SALMOS 52:8-9 RVC

No puedo imaginar la vida sin Jesús, vivir en un temor absoluto sin el fundamento de mi Dios que todo lo sabe. No puedo imaginar dejar de compartir mis temores más profundos con Dios omnisciente. No puedo imaginar no poderle pedir que quite mi temor y que en su lugar coloque su paz. Tampoco puedo imaginar no tener la seguridad eterna del cielo. Imagina morir sin Jesús. La muerte sería el fin, no habría más. La vida dependería completamente de ti, de mí y del azar. ¡Qué presión!

Caminar en la sombra de la muerte sin su protección y presencia podría significar mi fin. Incluso con Dios, la vida tiene sus dificultades, pero sin Él en mi vida, me quedo sin palabras. No puedo imaginar la vida sin mi salvador. La vida dejaría de ser vida. Sería tan superficial y materialista. Me siento agradecida de no tener que confiar en mí para lograr vida, no solo para vivir, sino también para prosperar.

Gracias a Dios, no tenemos que imaginar la vida sin Él. Dios está aquí. Siempre lo ha estado, está y estará, siempre y eternamente. No hay vida sin Él, no había vida sin Él y no habrá vida sin Él. ¿Puedes decir amén? No tenemos que imaginar un mundo sin Jesús, a menos que decidamos hacerlo. ¡Gracias a Dios!

¿No estás agradecida de que no tengas que imaginar tu vida sin Jesús? ¡Agradécele hoy!

21 de octubre

Disculpas

*El que encubre sus pecados no prospera; el que los confiesa
y se aparta de ellos alcanza la misericordia divina.*
PROVERBIOS 28:13 RVC

¿Qué significan estas palabras para ti? ¿Una disculpa? ¿Es sincerarte con el ofendido? ¿O es un mal necesario? ¿Es una frase que necesitas decir para quitarte de encima a alguien a quien aprecias? Las disculpas significan todo. De hecho, se escriben canciones con ellas, cubren las faltas y restauran relaciones. ¿Por qué entonces resulta tan difícil disculparse? ¿Por orgullo? ¿Qué es una disculpa verdadera a la semejanza de Cristo? Reconocer tu parte sin ataduras, solo es decir que sientes lo que hiciste. Fin de la historia, sin excusas.

¿Así te disculpas? ¿O te disculpas con las alas acusatorias sobre la otra persona? Las disculpas verdaderas reconocen lo que tú hiciste, nada más, lo admites y te rindes. Aceptas la responsabilidad de lo que tú y solo tú has hecho. Así nada más. Cuando ofreces una disculpa sincera, evitas la culpa y la acusación, todo estará bien. Las disculpas suavizan las relaciones y perdonan las ofensas, pero solo si tomas responsabilidad por tus propias acciones. No te disculpes al culpar a la otra persona. Solo tienes que decir que lo sientes, honesta y sinceramente. Mira a la otra persona y di estas palabras. Solo entonces Dios redimirá tu situación y te liberará. El perdón es rápido y dulce. Humíllate y pide disculpas, es la única forma.

*¿Con quién necesitas disculparte hoy? Piensa, puede ser tu hijo, tu amiga, tu esposo o tus padres a quien debes pedir perdón.
Te sorprenderá la libertad que experimentarás.*

22 de octubre

Ama el estilo de Dios

*El Señor se compadece de los que le honran
con la misma compasión del padre por sus hijos.*
Salmos 103:13 rvc

Lo acepto, amar el estilo de Dios es una situación difícil, muy difícil. Amar el estilo de Dios significa que amamos a aquellos que no son amados, que no te importe cómo puedan reaccionar a tu amor, igual los sigues amando porque Dios también los ama. Y es que Dios te ama, ¿no es cierto? Y hay que aceptarlo, no siempre eres el ser perfecto a quien amar. Todos merecen ser amados. No importa cómo reaccionan contigo. No estoy disculpando los comportamientos, solo estoy señalando la capa subyacente de amor que debería existir.

Lo que hacemos, lo hacemos por amor. Cocinamos, llevamos a los que amamos a sus actividades y reuniones; planificamos salidas, cumpleaños y celebraciones por amor. Los padres hacen cientos de encargos para los hijos que muchas veces ni agradecen, pero lo hacemos por amor. Las esposas se encargan de cientos de actividades para los esposos que tampoco agradecen. Hacemos café para nuestro esposo, trabajamos con diligencia en nuestro trabajo, derramamos nuestro corazón en nuestra vida y en la vida de los que se cruzan en nuestro camino. En ocasiones, otros nos aman igual. Esos momentos son hermosos.

Pero en otras ocasiones, otras personas nos ignoran o incluso nos evaden. A pesar de eso seguimos amándolos porque eso es lo que Dios nos pide. Si vamos a ser sus manos y pies, si vamos a demostrar su carácter, si vamos a traer a otros a Él, debemos permanecer en amor. Debemos no solo amar a los que nos aman, sino también a los que no. Aunque nunca debemos excusar nuestro mal comportamiento, solo debemos amar y dejar que el amor de Dios corra por nuestras venas. Solo con su amor podremos llegar más lejos de nuestras limitaciones humanas y podremos amar el estilo de Dios.

Hoy, pide a Dios que te ayude a amar cómo es Él.

23 de octubre

La fidelidad de Dios

Pero el Señor es eternamente misericordioso; él les hace justicia a quienes le honra, y también a sus hijos y descendientes, a quienes cumple con su pacto y no se olvidan de sus mandamientos, sino que los ponen en práctica.

SALMOS 103:17-18 RVC

Sigue confiando, sigue creyendo. Dios tiene un plan y lo único que tenemos que hacer es seguir adelante, confiando y creyendo que Él hará lo que ha prometido. Debes recordar cuán fiel es Dios contigo, su amada hija. Si lo has olvidado, busca en la Biblia. Mira en tu pasado y haz una lista de las bendiciones o las peticiones respondidas. Date cuenta nuevamente que en esos momentos fue fiel contigo. Mira la vida de los demás y date cuenta cuán fiel es Dios, siempre, incluso cuando piensas que está lejos.

Cuando dudamos, es porque no vemos el mover de Dios lo suficiente rápido a favor nuestro. No vemos la evidencia del fruto inmediato de nuestras oraciones. Esas reacciones están enraizadas en nuestra carne y no en el espacio de Dios. Dios siempre escucha tus oraciones y sí, funcionan, lo que significa que siempre las escucha. Tus oraciones importan. Puede ser que no veas las respuestas por años, pero sí importan. Estamos sujetas al tiempo de Dios y nuestro deber es confiar en Él en su tiempo. Su tiempo siempre es perfecto.

¿Qué estás confiando en Dios hoy? ¿Seguirás confiando en su plan, aunque no veas nada por el momento? Él sigue obrando.

24 de octubre

La constante fidelidad de Dios

Señor y Dios mío, mírame y respóndeme; ilumina mis ojos,
y mantenme con vida. Que no diga mi adversario que logró vencerme.
¡Se burlará de mí si acaso caigo!

SALMOS 13:3-4 RVC

Entiendo ese deseo de querer ver una señal de Dios mientras esperamos que se mueva, que confirme los encargos de nuestras oraciones. Compartiré mi experiencia de ese deseo. Aunque mis hijos tienen una fe profunda desde que eran unos niños pequeñitos, las temporadas de su adolescencia y juventud no mostraron la fe que habían tenido. He estado orando por sus almas y le he pedido a Dios que los rodee con amistades piadosas para que los cubra con su paz, libertad y el conocimiento de su verdad. Fue entonces cuando el vehículo de mi hijo menor quedó destrozado totalmente en la carretera interestatal durante una tormenta gélida. Estuvo a centímetros de morir y él lo sabe. Ahí recordó cuán preciosa era su vida y fue ahí cuando su corazón volvió a abrirse a Dios.

La restauración se dio en muchos niveles en nuestra familia y todo esto fue posible solo gracias a la fidelidad de Dios. De eso se trata la fidelidad, de seguir orando, incluso cuando no vemos o no entendemos lo que Dios está haciendo. Él siempre está trabajando en nuestra vida.

Hoy eleva esta oración: Gracias, Dios, por permitirme echar un vistazo a lo que estás haciendo, a cómo estás trabajando. Permíteme ver toda la evidencia de tu fidelidad mientras elevamos a nuestra familia ante tu trono. Permítenos seguir detrás de nuestra familia que se ha alejado imprudentemente sabiendo que estás trabajando en su corazón y que nuevamente los estás atrayendo a tus brazos.

25 de octubre

Vivir con Jesús

*Mi Señor y Dios, tú eres mi roca, mi defensor, ¡mi libertador!
Tú eres mi fuerza y mi escudo, mi poderosa salvación, mi alto refugio.
¡En ti confío! Yo te invoco, Señor, porque solo tú eres digno de alabanza;
¡tú me salvas de mis adversarios!*

SALMOS 18:2-3 RVC

¿Quién es Jesús para ti? Sabemos que sus títulos como rey y salvador son más importantes, ¿qué piensas de Él aquí y ahora? ¿Es tu amigo? ¿Tu confidente? ¿Tu consolador? ¿Tu refugio seguro? Él quiere ser el anhelo de tu corazón, quiere ser tu primer pensamiento cuando te despiertas y el último cuando cierras tus ojos para descansar. Quiere llenarte con su Espíritu Santo para que puedas ser su testigo aquí en la tierra, para que puedas llevar contigo otras almas preciosas cuando llegue el momento de la muerte.

¿Estás dejando que Él sea tu todo? Permite que viva en ti, que hable palabras de vida y use tus manos y pies para bendecir a otros. Rinde tu vida más allá de pedirle que salve tu alma. Déjalo que obre por medio de ti a medid que te rindes en cada pequeña situación ante Él. Ceder no solo traerá felicidad, sino también paz cuando dejas que se desvanezca el temor, la ansiedad y el control. Habla con Él durante el día. Dile cómo te sientes y qué necesitas. Pide su ayuda, su fidelidad te abrumará y su presencia te consolará. Mi amiga, eso es vivir.

Habla hoy con Jesús y permite que sea tu todo.

26 de octubre

Firme y digna

Se reviste de fuerza y de honra, y no le preocupa lo que pueda venir.
PROVERBIOS 31:25 RVC

¿Estás firme y digna en el lugar que ocupas? En ocasiones en la vida, no llegamos a ese nivel. Terminamos en un estado menor en el que no pedimos estar. Podría ser por estamos en una relación que nos resta valor, también puede ser un trabajo, o tal vez solo nos sentimos completamente incomprendidas. Puede ser también que alguien te haya lastimado a propósito. En ese caso, quédate ahí: firme, erguida, en una posición digna. Que no te afecte el fango que rodea tu camino. Que no te importe, ¿por qué? Porque sabes de quién eres, sabes que eres una hija del Altísimo.

El Altísimo te ama, murió por ti y siempre está contigo, en cada momento. Dios lo escucha todo, incluso cada insulto que te han lanzado en tu caminar. Lo ve todo, incluso esos gestos o actitudes que constantemente te doblegan para levantar los pedazos de tu roto corazón que a nadie más ve. Dios lo sabe todo, tus temores ocultos, tus deseos secretos, las lágrimas que limpias sin que nadie vea. Ponte firme, erguida y preparada. Dios lo sabe, lo sabrá y siempre lo ha sabido. Dios te sostiene por completo. Todo lo que tienes que hacer es sonreír mientras estás firme en un lugar digno y por ningún momento olvides que debes afirmar tu corona.

¿Estás firme? Mantén esa firmeza, sonríe y recuerda a quién perteneces y si te es posible, búscate una corona.

27 de octubre

Lentos deslices

> Hermanos, cuiden de que no haya entre ustedes ningún corazón pecaminoso e incrédulo, que los lleve a apartarse del Dios vivo. Más bien, anímense unos a otros día tras día, mientras se diga "Hoy", para que el engaño del pecado no endurezca a nadie.
> HEBREOS 3:12-13 RVC

Satanás casi nunca entrará con un gran estruendo o con un aviso de que ha llegado y que su intención es romper tu vida. En lugar de ello, se atraviesa en nuestras decisiones. Por lo general, es aquella mala decisión que te arrastra a otra y a otra, y antes de que te des cuenta, dejas de reconocer tu camino porque te has alejado muchísimo de Dios.

Alejarse de Dios no es algo que sucede de un día para el otro, sino es algo lento, es tan lento que ni siquiera te das cuenta. Primero, estás aterrada porque no estudiaste y quieres voltear a ver la hoja de tu compañero, solo una mirada, una respuesta. Después te dices, *nunca más*. Otro día guardas a escondidas un dulce en tu bolsa y no lo pagas y tratas de justificar esa decisión en tu mente. Imagínate estar casada, pero empiezas a pasar tiempo a solas con otra persona del sexo opuesto. La situación se vuelve recurrente, hasta que la amistad crece y se convierte en algo más, un día a la vez, todo se justifica en tu mente.

Entonces, ¿cómo hacemos lo que Dios quiere que hagamos? Sopesa todo con Él. Acude para Él para preguntar acerca de cualquier cosa, él está ahí y quiere ayudarte. Sin embargo, es posible amar a Dios y permanecer pasiva. Lo he visto múltiples veces, cuando los pecados "pequeños" se vuelven grandes, estos se elevan hasta que el orgullo se hace cargo de tu sentido común. Hoy eleva esta oración: *Señor, déjanos ver tu voluntad en todo lo que hacemos. Guíanos en tus planes y danos tu sabiduría en cada pequeña acción. Amén.*

¿Cuáles son esos pequeños pecados que pueden hacerse más grandes? Busca a Dios en todas las cosas y pídele que te ayude a mantenerte alerta.

28 de octubre

Es bueno

Ahora bien, sabemos que Dios dispone todas las cosas para el bien de quienes lo aman, los que han sido llamados de acuerdo con su propósito.

ROMANOS 8:28 NVI

Dios sigue siendo bueno, a pesar de que _____. Ahora llena el espacio en blanco con esa respuesta al "a pesar de que". Aunque tu familia esté pasando por dificultades que la divide, sigue siendo bueno. Aunque tu vida no es lo que imaginabas, Él sigue siendo bueno. Aunque las actitudes de tus hijos gritan más que su amor, Él sigue siendo bueno. Aunque a veces tu egoísmo te abruma, Él sigue siendo bueno. Aunque tus padres se hayan separado, Él sigue siendo bueno. Aunque tu hijo te rechace, Dios sigue siendo bueno. Aunque el estilo de vida de tu hijo no concuerde con tu visión para ellos, Dios sigue siendo bueno. A pesar de todo lo anterior, sigue siendo bueno.

¿Importan aquellos aspectos insignificantes? Sí, importan, porque somos humanos. Sin embargo, la imagen más grande permanece solo en Dios. Dios está en el trono, nadie más, y Él es bueno. Todo lo obra para bien si confiamos en Él.

Romanos nos recuerda que Dios obra todo por nuestro bien porque lo amamos y nos ha llamado según su propósito. Cuando seguimos colocando nuestra confianza en Él, ahí obra en todo para nuestro bien. ¡Gracias a Dios! Coloca a tu familia en sus manos. Coloca tu vida en sus manos. Coloca tu ser en sus manos en ese lugar donde todo es posible. A su vez, Él obrará todas las cosas para tu bien, porque te ama demasiado.

¿Sigues creyendo que Dios es bueno a pesar de todo? Pide a Dios que te llene con su paz hoy, con el conocimiento de que Él está obrando.

29 de octubre

Abiertos y extendidos

El Dios eterno es tu refugio; aquí en la tierra siempre te apoya.
Delante de ti desalojó al enemigo, y te ordenó que lo destruyeras.
DEUTERONOMIO 33:27 RVC

Jesús siempre será nuestra eternidad. Siempre está y estará para ti, en toda situación y en cada pequeño detalle. No existe un solo lugar en donde podamos ocultarnos de su amor o de su presencia. Simplemente no podemos huir de Él. Siempre estará ahí, esperando por ti, ya sean en bueno o malos momentos, ya sea que lo busques o que no. Siempre está ahí con sus brazos extendidos, esperándote. No puedes hacer nada para que cierre sus brazos, para que deje de pensar en ti o para que separe tu amor de ti. Todo lo que tienes que hacer es buscarlo y aceptar su amor, hoy y mañana, el día siguiente y el próximo.

Debes elegirlo cada día. Debes elegir permanecer en su amor. Debes elegir escuchar su voz que derrama sus bendiciones sobre ti. Ya que no existe un lugar donde puedas esconderte, lo mejor es que inclines tus pasos a la luz. Deja que Jesús limpie tus lágrimas. Deja que Jesús levante las cargas que llevas en tus hombros. Deja que te dé de su fuerza, de su paz, de su gozo y déjate amar por Dios. Sus brazos extendidos están abiertos para ti.

¿Qué necesitas entregarle a Dios hoy? Libérate y cae a sus brazos. Siempre te sujetará cerca, te dará su sabiduría, gracia, amor y protección.

30 de octubre

La túnica

Grande es, SEÑOR, tu misericordia; dame vida confirme a tus leyes.
SALMOS 119:156 NVI

¿Has leído el libro *La túnica* (The Robe)? Lo escribió Lloyd Douglas en 1942 y se convirtió en un clásico perdurable para millones de personas a medida que pasaron los años. Es la historia de un joven soldado romano que te lleva a cuando este soldado crucifica a Jesús. Es uno de los que ordena a los soldados que clavaron a Jesús en la cruz. Mientras Jesús está muriendo, este soldado romano gana la túnica de Jesús en unas apuestas. La historia se despliega el día siguiente de la muerte de Jesús y los dos años posteriores al suceso. Los libros son sumamente interesantes cuando las historias bíblicas se tejen como una novela. Es como si estuvieras ahí con el soldado romano y sientes el sol en tu rostro y los caminos polvorientos bajo tus pies. La túnica inquieta a este soldado romano, por lo que se siente atraído a averiguar acerca de Jesús. Al hablar con los discípulos y escuchar las historias de vida directamente de los personajes, este soldado romano se vuelve cristiano. No te contaré el final, pero está ambientado en Roma, en la época en el que el emperador estaba un poco fuera de sus cabales.

Me dejó pensando, ¿cuántas veces hemos estado ahí? ¿Hemos lastimado el corazón del Señor? Como el soldado romano, a veces no nos damos cuenta de nuestro pecado porque estamos ensimismadas en nosotras. Solo cuando dejamos que Jesús nos toque es cuando podemos entender. Jesús quiere que amemos como Él amó. Jesús quiere que sirvamos como Él sirvió. Y Jesús quiere que perdonemos como Él perdonó. Al morir en la cruz, Jesús perdonó al soldado romano. ¿Podrías tú? Recordemos el ejemplo de nuestro Señor y esforcémonos por ser más como Él. Siempre.

¿Cómo tocó Jesús tu vida en una forma profunda?
¿Cómo puedes compartir ese toque con otras personas?

31 de octubre

El fraude

En mi angustia invoqué al Señor y él me respondió.
Señor, líbrame de los labios mentirosos y de la lengua engañosa.
SALMOS 120:1-2 NVI

Soy un fraude, con imperfecciones. Nadie es perfecto, todos exigimos, todos juzgamos. Vivimos para nosotras mismas, nos ponemos en primer lugar un sinnúmero de veces. Son demasiadas para llevar la cuenta, pero pienso en Jesús. Era un hombre en su totalidad y dio su servicio a todos nosotros. Imagina lo cansado que estaba cuando cientos de personas se mantenían cerca para que los ministrara después de un largo día de predicación. Imagina lo hambriento que estaba cuando ayunó por cuarenta días en el desierto. Imagina la agonía que sufrió cuando subía la colina para morir por nosotros. Imagina lo solo que Jesús se sintió cuando Dios permitió que muriera por nuestros pecados. Jesús hizo todo eso por nosotros. Siempre pensó en la perspectiva completa, en la gente que sufría, en cómo podía ayudar a todos en lugar de a sí mismo.

¿Cuándo fue la última vez en que decidiste anteponer a alguien sobre ti? ¿Cuándo fue la última vez que decidiste ignorar tus necesidades para atender las de otra persona? Cuando quitamos el reflector sobre nosotras y en nuestras prioridades, cualesquiera que sean, todo lo que en este mundo nos llena con ansiedad se empieza a desvanecer. Deja el espacio para ser generosos como Jesús. ¿Importa si nuestro árbol de Navidad no está como hubiéramos deseado? No. ¿Importa si la foto familiar perfecta no salió tan bien? Para nada. Las personas son lo más importante. Ayudar a otros a que vean el amor de Dios. Y mis amigas, eso nos trasladará de fraudes a reales.

Que nuestro enfoque esté en los demás, derramando el amor de Dios
que emerge de nosotras hacia la vida de los demás.

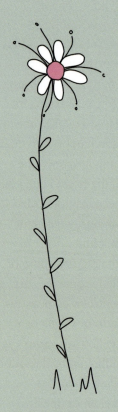

Noviembre

1 de noviembre

El poder de Dios

Y si el Espíritu de aquel que levantó a Jesús de entre los muertos vive en ustedes, el mismo que levantó a Cristo de entre los muertos también dará vida a sus cuerpos mortales por medio de su Espíritu, que vive en ustedes.
ROMANOS 8:11 NVI

Dios creó todas las cosas. Jesús vivió en la tierra como humano y nunca pecó. Incluso cuando estaba hambre, nunca se enfadó. Incluso cuando estaba cansado, bendecía a los demás. Incluso al saber que iba a morir, obedeció por ti y por mí. Accedió a llevar nuestras cargas pecaminosas para morir en nuestro lugar, pero no se quedó ahí. Se levantó de entre los muertos y conquistó el pecado y la muerte de una vez y por todas. Sanó y liberó a las personas física, mental y espiritualmente. Ahora está sentado a la diestra del Dios Altísimo e intercede por nosotros todos los días. Ese es poder, el poder real de Dios.

El mismo poder real de Dios vive en nosotras. Nos dice que, si el Espíritu Santo habita en nosotras, Dios dará su vida a nuestros cuerpos mientras viva en nosotras. Dios, quien levantó a Jesús de los muertos, vivirá en ti. Quiero que esa vida crezca a través de mis venas.

Sigue pidiéndole que te llene con su Santo Espíritu. Deja de arrastrar tus pies en la miseria, deja de enfocarte en toda la inmoralidad de la vida que ha quedado en tu camino. Deja de escuchar las mentiras de Satanás porque sabes en lo profundo, que no son ciertas. Enfócate en Dios, Él levantó a Jesús de los muertos. Ahora puede levantarte a vida aquí en la tierra, de la misma forma. Primero debes elegir levantarte del sepulcro de tu pecado, de la muerte y de la destrucción.

Cambia las ropas sucias y raídas. Con el poder de Dios serás libre para vivir para Él en la tierra. Declara que Jesús vive en ti y elige enfocarte en Él.

2 de noviembre

Orgullo

"Dios se opone a los orgullosos, pero da gracia a los humildes".
1 Pedro 5:5 NVI

Si hablamos con total honestidad, nuestro problema número uno es el orgullo. Nos sentimos desanimados cuando otras personas no reconocen nuestras necesidades. Nos comparamos con otros y deseamos tener lo que tienen. Explotamos en ira cuando nuestro esposo no nos complace, dudamos en sentir la necesidad de disculparnos porque siempre pensamos que es culpa de la otra persona. No estamos de acuerdo con la forma en la que Dios nos creó y nos peleamos con Él por lo que ha decidido. Es fácil ver el orgullo en los demás, pero no es fácil verlo en nosotras.

Un versículo que viene a mi mente es Proverbios 16:18 que dice: "Tras el orgullo viene la destrucción; tras la altanería, el fracaso". Antes creía que se refería literalmente a tropezar y caer si se tenía orgullo, que en general, posiblemente se percibía como si fuera un tonto, y en mi caso, detestaba la idea de verme como tonta. Sin embargo, si lo piensas, valdría la pena recordar que Dios se opone a los orgullosos y que concede gracia a los humildes. ¿Quieres que Dios esté en contra de ti? ¿Vale la pena tu orgullo? De ninguna manera.

Decidamos que otros ocupen el primer lugar, en lugar de que nosotras seamos lo más importante. Arrepintámonos de nuestro pecado y pidámosle a Dios que nos llene de su Santo Espíritu. Que Dios nos dé abundante gracia y humildad para reemplazar el desagradable orgullo que llena nuestro corazón. Solo con Dios podremos superar el pecado del orgullo. Pídele que te ayude cada día y como estarás enfocándote en la humildad, te ayudará sin dudarlo porque Dios dejará de oponerse a ti.

Pide a Dios que te ayude a reemplazar tu orgullo con su humildad.

3 de noviembre

Palabras

En la lengua hay poder de vida y muerte.
PROVERBIOS 18:21 NVI

La muerte viene a través de tus palabras. Tus palabras pueden consumir el alma de una persona al confirmar las mentiras que ya creen. Las palabras pueden destruir a una persona, desplomándolos hasta el suelo. Pueden crear una fisura que, si no se repara, crece con el tiempo. Las palabras pueden denigrar, avergonzar o maldecir. Estas son las palabras que traen muerte. Tal vez no se trate de una muerte inmediata y física, sino un daño emocional o espiritual, el cual se convierte en muerte si no se elimina.

Sin embargo, la Biblia también dice que tus palabras pueden producir vida. Tus palabras pueden dar aliento de vida a otra alma. Las palabras de ánimo pueden traer un sentimiento reanimador a un alma seca y sedienta. Las palabras pueden traer consuelo a un alma angustiada con los cuidados que da en esta vida. La afirmación puede dar apoyo para cambiar de ánimo y dar esperanza de que volverá a llegar la luz sobre ciertas situaciones. Las palabras de Dios les recuerdan a otros que la paz de Dios sobrepasa todo entendimiento. Las palabras pueden compartir el amor de Dios a través de ti, todas traen vida. Riegan el alma, permiten que la vida rebose en cada esquina del corazón, mente y alma de la persona que las recibe.

¿Cuáles permitirás que fluyan de ti este día? ¿Serán susurros de vida o gritos de muerte? Sigamos pidiéndole a Dios que nos llene con su presencia para que fluya desde nuestro corazón para dar vida a los demás.

¿Cuáles son las palabras que fluyen naturalmente de tu boca? ¿Palabras de vida o muerte? Pide a Dios que te ayude a filtrar tus palabras con las de Dios.

4 de noviembre

Jesús

Los que confían en el Señor son semejantes al monte Sion, que jamás se mueve, que siempre está en su lugar. Son también semejantes a Jerusalén que está rodeada de montes: ¡la protección del Señor rodea a su pueblo desde ahora y para siempre!

SALMOS 125:1-2 RVC

Jesús es nuestro todo absolutamente. La vida decepcionará, así como las personas, las situaciones, incluso nosotros mismos. Todo decepcionará. En lugar de algo más, solo quiero a Jesús. Es todo lo que necesitamos y todo lo que siempre necesitaremos. Te cubrirá con su presencia. Cuando estás triste, te cubrirá con todo su consuelo. Cuando temas, te cubrirá con su perfecta paz. Cuando estés con ira, te cubrirá con su tierno amor hacia los demás. Nos cubrirá porque así lo dice, nos cubrirá con su amor y perdón. ¿Por qué? Porque somos pecadores, egoístas y pensamos solo en nosotros.

Jesús llena las brechas que otros dejan cuando nos desaniman. Jesús llena las brechas que dejamos cuando nos colocamos como prioridad. Jesús llena esos agujeros que otros dejan, ya sea intencional o no. Jesús llena los agujeros que quedan cuando nuestro egoísmo sobrepasa nuestros sentidos. Jesús llena todo. Es nuestro todo, no somos nada sin Él.

Esta es tu oración para hoy: Gracias, Jesús, por todo lo que has hecho para nosotras y por cubrirnos con tu perdón y amor. Sigue cubriéndonos cada momento de cada día, mientras elegimos permanecer en ti.

5 de noviembre

Llanto

Entonces Jesús, al ver llorar a María y a los judíos que la acompañaban, se conmovió profundamente.
Juan 11:33 RVC

Jesús fue plenamente humano y conoció el dolor. Se dolió con nosotros, sentía enorme compasión. El dolor lo conmovió profundamente, así como a ti y como a mí. Cuando nuestros amigos o seres amados lloran, nos conmovemos en lo más profundo. En ocasiones, nosotros lloramos y otros se conmueven, otorgándonos su compasión. El dolor con señales de llanto es aquello que quebranta en lo profundo y que debe ser reparado. Ahí es cuando Dios se mueve, si se lo permitimos.

Isaías 41:10 dice: "Así que no temas, porque yo estoy contigo; no te angusties, porque yo soy tu Dios. Te fortaleceré y te ayudaré, te sostendré con la diestra de mi justicia". El llanto puede traer temor y esto es porque generalmente el llanto viene del sentimiento de soledad que nos ataca repentinamente. Sin embargo, Dios nos recuerda que está con nosotras.

No debemos desmayar porque Dios es nuestro Dios. Prometió no solo estar con nosotros, sino también fortalecernos. Quiere ayudar, sujetarnos con su mano derecha. Llora, pero trae tu dolor a los pies de Dios. Dile qué te angustia y Él te escuchará como un fiel amigo lleno de compasión. Tomará tu angustia y la convertirá en su paz. En ocasiones, esto requiere tiempo, en especial si la herida está fresca, pero si fielmente le entregas todo a Dios, te fortalecerá continuamente y te sostendrá firme con la diestra de su mano.

Cada vez que tu corazón se quebrante con dolor, tráelo a Dios. Cuéntale todo. Entrégaselo y confía en que Él lo llevará por ti. Siempre.

6 de noviembre

Golpéame

¡Haz que los que siembran con lágrimas cosechen entre gritos de alegría!
Salmos 126:5 rvc

No literalmente, gracias. Con cierta frecuencia me siento como un saco de boxeo. Pareciera que me gano la hostilidad de mis hijos. ¿Será porque conmigo están a salvo? ¿Saben que nunca los voy a rechazar? Aunque me bendice ser su persona de seguridad, detesto el conflicto. No me gusta ser un saco de boxeo. Dios, ¿por qué las madres reciben ese trato? ¿Por qué, cuando tratamos de hacer nuestro máximo esfuerzo para desarrollar pequeños humanos respetuosos, por qué responden con ira? Esa es nuestra función y misión. Las madres son soldados menospreciados en las trincheras de la vida. Sabemos lo que necesita la gente, vemos lo que se necesita terminar. Nos esforzamos por ver el mejor resultado posible con nuestras familias.

Nuestras vidas son testimonios vivos de lo que Dios hace por nosotros. Sacrificó a su único hijo para la salvación del mundo. Las madres se sacrifican a sí mismas por el bien de sus hijos y ellos apenas lo notan y a veces lo agradecen. Sin embargo, nosotras somos constantes, confiables. Siempre estamos dispuestas a escuchar, a dar un abrazo, a dar una merienda. Siempre estamos listas con un buen consejo. Amamos y oramos. Servimos principalmente detrás del escenario, asegurándonos tenemos pan en la alacena para la comida.

Pero existe alguien que sabe lo que hacemos: Dios. Él lo ve todo. Ve nuestras lágrimas cuando lloramos por el alma de nuestros hijos. Ve todo lo que cocinamos para nutrir su cuerpo. Ve nuestra limpieza para mantener nuestros hogares lindos. Él lo ve, se da cuenta y lo aprueba. Dios se da cuenta de cada acto de amor. También nos dice: "Bien, buen siervo y fiel".

Hoy habla con una madre y bendícela en el nombre de Jesús.

7 de noviembre

Valorada

Señor, tú me has examinado y me conoces; tú sabes cuando me siento o me levanto; ¡desde lejos sabes todo lo que pienso! Me vigilas cuando camino y cuando descanso; ¡estás enterado de todo lo que hago! Todavía no tengo las palabras en la lengua, ¡y tú, Señor, ya sabes lo que estoy por decir!

Salmos 139:1-4 rvc

Repite conmigo: soy amada, estoy segura, soy valorada. ¿Lo crees? Deberías. Dios te creó perfectamente a su imagen. Dios no comete errores, tú no fuiste un error. Te ama. Dios se mantiene firme como tu máximo protector y te guarda con sus alas. Si se lo permite, coloca un escudo alrededor de ti para cubrirte del ataque violento del enemigo. Para permitir la protección de Dios, primero debes confiar en Él. Debes ignorar las mentiras que niegan tu valor, que eres escogida. Debes saber que eres amada. Cree y confía en que Dios ordenará tus pasos de acuerdo con su voluntad si te sometes a Él.

No puedes salvarte a ti misma. Puedo asegurarte de que, si vives en tus fuerzas, vivirás decepcionada, vivirás en una miseria total. La vida te desilusionará profundamente, la gente te decepcionará también, pero Dios nunca lo hará. Él trae a otros a tu vida para bendecir. Traerá a otros a tu vida para bendecirte de una forma increíble. Sentirás el amor de Dios mientras te entregues a Él. Sabrás que estás segura y verás tu valor. Dale acceso a todo de ti: tus pensamientos, tus deseos, tus elecciones. Elige primero a Dios. Elige primero a Dios y vivirás por siempre conforme su amor, seguridad y valor. ¿Qué estás esperando?

Pide a Dios que te muestre tu valor en Él. No tiene precio.

8 de noviembre

Ama a tu esposo

*La casa se edifica con sabiduría y se afirma con inteligencia.
Sus alcobas se llenan con buen juicio, y con todo bien preciado y agradable.*
PROVERBIOS 24:3-4 RVC

La comunicación es fundamental para cualquier relación. La comunicación no solo se trata de hablar, sino también de escuchar a la otra persona, una escucha atenta, no a medias mientras estás atendiendo tu teléfono. No se trata de escucharlo solo para que ventile lo que le pasa y después olvidar todo lo que dijo y seguir como si nada. La comunicación real se da cuando dos personas se comprenden en cuanto a lo que necesitan y deben cambiar. Una persona expresa una necesidad. La otra escucha y trata de comprender de la mejor forma esa necesidad.

Aunque hablar y escuchar son sumamente importantes, el siguiente paso es más importante: cambiar. Lograr realmente que se dé aquello de lo que hablaron. Ahí es donde tu esposo sabe que realmente escuchabas y no que solo asentías para tenerlo satisfecho. La acción habla más fuerte que las palabras. No solo le digas que lo amas, muéstraselo. No solo muevas tu cabeza en aceptación, sino que haz lo que decidieron. No solo des un servicio de decir algo para llegar a promesas vacías, sino actúa.

Muestra tu amor con importancia, de una forma que se note, de una forma personas. Sabes qué debes hacer. ¿No lo vale tu esposo? Conozco el caso de dos mujeres que recientemente pasaron por la muerte de sus valiosos esposos. Su consejo es que cubras a tu cónyuge con amor, no dejes de hacerlo nunca. Ellas desearían que su esposo estuviera aquí, pero tú sí puedes, así que hazlo.

Amar a tu esposo a veces podría ser difícil. De igual forma, hazlo. En aquellos conflictos que pueden darse, trata de entender y ámalo como Dios te ha amado.
¿Estás soltera? Entonces ama a tus amigos como Dios quiere que los ames.

9 de noviembre

Inferioridad

¡Levántate y resplandece que tu luz ha llegado! ¡La gloria del Señor brilla sobre ti!
Isaías 60:1 NVI

En ocasiones, algunas personas nos hablan de forma en que nos sentimos inferiores que ellas. Estos comentarios pueden venir de cualquier persona, de nuestro cónyuge, nuestros hijos, compañeros de trabajo o incluso del jefe. Cuando te sientas inferior por lo que alguien te dijo, piensa que ese es el significado que tú le das. Es decir, es lo que tú permites. Solo tú puedes permitir que esas palabras se conviertan en sentimientos de inferioridad y solo tú confirmas las mentiras que se albergan de otros momentos. En lugar de poner atención, deja de hacerle caso a las palabras que alguien diga y la inferioridad no se infectará. No dejes que eche raíz o que crezca para que llegues a sentirte no valorada.

Mide las palabras de otros frente a la verdad de Dios, frente a lo que sabes que es una verdad absoluta. Buscar la aprobación de los demás en lo que haces, sucumbir a lo que has recibido toda tu vida como algo natural son acciones que cuesta evitar porque buscamos validación para sentirnos valiosas. Se necesita fijar un objetivo para cambiar el pensamiento. No existe ni una sola razón para sentirse menos que otra persona. Cuando equiparas tu situación real como una escogida de Dios, nada se compara en lo absoluto. Hoy decide mantener su realeza en tu cuerpo, en tu mente y en tu espíritu. Permanece en Él mientras te niegas a sentirte inferior. Mantente firme y endereza tu corona y es que, en realidad, te ves mejor así.

Recuerda esa vez en la que te sentiste menos por las palabras o acciones de otra persona. Tal vez fue hace años o hace segundo. Cambia esas palabras por las de Dios y clama para que su verdad las reemplace. Haz de esto una práctica diaria.

10 de noviembre

Temor al Señor

¿Quién es el hombre que teme al Señor?
Será instruido en el mejor de los caminos.
Salmos 25:12 nvi

¿Consideras que eres de los que temen al Señor? Tener temor al Señor no es un acto de cobardía como si se tratara de un miedo cualquiera. Se trata de rendir honra, respeto, de someterse al creador de todas las cosas. Se trata de poner a Dios como el primero y el más importante de todo. Es conocer cuán pequeña eres en comparación de toda la creación, de la eternidad y del mismo Dios. Sé que no siempre ponemos a Dios en primer lugar, pero sí podemos pensar en Él y lo que quiere que hagamos con cada pequeña situación, como con la respuesta que damos a lo que enfrentamos. Pensar en lo que Dios quiere que hagas te trae seguridad, conocimiento de que estás bajo la sombra de sus alas.

Al colocar a Dios en el trono de tu vida, Dios te promete darte la instrucción en el camino que elija. Dios elige qué es lo mejor para ti. ¿Cómo sabemos eso? Porque en Romanos 8:28 nos recuerda que "sabemos que Dios dispone todas las cosas para el bien de quienes lo aman, los que han sido llamados de acuerdo con su propósito". Caminar con Dios, someterse a Él, no trae el propósito de Dios para nuestra vida, y eso es bueno. Tal vez tu vida se ha visto afectada por las malas decisiones de alguien más, tal vez llevas la carga de ese resultado. Permanece bajo las instrucciones de Dios mientras Él obra todo para bien. Elige permanecer en Dios a través de las pruebas que son el resultado de tus decisiones o de alguien más. Confía en que Él obrará todo para tu bien, porque lo amas.

¿Temes al Señor? Deberías. Pide que te ayude a guardar tu corazón y posicionar tus pensamientos. Dios promete que te dará la sabiduría en toda situación.

11 de noviembre

Permanece en Él

Tendrá una vida próspera y sus descendientes heredarán la tierra.
SALMOS 25:13 NVI

¿Recuerdas el devocional de ayer? Hablamos acerca del temor al Señor. Cuando lo hacemos, Dios nos instruye en cuál es el mejor camino para nosotros. Este salmo continúa y hoy nos dice que al temer al Señor tendremos una vida próspera y permaneceremos en paz, siempre que confiemos solo en Dios. Dios trae su paz cuando eres fiel. Al elegir a Dios, tu alma abatida se llena de la paz de Dios. Estarás llena al máximo con la calma de Dios, con su protección y estarás descansando en su paz.

No se queda ahí, sino que el salmista también declara que tu descendencia heredará la tierra. Los padres piadosos que rinden sus hogares a los caminos del Señor no solo tendrán paz en el ahora, sino que también tendrán influirán en sus hijos para que vivan para Dios. Dios estará contigo cuando lo coloques en primer lugar, cuando hables de quién es Él a la nueva generación.

En esta vida, la gente hace casi de todo para tener paz en sus ocupadas vidas. Te preguntas si será suficiente solo temer al Señor para tener una paz verdadera y sí, la respuesta sí. Destronarte todos los días y colocar a Dios en el trono de tu corazón te traerá paz. No será una paz temporal, sino que es para que permanezcas en su paz. *Permanecer* significa "habitar". Yo, por ejemplo, quiero habitar en la paz perfecta de Dios todopoderoso. ¿Y tú?

¿Qué necesitas hacer para permanecer en la paz de Dios? ¿Le has entregado todo de ti? ¿Estás buscando a Dios en todo lo que haces? Deliberadamente, coloca todo en las manos de Dios, inclusive tu familia. Dios obrará cuando lo busques a Él primero.

12 de noviembre

Amistad con Dios

El Señor brinda su amistad a quienes le temen y les da a conocer su pacto. Mis ojos están puestos siempre en el Señor, pues solo él puede sacarme de la trampa.

Salmos 25:14-15 NVI

Dios quiere ser mi amigo cuando mi confianza está en Él. Cuando declaro que Él es mi Dios, se vuelve en mi confidente. Cuando decido vivir como Él quiere que viva, se convierte en mi compañero personal, en alguien que me escucha cuando estoy en soledad, alguien que me guarda durante la noche, alguien que anhela oír mi voz y que quiere saber todo de mí, todos los días. Además, Dios te dará a conocer su pacto, su conexión inquebrantable contigo. Por siempre y para siempre, Dios promete estar a tu lado, porque le temes. Que tus hijos estén fijos en el Señor, como dice el salmista. Mientras sigamos confiando en Dios en todo, Él nos rescatará. Nuestros embrollos, esas situaciones desagradables, podrán convertirse en algo bueno cuando él extraiga nuestros pies de la red.

No sé si tú, pero en mi caso, necesito frecuentemente que Dios me rescate, por lo general de mí misma, de lo que soy. Nuestro egoísmo pecaminoso se levanta y demanda que nos coloquemos por encima de todo. Mantengamos ese temor al Señor. Sigamos escuchando las instrucciones que nos da. Que nuestras almas habiten en su paz y que la amistad de Dios camine con nosotros todos nuestros días. Que comprendamos verdaderamente nuestro pacto increíble con Dios. Que nuestros ojos se enfoquen en el Señor y que siga rescatándonos no solo de los demás, sino también de nosotras mismas.

Dios te creó para acompañarlo, anhela ser tu mejor amigo. Confía en Él.

13 de noviembre

Vivir con un propósito

*Quiero conducirme en mi propia casa con integridad de corazón.
No me pondré como meta nada en que haya perversidad.*
SALMOS 101:2-3 NVI

"Quiero conducirme en mi propia casa con integridad de corazón". ¿Cómo camina uno con integridad de corazón en su casa? ¿Está el salmista hablando de su casa real o de su interior? Caminar con integridad en ti significa estar en armonía con Dios, pedirle que te llene con su presencia, su sabiduría y su poder; elegir mantenerse en esa misma línea y alejarse del mal. Elegir a Dios sobre nosotras es bastante difícil. ¿Por qué? Porque nuestra carne clama, el egoísmo demanda que nos pongamos en primer lugar. Solo con la ayuda de Dios podemos empezar a someter nuestro egoísmo a Dios.

"No me pondré como meta nada en que haya perversidad". ¿Cómo puede uno establecer esa meta de evitar perversidad? ¿Se trata de que nunca nos relajemos, veamos una película o juguemos alguna aplicación vacía en el celular? Tal vez Dios quiere que nos concentremos en Él, no es lo que al mundo le importa. Solo deberíamos buscar lo que Él quiere que hagamos y ver lo que Él quiere que veamos. Date cuenta de que Él quiere que nos demos cuenta y debemos preguntarle cómo. Pidámosle que nos muestre en qué deberíamos poner nuestra atención.

Dios creó el descanso, de hecho, Él descansó en el séptimo día después de la creación. Jesús descansó en la tierra. El descanso es importante, pero mientras nos consentimos, Dios sigue ahí. Dios ve esa película contigo. ¿La aprobaría? También está jugando contigo. ¿Preferiría que dejes de jugar o la elimines? Descansar vale la pena, pero mantener un enfoque en las cosas terrenales no vale la pena.

¿En qué quiere Dios que te enfoques ahora? Pídele su enfoque.

14 de noviembre

Sin cabida para la maldad

Las acciones de gente desleal las aborrezco; no tendrán nada que ver conmigo. Alejaré de mí toda intención perversa; no tendrá cabida en mí la maldad.

SALMOS 101:3-4 NVI

"Las acciones de geste desleal las aborrezco; no tendrán nada que ver conmigo". ¿Cómo llegamos a odiar la obra de aquellos que caen sin dejar que tenga cabida en nuestra vida? Cuando las personas se alejan de Dios, empiezan a esparcir veneno con sus palabras, acusaciones y temores. Se alejan por una razón, no te aferres a eso. No aceptes ni permitas que gane espacio en ti. Límpiate de todo, y en lugar de ello, busca la verdad de Dios, busca la verdad que conoces, que es Dios.

"Alejaré de mí toda intención perversa; no tendrá cabida en mí la maldad. La maldad surge en cada momento de cada día. Entonces, ¿cómo logramos que nuestro corazón se aleje la perversidad? Lo logramos cuando nos concentramos en la soberanía de Dios. En su propósito para nosotros, en la identidad que eligió para nosotros antes de que naciéramos. Establece tu corazón conforme al de Dios y así se alejará de la perversidad. El salmista concluye que está determinado a desconocer toda la maldad, no quiere tener que ver con nada. ¿Está determinada a desconocer el mal? Todos lo decimos, pero ¿realmente lo cumplimos? Creer las mentiras es maldad. Rechazar creer cuánto te ama Dios es maldad. Llamas mentiroso a Dios cuando declaras que Él no puede amarte. Crear un espacio entre Dios y tú para hacer tu voluntad es maldad y egoísmo. No quiero saber nada de la maldad, voy a hacer mi mejor esfuerzo. ¿Y tú?

Observa tus rutinas, tu tecnología y los libros. ¿Hay algún indicio de maldad en ellos? Trata de alejarte de ello. En lugar de ello, enfócate en tu lista de bendiciones y en la verdad de Dios.

15 de noviembre

Tranquila, todo estará bien

Refrena la ira, deja la furia; no te enojes, pues esto conduce al mal.
SALMOS 37:8 NVI

Jesús casi nunca se preocupó. Sabía que era completamente amado, aceptado y querido por su padre. ¿Por qué nosotras sí nos preocupamos? Porque nos aferramos a las cosas y no se las entregamos a Jesús. Pero ¿por qué nos aferramos a las cosas? ¿Por qué no creemos que Dios verdaderamente tendrá cuidado de nosotras? O, ¿no estamos seguras de que nos ama incondicionalmente? O que, ¿somos sus hijas amadas? Jesús fue completamente humano, así que su tentación a la preocupación y la inquietud era real, tanto como lo es para nosotros. Sin embargo, sabía que su padre siempre estaría ahí para Él. Lo sabía.

El sufrimiento en la cruz fue el único momento en que Jesús estuvo separado de la presencia de su padre. Así que eso me lleva a nuestro tema, los humanos pecadores obstinadamente se aferran a los infortunios de la vida, cuando sabemos que nos arrastran a la tristeza. Tenemos que tomar la decisión consciente y continua de obedecer a Dios cuando Él dice que no nos preocupemos. Ordena a tu mente que obedezca. Dile a tu carne que retroceda. Enfoca tu mente en las promesas de Dios, ponlas a prueba. Recuerda su fidelidad y cada vez que tu preocupación quiera levantarse, imagina que es una mala hierba y arráncala de una vez.

¿Has condicionado tu mente a preocuparte? Cada vez que un temor o una ansiedad salte en tu mente, detente y bendice esa mente. Elige creer que Dios siempre está contigo y te protegerá ahora y siempre.

16 de noviembre

Derrumbe

Por eso andaré siempre delante del Señor en esta tierra de los vivientes.
Salmos 116:9 NVI

Cuando el mundo me derrumba, solo quiero a Jesús. Cuando los seres queridos se apartan de mí, solo quiero a Jesús. Cuando la familia no logra valorarme, solo quiero a Jesús. Cuando me siento sola en lo más profundo, solo quiero a Jesús. Cuando estás llorando y nadie te escucha, Jesús sí lo hace. Sí te escucha y su corazón se quebranta por ti.

Jesús lo es todo, te llena en esos espacios vacíos que otras personas deberían llenas. Se sienta contigo cuando nadie está dispuesto a escucharte. Entiende tu dolor cuando aparentemente, a nadie le importa. Sujeta tu mano cuando tu dolor es insoportable. Cuando nadie más lo ve, Él sí. Él te ve y le importas. Jesús es el único en quien realmente podemos confiar. Nunca te decepcionará, nunca te fallará. Nunca te dejará y cuando todo el mundo se derrumbe, solo quiero a Jesús.

Cuando esos momentos lleguen y tu mundo se derrumba, levanta tus ojos a Jesús. Clama y Él te responderá. Te proveerá de su perfecta paz y cambiará tu dolor. Derrama tus lamentos y tus decepciones ante él. Entrégale todo y Él te llenará fielmente con su perfecta presencia.

17 de noviembre

Las opiniones de los demás

"Ustedes son mis testigos", afirma el Señor, "y mi siervo a quien he escogido, para que me conozcan y crean en mí, y entiendan que yo soy".
Isaías 43:10 NVI

En ocasiones dejamos que otros intervengan en nuestra mente y nos roben uno de nuestros valores más importantes: nuestra paz. Hablo de las molestias regulares de todos los días, como cuando tu esposo no piensa en ti primero, o en general cuando no piensa en ti, y se compra un café, pero no te lleva nada a ti; o cuando los chicos en un arranque de enojo te culpan por sus problemas. También pueden ser cuando los vecinos que hacen ver su descontento por cómo se arreglan las áreas verdes, pueden ser los jefes que felicitan a la persona a la par tuya, pero no te ven a ti ni al trabajo que haces. También pueden ser los conductores sin consideración que no ven tu necesidad apremiante de ingresar a la vía, o los restaurantes con alimentos desfavorables que igual tienes que pagar, son cosas de todos los días. ¿Por qué permitimos que esas pequeñeces ensombrezcan nuestra alma y dicten nuestros ánimos?

Siempre que dejamos que las palabras o las acciones de otro nos roben la paz, estamos eligiendo aceptar su perspectiva, en lugar de la de Dios; aceptamos su idea de la verdad sobre la verdad absoluta de Dios, esa verdad que dice que eres amada, segura, preciosa bajo sus ojos. Dice que nunca estás sola y siempre te cubre, donde estás segura. La próxima vez que sientas la tentación de internalizar el mal ánimo de alguien en ti, detente y límpiate. Guarda tu paz y declara que nada de su falta de sentido te mueva.

Mantente firme. Agita tus manos en la dirección de tu hogar y declara que nada te muere. Si te agita regularmente, detente ahora. Dios tiene el control, no los demás.

18 de noviembre

Las opiniones que cuentan

*El Señor refuerza los cerrojos de tus puertas,
y bendice a los que habitan dentro de tus muros.*
SALMOS 147:13-14 RVC

Es imposible que le caigas bien a todos todo el tiempo. La gente no siempre estará de acuerdo contigo. Me desagrada saber que no le caigo bien a la gente. Es un problema de personalidad, lo sé. ¿Por qué nos importa lo que otros piensen? ¿Por qué ansiamos tan desesperadamente su aprobación? Porque fuimos creados por amor, el amor de Dios. También porque vivimos en un mundo quebrantado en donde Dios está separado de nosotros. Aquí hay una noticia de última hora: ya no vivimos en el jardín del Edén con Dios. Impactante, lo sé. Y es que así fue como nos creó. Dios nos creó para mantener una relación con Él, para ser amadas y valoradas totalmente por Él. Sí, Dios nos creó para que pudiéramos tomar nuestras decisiones, pero quería tener una amistad con nosotras.

Es muy fácil olvidar la razón de nuestra existencia. Como cristianas, debemos elegir la opinión de Dios nuestro salvador por encima de las opiniones fugaces de los demás. Dios te ama, total, integralmente. No puedes hacer nada para ganar el amor eterno de Dios para ti. No puedes hacer nada para perderlo tampoco. Constantemente está a tu alrededor, no te juzga, sino que te acepta completamente. ¿No suena mucho mejor la opinión de Dios que las opiniones de los demás?

Pide a Dios que se revele a ti en una forma nueva. Pídele que te muestre cuánto significas para Él. Deja tu confianza en Él mientras quitas tu confianza de los demás. Recuerda su fidelidad para ti. Mantente firme, endereza tu corona y cree que Dios te quiere en totalidad. Eso es todo lo que importa.

*¿Buscas más la opinión de Dios que la de las personas? ¿Qué importa más?
¡Lo sabes! Ahora vive como si la opinión de Dios importara más.*

19 de noviembre

Voz

No te preocupes, hija mía. Yo haré contigo lo que tú me digas, pues toda la gente de mi pueblo sabe que eres una mujer ejemplar.
Rut 3:11 RVC

¿Qué tan fuerte es tu voz? ¿Has olvidado el sonido de tu voz? Al enfrentarse a la decepción, ¿tu voz desaparece por completo? Está ahí en lo profundo y debes encontrarla. ¿Crees que no puedas? ¿Te sientes abatida, como si no importaras o como si nadie debiera amarte? Esas son mentiras y sabes qué hacer: ¡expúlsalas! Cuando esos pensamientos entren a tu precioso cerebro, recházalas. Eres digna, digo en voz audible: "soy digna".

Tu voz se oxida cuando no se usa y permite que la gente pase por encima de ti como si fuera un hábito diario. En ocasiones, cuando la vida te ha derrotado, tu voz puede quedar oculta como una joya preciosa que está enterrada en la tierra. Es hora de desenterrarla. Dios creó tu voz y es hermosa. ¿Me crees? Debes creerlo. Tu voz es una melodía singular en ti. Tus pensamientos y opiniones son de tu maravilloso ser. Dios te creó para ser una persona fuerte, amorosa y bondadosa. Debes usar tu voz para ser la persona que Dios quiere. Lo vales. Por naturaleza, trato de complacer a las personas y detesto cuando otros están molestos conmigo. Está bien, pero no puedo dejar que ese deseo de agradar a los demás, irrumpa en mi voz. Claro que debes ser agradable.

Usar tu voz no significa que lo hagas con ira o como irritación hacia los demás. Se trata de hablar por ti. Tus relaciones se enriquecerán y le darán significado y tus emociones estarán en paz. Pide a Dios que siga cambiando en ti la preciosa niña que creó.

Pide que cumpla su propósito en ti y eso incluye no ser una flor en la pared. Puedo asegurarlo.

20 de noviembre

Reenfoque

Corramos con perseverancia la carrera que tenemos por delante. Fijemos la mirada en Jesús, el iniciador y perfeccionador de nuestra fe, quien por el gozo que le esperaba, soportó la cruz, menospreciando la vergüenza que ella significaba, y ahora está sentado a la derecha del trono de Dios.

HEBREOS 12:1-2 NVI

Cuando todo el ruido apaga, ¿en qué te enfocas? ¿En la oscuridad de la noche que se aferra a tu alma? ¿En la preocupación, el temor o el miedo? ¿O en Jesús? En este mundo tendremos tribulaciones, pero también a Jesús. En este mundo vamos a tener dificultades, pero tenemos a Jesús. En este mundo, el dolor se irá y vendrá, pero tenemos a Jesús. La presencia de Jesús y su mera existencia cancela los efectos de nuestras pruebas, dificultades y dolor. Jesús venció al mundo y todo lo que hay en él, todas nuestras pruebas, dificultades y dolores, lo que está apilado a los pies de la cruz.

¿Qué ha hecho que quites tu enfoque en Jesús? ¿La familia, el trabajo, la situación de tu país? Jesús conoce el principio y el fin. Qué mejor enfoque que en el autor de toda la vida. Mira las montañas, ahora mira nuevamente por medio de Jesús. Ahora ya se ven manejables, ¿no? Las pruebas son reales, pero Jesús es más grande. Las dificultades son agotadoras, pero Jesús es más grande. El dolor puede ser intenso, pero Jesús es más grande, es Jesús. Jesús está por encima, por debajo y a la par de todas las cosas, todas las pruebas, dificultades y dolor. Vuelve a enfocarte en Jesús y confía en Él con todo tu pasado, presente y futuro.

¿En qué te has enfocado? Cuando colocas a Jesús sobre eso en lo que te enfocas, todo empieza a tomar su lugar. Caen al lugar de Dios.
Observa todo con la mirada de Jesús.

21 de noviembre

Nada nuevo bajo el sol

*Lo que ya ha acontecido volverá a acontecer;
lo que ya se ha hecho se volverá a hacer.
¡No hay nada nuevo bajo el sol!*

ECLESIASTÉS 1:9 NVI

Siento mucho ánimo cuando leo lo que Salomón escribió: "no hay nada nuevo bajo el sol". Mis problemas no son nuevos, como no lo son la multitud de situaciones traumáticas. Las máscaras vienen y van. La muerte y la vida llegan y terminan. Los adolescentes autosuficientes crecerán y se irán. El año escolar empezará y terminará. El olor a cena quemada se disipará, gracias a Dios.

Lo que cuenta es lo que hacemos en medio de la tormenta. En medio del dolor profundo, ¿cómo lo superamos? ¿Qué te respalda? El mundo ofrece muchas opciones y todas palidecen en comparación de Jesús. Jesús te llena con su paz mientras esperas a que pase la tormenta. Jesús limpia tus lágrimas mientras lloras nuevamente por un hijo. Te protege cuando estás batallando en una tormenta poderosa y es porque Jesús es más fuerte, más poderoso. Es Dios todopoderoso. Permite que te ayude, permite que te guíe y permite que te muestre cuál es el siguiente paso. Porque para Jesús, no hay absolutamente nada nuevo bajo el sol.

¿Te sientes mejor? ¡Yo sí! Dios ya lo ha visto todo y sigue siendo Dios. Está en el trono, así que hoy descansa en su fidelidad.

22 de noviembre

Perforada

"Desde lo alto el Señor me tendió la mano y me rescató de las aguas tumultuosas; ¡me liberó de los poderosos enemigos que me odiaban y eran más fuertes que yo!
2 Samuel 22:17-18 RVC

Se escuchan insultos o comentarios que traen muerte. No podemos hacer mucho cuando estamos cerca de estas enfurecidas chimeneas. Explotan de la nada y de repente te cubren con su suciedad y mentiras. Todos los insultos que te arrojan caen como flechas que laceran tu alma. Tienes la elección de aceptar las mentiras o no, de mantener la flecha dolorosa ahí o arrancarla para olvidar al arquero. Es imposible hacerlo en tu propia fuerza, ahí es donde participa Dios.

Cuando le pides que te cubra, Él te protegerá. Te protegerá emocional y espiritualmente. Cuando Dios te protege, te seguirán arrojando flechas estrepitosamente, pero con Dios, ya no absorberás el veneno de las flechas. Tratarán de perforar tu alma para liberar sus toxinas. Podrán lastimarte un poco al arrancarlas, pero dejarán de hacerlo cuando estés firme en el rechazo inmediato que hagas con la ayuda de Dios. La paz de Dios disipará el veneno, incluso sanará tu herida, pero siempre debes acudir a Él. ¿A quién vas a creerle? ¿A la flecha que te insulta y que viene cargada de celos, egoísmo o maldad de alguien, que viene con intenciones malignas y mentiras? ¿O a Dios, que dice que eres su hija?

Recuerda quién eres. Dios desea protegerte de toda maldad. Este salmo nos recuerda que Dios nos guardará del mal y nos mantendrá salvas y seguras. Guardará nuestra salida y entrada desde ahora y para siempre. No hay nada más que pudiéramos necesitar. ¡Estamos listas!

Detén tu reacción de insultar. La protección de Dios hará que las flechas caigan en otro lugar.

23 de noviembre

Pequeñas acciones de gracias

Ustedes serán enriquecidos en todo sentido para que en toda ocasión puedan ser generosos, y para que por medio de nosotros la generosidad de ustedes resulte en acciones de gracias a Dios.

2 Corintios 9:11 NVI

Tenemos mucho que agradecer a Dios. La vida, cada respirar que viene del mismo aliento de Dios. Por la familia, esas personas por las que haríamos cualquier cosa. Por otro día lleno de posibilidades. Por el mismo Dios, quien nos susurra su amor todos los días. Por la música de adoración que nos permite vislumbrar a Dios en el cielo. Por la nutrición para nuestros cuerpos mortales mientras caminamos en esta tierra. Por agua pura que llena nuestras células microscópicas con vida. Por la Biblia, que cuando la abrimos, nos deja ver el mero corazón de Dios. Por el refugio contra las tormentas de la vida, ya sea una casa o una habitación, o un dormitorio acogedor. Por los salarios de nuestro trabajo que nos permiten pagar los servicios a tiempo. Por las bendiciones que se ven diferentes para todos, pero que cada una es preciosa sin objetar. Por el café, la bebida de Dios, que nos activa para hacer las tareas que nos corresponden. Por la sabiduría de lo alto que nos ayuda a elegir lo que Dios quiere que hagamos. Por la paz de Dios que sobrepasa todo entendimiento. El gozo puro, que es el fruto del Espíritu, el más inexplicable.

    El gozo en medio del sufrimiento de la vida prueba que Dios está sobre todo. Está sobre nuestros deseos, intereses, nuestro pasado, presente y futuro. Agradezcamos por todo lo feo y herido que hemos pasado. Mientras caminemos por el fuego, veremos con más claridad a Dios. Vemos su sufrimiento por nosotros en la cruz, nuestra necesidad humana por Él. Nuevamente somos humildes cuando buscamos el rostro de Dios.

Agradece a Dios por todo lo que hace por ti, por cada uno de los mares, ya sean buenos, desagradables o agitados. Le debes todo.

24 de noviembre

Agradecimiento verdadero

¡Aleluya! ¡Alabemos al Señor, porque él es bueno, porque su misericordia permanece para siempre!
SALMOS 106:1 RVC

¿Estás agradecida? ¿Realmente agradecida por todo? Las cosas buenas son fáciles de enumerar: salud estable, comida deliciosa, un trabajo enriquecedor, hogares cogedores, calcetas suavecitas y un aromático café caliente. Ahora bien, ¿qué tan agradecida estás por la oscuridad? ¿Por aquellas cosas que rompen tu corazón? Un jefe rencoroso, unos hijos ingratos, por la partida de un esposo, ya sea porque murió o se divorció, por los hijos que nacieron a la vida eterna.

Dios tiene un propósito para todo esto, para cada pequeño detalle. Agradecerme en los tiempos buenos es fácil, casi no necesita esfuerzo, pero no es lo mismo agradecerle en los tiempos malos. Es doloroso y casi ridículo pedir algo así. Me pregunto: *¿Puedo agradecerle a Dios por mi vida? ¿Por mi vida entera, es decir, por todo?* Puedo intentarlo. Me he dado cuenta de que es más fácil si le agradezco por el dolor y la redención al mismo tiempo, que por permitir que pasen situaciones en su tiempo perfecto. Puedo agradecerle por la agonía y por la liberación. Las bendiciones que tengo brillan más cuando las puedo ver a través del prisma del dolor. Sé que soy más agradecida por esta razón. Me hace más consciente de las bendiciones. Sabrás que lo has puesto a Él primero cuando puedas agradecerle por todo. Tu confianza en Él está segura porque sabes que Él está en un control absoluto y estás segura en sus brazos.

Es tu turno. ¿Por qué estás agradecida con Dios, incluso aquello que duele?

25 de noviembre

Ayuda de lo alto

*A las montañas levanto mis ojos; ¿de dónde ha de venir mi ayuda?
Mi ayuda proviene del Señor, que hizo el cielo y la tierra.*
S<small>ALMOS</small> 121:1-2 <small>NVI</small>

¿Necesitas ayuda? Todos la necesitamos con cada pequeña situación. Esta vida presenta desafíos que vienen y van, tanto interna como externamente. Necesitamos ayuda con nuestros trabajos, relaciones familiares y compromisos adicionales. Necesitamos ayuda para enfocar nuestra mente en lo que Dios quiere que hagamos. Necesitamos ayuda para que nuestro corazón esté en línea con el de Dios. Necesitamos ayuda para seguir con los propósitos de Dios en esta vida temporal. Necesitamos ayuda para hacer filtros a través de todo el ruido del mundo que constantemente intenta distraernos. En ocasiones, incluso necesitamos ayuda solo para colocar un pie adelante del otro.

El salmista empieza a elegir deliberadamente elevar sus ojos a las montañas. Decidir pedir la ayuda de Dios es la primera aceptación de que no podemos hacer nada alejados de Dios. Nos recuerda que no podemos hacer las cosas por nosotras mismas y declaramos que la ayuda viene de Dios. Finalmente, declaramos el poder de Dios mientras lo afirmamos como el creador de todo. ¿Quién es mejor que el creador de todas las cosas para ayudarnos con nuestras pequeñas necesidades? Dios nos creó. Dios creó nuestros deseos. Dios nos creó para necesitarlo. Solo en una relación con Dios sentirás que tu vida está completa. Cuando las muchas necesidades te presionen en busca de una solución, levanta tus ojos al cielo. Dios siempre está listo y dispuesto a ayudar. Solo tienes que pedirle que te llene con su presencia.

Mantén tu paz y el conocimiento de que el Dios del cielo y la tierra te dará todo lo que necesitas. Levanta tus ojos a Dios y pídele que obre en ti. Lo hará siempre que se lo pidas.

26 de noviembre

Pies seguros

*No permitirá que tu pie resbale; jamás duerme el que te cuida.
Jamás duerme ni se adormece el que cuida de Israel.*
SALMOS 121:3-4 NVI

¿Recuerdas el devocional de ayer? Debemos buscar intencionalmente a Dios para que nos ayude y reconocemos que nuestra ayuda viene de Dios, el creador. Al reconocer nuestra debilidad, sabemos que Dios nos ayudará. ¿Por qué? Porque Él hizo todas las cosas. Salmos 121:3 describe la protección segura de Dios. En Él, incluso tus pies permanecerán seguros. Con la ayuda de Dios, no caerás. Cuando le pidas que obre en ti, su propósito se cumplirá en ti. Te mantendrá en Él, segura, sólida, protegida, pero la situación mejora. Dios no duerme, siempre está despierto para ayudarnos, protegernos y mantenernos seguras. No existe ni un minuto en el que Dios no esté dispuesto a ayudarte. No hay un solo momento en el que no esté contigo.

¿Hay algo especial que preserves con protección y seguridad? Así es como Dios se siente con nosotras. Nos guarda seguras en Él. Podremos enfrentar pruebas inimaginables en esta vida, pero podemos descansar seguras que Dios siempre está con nosotras, y nos guarda en Él. Al filo de la noche, Dios está para ti. En el momento de desesperanza, también está. Ya sea que sea el primer día de escuela, o el último, cuando llegue nueva vida o te despidas de otra, cuando las relaciones prosperen o sufran, Dios está presente y siempre deseará ayudarte. Solo tienes que buscarlo. Vacíate de ti misma y pídele a Dios que te ayuda con absolutamente todo. No podemos hacer nada si Él, pero con Él, podemos hacer todo lo que nos pida. Dios nunca duerme, nos mantiene cerca de Él.

*Con la ayuda de Dios, tus pies estarán seguros
y firmes en donde Él los quiere. Solo pídeselo.*

27 de noviembre

Tu guardador

El Señor es quien te cuida; el Señor es tu sombra a tu mano derecha. De día el sol no te hará daño ni la luna de noche. El Señor te cuidará; de todo mal guardará tu vida. El Señor cuidará tu salida y tu entrada, desde ahora y para siempre.

Salmos 121:5-8 nvi

Un guardador es quien protege del daño, incluso si es alguien que ayuda a que algo crezca. Dios nos protege, nos guarda con seguridad escondidas y seguras de todo daño. Ni el día ni la noche podrán lastimarnos. El mundo podría lastimar, pero en la protección de Dios, podemos permanecer en su paz. Dios también es nuestra barrera entre el bien y el mal. Cuando elegimos permanecer bajo su protección, estamos bajo su cobertura. El mal no puede sobrevivir en la presencia de Dios.

Cuando eliges convertirte en una hija del Altísimo, el mal huye. Sí, puede tentarnos nuevamente y lo va a seguir haciendo. Satanás, el padre de las mentiras, te tentará a través de tus pensamientos, sentimientos, deseos y mentiras. Te garantizo que lo hará constantemente. Sin embargo, cuando levantas tus ojos a Dios y le pides que te llene, el mal no puede permanecer. El mal solo puede quedarse cuando le das permiso de hacer. Cuando le das ese permiso al mal, quitas de ti las promesas y la protección de Dios. Cuando eliges a Dios, Salmos 121:7 te recuerda que Dios te guardará de todo mal, pero solo si lo eliges. Cuando eliges a Dios, Él cubrirá tus actividades con su presencia. Guardará tu salida y tu entrada. Él estará en todo si lo eliges. La verdad es que no hay otra opción, ¿no es así?

Dios es tu guardador. Deja que haga su obra al darte las llaves de tu vida.

28 de noviembre

Soberano sobre todo

¡Qué profundo es el conocimiento, la riqueza y la sabiduría de Dios!
¡Qué indescifrables sus juicios e impenetrables sus caminos!
ROMANOS 11:33 NVI

Dios, eres soberano sobre todo, creador de todas las cosas, autor de toda la vida. Toda nuestra vida se filtra entre tus manos, cada pedazo de ella, tanto los momentos felices como los desgarradores. Nos preguntamos por qué permites el sufrimiento. Por qué pareciera que haces oídos sordos a nuestras oraciones. Por qué nuestras lágrimas parecen no cambiar nada. Sin embargo, encima de todo, eres soberano. Nunca nos dejas, ni nos apartas de tus pensamientos. Dentro del pozo de la desesperación te recordamos, porque si no lo hacemos, caemos presa de la autocompasión y pasamos por encima de la razón con nuestros sentimientos de culpa.

A Satanás le encantaría silenciar a Dios en nosotros cuando nos encontramos en el pozo. Cuando tu mente se llena de rechazo o desesperación, Satanás gana, hace que te quedes atascada porque olvidas el poder supremo de Dios, olvidas su soberanía. Nuestro mundo está quebrantado y Dios tiene un plan de redención. Jesús vino para salvarnos de nosotros mismos, para redimir nuestras almas por la eternidad. Cuando estamos en el pozo, es increíblemente difícil detenerse y recordarlo. Pero eso es lo que nos hace diferentes del mundo. Es lo que nos diferencia.

Cuando el mundo nos quebrante, que lo hará en cierto grado, seremos diferentes, pero con la ayuda de Dios brillaremos como una luz para Él y traeremos a otros a Él. Déjalo que te acoja en sus brazos. Sanará cada herida, limpiará cada lágrima y caminará junto contigo en el camino, porque Él es soberano sobre todo.

Brilla con destellos a los demás a través de tu vida quebrantada. Tu elección de escoger a Dios cuando enfrentas el quebrantamiento de este mundo es la que transformará a ese mismo mundo.

29 de noviembre

Testigo de Dios

Pero cuando venga el Espíritu Santo sobre ustedes, recibirán poder y serán mis testigos tanto en Jerusalén como en toda Judea y Samaria, hasta en los confines de la tierra.

Hechos 1:8 NVI

¿Vives con la autoridad de alguien que ha recibido la salvación de Dios? ¿Recuerdas las promesas de Dios que señalan a la mera existencia de Él? ¿Buscar el rostro de Dios para clamar por las almas de tu familia? ¿Le pides a Dios que te muestre cómo deberías servirle hoy? Nuestra salvación eterna vendrá después, cuando estemos de pie frente al trono de Dios. Sin embargo, Jesús nos salvó para este momento. Nos salvó para ser sus testigos. Nos escogió para esparcir las buenas nuevas. Nos usa para ser sus manos y sus pies con las personas que nos encontramos en el camino.

Sí, Dios murió para salvarnos de nuestros pecados, para darnos vida eterna donde adoraremos su nombre, pero también nos salvó para este momento, para hoy y mañana. Es para el mundo porque necesita ver cómo te ha salvado y cómo te ves ahora. Necesitan ver razones de por qué deberían seguirte para llevarlos a Dios. Eres testigo del Dios todopoderoso, camina en su poder, mantente en su fidelidad y muéstrale al mundo cuán sorprendente es él hoy.

¿No es increíble que puedas ser testigo del poder de Dios?
Te ha llamado a ser las manos y los pies de Jesús.
¿Cómo puedes mostrarle hoy al mundo quién es Dios?

30 de noviembre

Gente con espinas

No sean egoístas; no traten de impresionar a nadie. Sean humildes, es decir, considerando a los demás como mejores que ustedes.
Filipenses 2:3 NTV

Conoces este tipo de personas. Retroceden cuando les das una palmadita de afecto, o incluso cuando les das una palabra cariñosa. Rehúyen y deciden habitar en su propia miseria. Sus espinas gritan: "¡Aléjate!". Al principio no las ves, pero después de su reacción inicial son totalmente obvias cuando ves la gota de sangre que baja por tu brazo a causa de su punzada. ¡Qué dolor! ¿Qué has hecho? Piensa si has hecho algo al respecto.

Tal vez si tienes un adolescente y lo viste de una manera "inadecuada" o limitaste su libertad a causa de sus elecciones. Tal vez tu esposo no es el mismo cuando te responde con apatía a las palabras amorosas que le das. Tal vez tus amigos te responden con un mensaje de texto con espinas. Tal vez tu jefe no puedes abordar a tu jefe y todo lo que sientes son las espinas. ¿Y qué hay del cajero en la tienda, suponiendo que no usas las cajas automáticas? Aunque no has cometido falta alguna, podrías encontrarte con algunas espinas por su trabajo o circunstancias de vida. ¿Qué deberías hacer cuando te encuentras con espinas? Si te pones a pelear, sucumbes hermosamente a los deseos de la carne y te lastimarán. Será como una puñalada y verás la sangre correr.

Las actitudes de otros, por lo general no tienen nada que ver contigo. Simplemente te apareces en su camino. En otras ocasiones esas punzadas van específicamente para ti. ¿Qué deberías hacer? ¿Qué debería hacer Jesús? Amarlos. Inundar de su paz en las circunstancias. Aunque te mantengas firme con la disciplina de los adolescentes, siempre derrama algo de gracia. No te permitas ser lastimada con las espinas de alguien. Son las que intentan lastimarte, pero solo si las dejas.

Mantente firme. Usa tu corona y declara que nada de esto te moverá. Mantente en su paz y mantén tus ojos fijos en Él, el autor y consumador de tu paz.

Diciembre

1 de diciembre

Dios te ve

> Con sus plumas te cubrirá y con sus alas te dará refugio.
> Sus fieles promesas son tu armadura y tu protección.
> **SALMOS 91:4** RVC

Adonai El Roi es el término hebreo para "el Dios que me ve" y que se refiere a que Dios te ve a ti, eres su pequeñita. ¿Alguna vez te has sentido invisible? Sé que no lo eres, pero podría ser que te hayas sentido de esa forma. Como que a nadie le importara, sin valor. Tal vez estabas entre los vivos, pero por dentro te sentías desfallecida. Cuando no te sientes valorada, te sientes sin vida, invisible. Sin embargo, Dios te ve, ve todo, lo bueno, lo malo y lo desagradable. Ve tu corazón y ve tus sueños. Ve tu anticipación llena de esperanza y tus extremas desilusiones. ¿Es suficiente? Solo si le permites que te cubra, porque sí te ve.

El salmo de hoy nos recuerda que Dios no solo nos cubrirá con su presencia, sino que debajo de sus alas también encontraremos refugio. Cuando los padres cubren los huevos o los polluelos están seguros porque están cubiertos. De esta manera, Dios te cubre porque te ve y le interesa ser tu consuelo y tu escudo protector. No eres invisible para el Dios Altísimo, Él es tu *Adonai El Roi,* el Dios que te ve.

Imagina a Dios que te cubre por completo con su protección. Al imaginarlo, ¿percibes un cambio? ¿Te sientes más confiada? ¿Más amada? ¿Más segura? Dios te ve, te protege y anhela atraerte a Él, permíteselo.

2 de diciembre

Destructor

*El ladrón no viene más que a robar, matar y destruir;
yo he venido para que tengan vida y la tengan en abundancia.*
JUAN 10:10 NVI

Este es un nuevo nombre que le he dado al diablo: destructor. ¿Por qué? Porque me he dado cuenta de algo. Literalmente, Satanás quiere destruirme, destruir todo en mí. Quiere mantenerme atrapada dentro de los límites del miedo. Quiere recordarme de mis muchos fracasos. Quiere que guarde los recuerdos de rechazo en mi mente. Quiere atar mis manos, creer que no hay más esperanza con mi familia. Quiere llenar mi mente de duda, temor y ansiedad. Y algo más, Satanás también quiere todo eso para ti.

Satanás está dispuesto a destruirnos a todos. Si logra su cometido, negará nuestro testimonio ante Dios. Y como Dios ya ganó, a Satanás solo le queda este último recurso. Todo lo que Satanás puede hacer es destruir nuestro testimonio en la tierra para que no llevemos más personas a Dios. Y déjame decirte algo, él se esforzará al máximo para lograrlo, no se detendrá ante nada. ¿Por qué? Porque no tiene absolutamente nada que perder. Satanás ya perdió y está empapado en avaricia, desesperado por llevarte con él, no solo a ti, a cuánta gente pueda llevar consigo.

¿Qué respondes a esto? ¿Lo dejarás que te destruya? Golpea la espada de Dios contra el suelo y responde que no. Cuando le pides a Dios que te llene de su presencia, te permitirá estar firme y con Dios de tu lado, Satanás no tiene oportunidad. No te destruirá y en lugar de eso, Dios te liberará para traer a otros contigo antes sus pies. Qué gran honor.

Hoy, declara la autoridad de Dios en tu vida.

3 de diciembre

Sin condenación

Ahora, pues, ninguna condenación hay para los que están en Cristo Jesús, los que no andan conforme a la carne, sino conforme al Espíritu.
ROMANOS 8:1 RVR1960

No existe condenación cuando eres de Dios. Cuando le has entregado tu vida a Dios, la condenación del mundo ya no es válida. Deja de ser parte de tu identidad. La cobertura que tienes ahora es la del mismo Dios. Eres elegida, amada y valiosa. ¿Sigues viviendo bajo tu vieja identidad? ¿Bajo tu propia y vieja condenación? ¿Por qué? ¿Para qué? Porque es lo que conoces. Tu vieja naturaleza es algo seguro, ya la conoces. Cuando enfrentas pruebas, regresas a las viejas etiquetas, es como regresar a las sábanas que ya conoces, sientes normal envolverte en la sensación de autocompasión. Te arropas en una sensación de ira justificada. Cuando eliges ser de Dios, cambias. Tu identidad es nueva. La condenación se disipa, el miedo se va, la ansiedad huye. Sin embargo, solo si eliges quedarte bajo la nueva identidad de Dios. La elección es tuya.

Romanos 8 nos recuerda que Dios declara que no existe condenación cuando somos de Él, nos da libertad de elección. En cualquier momento puedes decidir si te alejas de debajo de sus alas, si sales de su identidad y la cambias por la tuya, pues la tuya sigue ahí afuera, la cual es fácil de alcanzar y disponible. Sin embargo, junto con ella viene el miedo, la ansiedad y la angustia porque también eso se incluye en la ausencia de la paz de Dios. Alcanzar tu vieja identidad trae viene de caminar en la carne, en tu propio yo pecador. Debemos caminar en el Espíritu, no en la carne, porque cuando caminamos con Dios de acuerdo con su voluntad, estamos en su paz y la condenación queda afuera.

Elige cada día caminar con Dios. Elige rechazar la atracción de la carne. Cuando lo hagas, la condenación se disipará y el mismo Dios permanecerá.

4 de diciembre

Guerrera

*Pues todo hijo de Dios vence a este mundo de maldad,
y logramos esa victoria por medio de nuestra fe.*

1 Juan 5:4 NTV

En ocasiones, a veces nuestros seres queridos aparecen cuando estamos sumergidas en aflicción, sintiéndonos un fracaso. A pesar de ello, ellos nos aseguran que nos ven firmes, como guerreras gigantes en una armadura, usando un brillante casco y sujetando una hermosa espada afilada. Para nosotras puede resultar difícil creer que ellos ven esa imagen. Pensamos, ¿yo, una guerrera?

Sí, eres una guerrera de Dios. Cubrió tu debilidad consigo mismo. Puede que te sientas un fracaso, un completo desastre, pero esa negatividad no se muestra cuando el poder de Dios te está cubriendo. Te cubre porque te ha escogido.

Cuando el diablo te ve, lo que ve es a una hija que Dios protege. Cuando oras por la provisión de Dios, te cubre con su poder. ¡Aleluya! ¡Dios te ha hecho libre! Te mantienes de pie porque el poder de Dios vive en ti, te cubre completamente de la cabeza a los pies.

Pide al Señor que te llene con su presencia hoy, mañana y siempre. Que vivas en su poder siempre que pelees contra cada mentira y acto pecaminoso.

5 de diciembre

Historia maloliente

> Luego dijo Jesús: "Vengan a mí todos los que están cansados y llevan cargas pesadas, y yo les daré descanso. Pónganse mi yugo. Déjenme enseñarles, porque yo soy humilde y tierno de corazón, y encontrarán descanso para el alma".
>
> MATEO 11:28-29 NTV

¿Te has preguntado por qué Dios se lo lleva? Se lleva nuestra historia o pecado maloliente, como sea que quieras llamarle. Y lo menciono porque eso no le pertenece, nada de nuestro pecado es de Él, nunca lo fue y nunca lo será. Si recuerdas el viajo testamento, hubo un sacrificio de expiación por los pecados porque Dios tenía sus reglas. Sin embargo, con Jesús, la transacción fue pagada. Tomó todos nuestros pecados. ¿Por qué decidió llevarlos? Porque es santo, puro, el autor de todas las cosas, es el Altísimo. Mediante el sacrificio de Cristo, Dios continúa nuestra elación con él porque nos ama, nos creó por amor, para tener una relación con Él.

Me parece increíble que Dios, quien es completamente puro y sin pecado, quiera una relación con nosotros. No solo con nosotros, sino también con nuestros pecados, con nuestras vidas desordenadas y nuestros problemas complicados, con nuestros corazones quebrantados que claman por paz, amor y una historia sin complicaciones. Dios quiere todo de nosotros porque nos ama, entonces la pregunta sigue siendo: ¿Lo anhelas? Porque Él sí te anhela a ti, todo de ti, incluso tu historia maloliente.

Dios conoce nuestra historia maloliente, por lo que no tenemos que ocultarla de Él. Cuéntale tus problemas, deseos y secretos. De todas formas, ya las conoce. Quiere ayudarte al renovar tu mente con la de Él. ¿Lo dejarás?

6 de diciembre

Pero para Dios no

Escrito está: "Creí y por eso hablé". Con ese mismo espíritu de fe también nosotros creemos y por eso hablamos. Pues sabemos que aquel que resucitó al Señor Jesús nos resucitará también a nosotros con él y nos llevará junto con ustedes a su presencia.

2 Corintios 4:13-14 NVI

Es imposible, pero para Dios no. Es inalcanzable, pero para Dios no. Es totalmente devastador, pero para Dios no. Simplemente es demasiado, pero para Dios no. Es como si hubieras olvidado quién es Él y su poder, pero Dios no. Estas palabras tienen un gran significado. Escuché esta frase hace años, aunque no recuerdo en dónde. Hoy saltaron en mi cerebro: "pero para Dios no". Nos encontramos con una conjunción, una adversativa si te interesa la clasificación. Se refiere a que conecta palabras y frases de manera contraria. Podríamos usar la conjunción *y* en su lugar: Y para Dios no. Pero no da ese contrario, en mi humilde opinión.

"Pero, para Dios no" me recuerda que cuando Dios entra, todo se detiene. Todo puede ser imposible, excepto por una variable: Dios. Es casi como si hubieras olvidado el clímax de la película o el giro que toma al final. Cuando escribimos "pero para Dios no", al final de tu historia, nos da esperanza, un futuro de algo que puede venir. Y ese futuro tiene a un Señor todopoderoso, omnisciente que se escribe al final de tu historia. Cada situación, grande o pequeña, puede incluir a Dios, depende de ti.

¿Qué palabras dirás cuando enfrentes dificultades? "¿Por qué yo" o "Pero para Dios no"? Vamos, pregúntale a Dios por qué te está dando esta prueba. Pídele que termine tu historia, tiene un hermoso final si le dejas entrar, Él traerá su presencia en toda su gloria.

Nuestras vidas dependen de Dios. Quiere ayudarte y mostrarte el final de cada historia. En cada momento, permítete crecer bajo su gracia y misericordia.

7 de diciembre

Confianza al límite

> Nuestro Sumo Sacerdote comprende nuestras debilidades, porque enfrentó todas y cada una de las pruebas que enfrentamos nosotros, sin embargo, él nunca pecó. Así que acerquémonos con toda confianza al trono de la gracia de nuestro Dios. Allí recibiremos su misericordia y encontraremos la gracia que nos ayudará cuando más la necesitemos.
>
> HEBREOS 4:15-16 NTV

Jesús lo sabe. Jesús, quien es Dios, comprende. Tu debilidad ha ganado simpatía con Dios. En lugar de que nos avergüence, nos entiende. Entiende porque fue humano, caminó por nuestro mundo y fue tentado con varias situaciones. A pesar de eso, no pecó, nunca. El hecho de que haya simpatizado con nosotros a causa de nuestra debilidad es increíble, único, precioso. Todavía hay más: su comprensión viene con un bono, con su fortaleza.

Cuando somos débiles, Dios quiere que le pidamos ayuda porque realmente quiere ayudarnos. ¿Lo merecemos? No, pero estos versículos de Hebreos nos recuerdan que debemos enfocarnos en el trono inmerecido de gracia con confianza. En lugar de señalarnos con su dedo y condenarnos al estar en depresión, Dios abre sus brazos llenos de gracia y espera abrazarnos con misericordia y gracia. Trata de nuevo, ahora elige actuar solo con la fuerza de Dios, carente de ti. Sí, seguirás cometiendo errores porque eres pecadora, pero ahora tienes a Dios, quien realmente sabe cómo te sientes, quien siempre está sentado ahí, justo a la par tuya. Te liberará de tu inmundicia y la reemplazará con su presencia perfecta. ¡Casi me siento feliz de ser tan débil!

¿Qué tanto te acercarás al trono de Dios hoy?

8 de diciembre

Él sabe

Me viste antes de que naciera. Cada día de mi vida estaba registrado en tu libro. Cada momento fue diseñado antes de que un solo día pasara.
SALMOS 139:16 NTV

Dios te entiende. Te creó y te planificó desde la fundación del mundo. Presenció tu nacimiento y te vio crecer, disfrutó con una risa cuando emitiste tu primer balbuceo. Se conmovió cuando cantaste tus canciones de escuela dominical, en especial cuando entonaste "Cristo me ama", porque te ama en realidad, te ama tanto. Te vio confundida cuando entraste a la adultez, cuando no estabas segura de tus elecciones. Vio tus brotes de bondad con otros y tus no tan sutiles arrebatos de ira. Sintió tu gozo y tus lágrimas. Sigue contando los cabellos de tu cabeza mientras camina a tu lado todos los días. Dios anhela ser tu mejor amigo, tu caja de resonancia, nadie está más cerca de ti que Dios. Nadie te conoce mejor.

Cada día encontramos distintas situaciones, probablemente miles circunstancias entre las que podemos decidir caminar lejos de su paz, sabiduría y amor. Cuando nos alejamos, siempre nos espera a que regresemos a sus brazos. Su gracia nos recibe de vuelta. La gracia de la muerte de Jesús, porque gracias a Jesús es que tenemos todo lo que necesitamos. Sin embargo, Dios nunca lo empujará para que entre a tu vida. Quiere que tú se lo pidas y cuando lo hagas, se mantendrá firme y sujetará tu mano por el resto del camino. Incluso si proclamaste tu fe hace tiempo, todavía puedes elegir caminar con Dios diariamente.

Decide elegirlo hoy, confía en Él para tu futuro, para el día siguiente y el próximo. Vive feliz para siempre.

9 de diciembre

Caminar en sabiduría

*Así que tengan cuidado de su manera de vivir.
No vivan como necios, sino como sabios.*

EFESIOS 5:15 NVI

¿Estás caminando con sabiduría en tu vida? ¿O te entregas a cualquier capricho que tengas y actúas como un insensato? Dios nos pide que tengamos cuidado en cómo caminamos. Quiere que lo representemos como personas sabias. Cuando reaccionamos sin sabiduría, en ira o desprecio, lamentablemente colocamos a Dios de forma equivocada. Elegir caminar sabiamente es difícil en nuestras fuerzas. Nuestra carne clama los deseos egoístas y por acciones insensatas mientras buscamos la justicia, no los deseos de Dios. Además, nos acostumbramos a escuchar las mentiras desde el pozo, cuando insensatamente, sucumbimos a la autocompasión o a otros pecados.

Caminar sabiamente con Dios requiere dedicación. Dedicación al mismo Dios. Requiere enfocarse bien mediante el rechazo a los pensamientos o sentimientos egoístas. Nuestra carne clama por los deseos de egoísmo. Sentimos que debemos alimentarnos, pero Dios nos pide que caminemos con cuidado como sabios. Los sabios buscan a Dios. Que rechacemos deliberadamente nuestra naturaleza pecaminosa, la que está alineada a nosotros en lugar de estar solo con los caminos de Dios. Mientras caminamos el camino de Dios, reflejaremos su sabiduría y traeremos su verdad al mundo. Nuestro mundo necesita desesperadamente la verdad de Dios. Mantén eso en mente mientras te vuelves tu testigo en nuestro mundo. Refleja su sabiduría. Si no lo haces, reflejarás insensatez, lo cual puede hacer que otros se alejen de Dios. Tu vida es un testimonio, elige reflejarlo.

*La gente te ve, tanto gente que te conoce, como la que no.
Pídele a Dios que te ayuda a caminar con sabiduría desde hoy.
No, no serás perfecta, pero está bien. Empieza hoy.*

10 de diciembre

Alejarse

Instruye al niño en el camino correcto y aun en su vejez no lo abandonará.
PROVERBIOS 22:6 NVI

¿Tienes a algún ser amado que se ha alejado de Dios y lo ha abandonado, o solo ha decidido no seguir en la iglesia? Eso duele. Como padres, queremos lo mejor para nuestros hijos y ese mejor que deseamos incluye a Dios. Cuando los hijos crecen, anulamos el pensamiento de que alguna vez van a querer alejarse de Dios. Pensamos que nuestros hijos nunca serán de los alejados. Nuestros preciosos angelitos nunca elegirían el mundo por encima de Dios.

Bien, eso sucede. Incluso con nuestros mejores planes, se alejan. Los niños pueden alejarse. Es doloroso al saber que eligieron vivir sin Dios, eligieron vivir fuera de la sombrilla de protección de Dios. ¿Sabes algo? Dios entiende el dolor de esta experiencia paternal. El dolor profundo de saber que tu hijo no elige a Dios y a su verdad. Como nuestro padre, el corazón de Dios quiere que toda su creación lo conozca, que lo elijan para que puedan indagar en su abundante gracia y amor. Cada persona que aleja su mirada de Dios, lastima su corazón, el corazón del padre protector.

Descansa en el conocimiento de que Dios, como padre, entiende. No solo entiende, sino que también se interesa, incluso más que tú. Él también busca a tus hijos. Coloca a tus no tan pequeñitos de regreso en los brazos de Dios. Levanta tus cargas y entrégasela a las manos capaces de Dios. Sigue intercediendo en su nombre, pero asóciate con Dios, descansa en Él y recuerda cuánto entiende tu dolor. Tienes un enorme aliado: el mismo Dios, esa idea debe hacerte sonreír.

Mantente en oración por tus hijos u otras personas que aprecies. La batalla es grande para sus almas, pero para Dios no.

11 de diciembre

Sin oportunidades

Ni den cabida al diablo.
Efesios 5:15 NVI

"Ni den cabida al diablo". Pareciera un consejo a un descerebrado. ¿Por qué le daríamos al diablo una oportunidad para reinar y usurpar nuestra vida? ¿Por qué otorgar al diablo un punto de apoyo en nuestra vida? Si es una oración con sentido común, ¿por qué la Biblia necesita recordarnos? Porque necesitamos ese recordatorio, ya que constantemente cuando pecamos estamos invitando al diablo de regreso a nuestra vida. ¿Cómo? Mediante nuestros pensamientos, nuestras acciones, las palabras, a veces incluso las tres. ¿Invitamos conscientemente al diablo? ¿Le ofrecemos una invitación física? No, pero lo hacemos cuando peleamos con nuestra familia, cuando causamos que otros pequen.

Le damos oportunidad al diablo cuando escuchamos las mentiras que planta en nuestra mente. ¿Alguna vez has pensado que una persona actuó de cierta manera sin tener una intención real? Puedes calmarte y hablar de ello con amor, o puedes reaccionar con mucha ira en tu interior. Eso le da su oportunidad al diablo. ¿Qué te parece la respuesta egoísta de tu hijo a la cocina tan cuidadosa que preparas? En tu cabeza piensas una mentira que sale del pozo. Permitir que esa falsedad repentina se vuelva realidad, le da al diablo su oportunidad.

Hay millones de maneras en la que podemos darle al diablo una oportunidad para entrar a nuestra vida. Está justo aquí, esperando. Hagámoslo esperar un tiempo, tal vez para siempre o por el resto de su existencia. ¿Cómo? Cierra la puerta a los planes del diablo. Toma la fuerza de Dios para pelear esas reacciones egoístas que puedes rechazar honestamente. Cuando otros te lastiman, Satán se abalanza con toda su fuerza cuando parecemos débiles. Somos débiles cuando nos sentimos lastimadas y creemos sus mentiras sobre nuestros seres queridos.

Deja de darle oportunidades al diablo. Alaba el nombre del Señor y envía al diablo y a tus gritos autocompasivos fuera de la escena.

12 de diciembre

El camino fiel de Dios

Todas las sendas del Señor son amor y verdad para quienes cumplen los mandatos de su pacto.
Salmos 25:10 NVI

Cuando conduces tu caminar sobre el camino de Dios, experimentas su amor y fidelidad. No, no siempre será fácil, pero te mantendrás en él. Caminarás en su amor, que es el mismo Dios. Dios siempre se mantiene fiel a quienes guardan su pacto y aquellos que cumplen sus mandamientos y su palabra. Al obedecerle, permanecerás en su amor y fidelidad. No hay nada mejor que experimentar el amor de Dios, su amor es perfecto, todo lo cubre, todo lo sabe. Su fidelidad te recuerda que siempre está contigo. Sus promesas son verdaderas. La fidelidad de Dios para ti es un modelo de esperanza, una promesa de la seguridad futura, un lugar seguro para habitar. Será tu amigo fiel y llenará tu corazón con su amor, pero solo cuando decidas seguirlo, caminar tomada de su mano por el camino que te ha trazado.

¿Qué te detiene? ¿Los deseos egoístas? Dios tiene sus mejores planes para ti en el corazón. Búscalo con todas tus fuerzas y pídele que te llene con su presencia. Cuando lo hagas, recordarás su fidelidad y amor por ti. Mantén su pacto y sé un testimonio del mismo Dios, lo cual es todo un honor. Dios no necesita que cumplas su plan, pero sí quiere que te unas a Él. Con humildad, míralo obrar en ti al ser su vasija con la cual revele su amor y fidelidad al mundo. En esta elección, mantienes tu pacto y le muestras al mundo su testimonio por medio de ti. ¡Es un enorme honor!

¿Decidirás convertirte hoy en su testimonio?

13 de diciembre

El Señor va delante de ti

El Señor mismo marchará al frente de ti y estará contigo; nunca te dejará ni te abandonará. No temas ni te desanimes.
DEUTERONOMIO 31:8 NVI

Cuando Dios va delante de nosotras, conoce todo antes que nosotras lo sepamos. Ve las cosas antes, siente lo que pasa antes y limpia el camino antes, todo antes que nosotras. Imagina un pastor o un guerrero. Toma su arma, corta la maleza para abrirte un camino. Explora con sus ojos y observa todos los peligros. Se da cuenta de que hay una posibilidad de animales salvajes cercanos, de las depresiones en el suelo y si se acerca un mal clima. Incluso todo lo bueno, también lo puede ver. Luego regresa corriendo contigo y camina a tu lado.

Es tu protector, es tu escudo, es tu padre que nunca te abandona y siempre está dispuesto, cuidándote solo por tu seguridad y bienestar. ¿Cómo puedo sentir miedo o desánimo si Dios va delante de mí? ¿Estás enfrentando una situación difícil? Imagina a Dios que va delante de ti limpiando tu camino. Imagina que va de regreso para caminar contigo en cada paso del camino. Te cuida, me cuida. Nos cuida y ha preparado esto para nosotras y para muchos. Tenemos la enorme bendición de ser la familia de Dios. No temas porque Dios va delante de ti. No te desanimes ni dejes que te atrape, Dios te cuida.

¿En qué situación imaginas que Dios te sostiene? ¿Confías en Él y le permites que te ayude a seguir adelante en el camino?

14 de diciembre

¡Ayúdame, querido Dios!

El Señor libra a sus siervos; no serán condenados los que en él se refugian.
Salmos 34:22 NVI

Esto es importante, es muy relevante y demasiado. Ni siquiera puedo pensar bien acerca de esto. Simplemente le voy a llamar una situación imposible. Se trata de una calle sin salida, así es el final de esta situación. No veo una salida. Mi mente está envuelta en ansiedad y temor, está rodeada de miedo y causa que mi estómago se sacuda siempre que lo recuerdo. Estoy detenida en la orilla, entrego mis manos en señal de rendición.

Dios, no puedo hacer nada para salvarme. No estoy en control. Dios, por favor, ayúdame. Llévate todo, limpia todo con tu bondad, salud y paz. Sé que tu plan no es para mal sino para bien. Sé que nos creaste y nos diste la oportunidad de elegir tus virtudes o de rechazarlas. Aunque no puedo controlar los caprichos de otros, puedo enfocarme en ti, en tu verdad, en tu sabiduría y en tu paz.

Todos enfrentamos montañas que pueden ser situaciones familiares, preocupaciones de salud, conflictos laborales, que con el tiempo se convierten en puntos de definición. ¿Cómo definirás tu montaña? ¿Cómo un regreso a Dios que le confías para que lo solvente todo? O te volverás a ti misma, lo que implicará un fracaso para ti y para los que amas todo el tiempo. Dirígete a Él, quien creó nuestro universo y todo en él. Búscalo y entrégale tus preocupaciones, ansiedad y temor. Regresa a Él y déjalo que te sujete, que todo lo mejorará. Observa cómo obra milagros. Vas a presenciar cómo resuelve los problemas de la forma única en que Él lo hace, o serás testigo de su entrega de paz perfecta en la tormenta. De cualquier forma, tu asiento de primera fila será quien vea su milagro perfecto solo para ti.

Relájate en los brazos de Dios. Tiene todo esto y más para ti. ¡Aleluya!

15 de diciembre

Encerrada

> El Señor es mi luz y mi salvación; ¿a quién temeré?
> El Señor es el baluarte de mi vida; ¿quién me asustará?
> **Salmos 27:1 NVI**

¿Estás encerrada? ¿Estás paralizada con el temor? ¿Estás llena de pensamientos de ansiedad y te sientes imposibilitada de seguir avanzando? Cuando eliges depender de tu propia fuerza, te encierras a ti misma, te alejas de todo y de todos. Cuando esto sucede, elegimos permanecer solas y nos estancamos, estamos separadas de la paz de Dios. ¿Por qué eliges hacer eso? ¿No confías en Dios para que te ayude? Cuando la vida se vea imposible, ahí es cuando Dios puede intervenir y revelar sus propósitos, pero solo si se lo permites.

Dios nos da una elección: movernos con Él o sin Él. Si elegimos ignorarlo, nos encerramos dentro de nuestra fuerza egoísta o nos quedamos atoradas en nuestro miedo inmovilizador. Sin embargo, si dejamos que Dios nos ayude, se abre nuestro cerrojo y nos permite abrir la puerta. Dios promete entrar, pero solo si decimos que sí. ¿Le has dicho a Dios que no? ¿Qué áreas de tu vida están cerradas o incluso cautivadas para Dios? ¡Es tiempo de dejarlo que abra la puerta de tu prisión! Cuando Dios es tu luz y tu salvación, no hay nada que temer. ¿Por qué? Porque Dios es nuestra fortaleza. Con Dios como nuestra ancla, no hay absolutamente nada que temer.

¿Qué no les has entregado a Dios? ¿Qué tienes todavía bajo tu control? Debes rendir todo a Dios. Es tu salvación y tu fortaleza. Cuando entregues todo a Él, su paz te permitirá soltarte del miedo. Hazlo hoy.

16 de diciembre

Pobre de mí

Este pobre clamó, y le oyó Jehová, y lo libró de todas sus angustias.
SALMOS 34:6 RVR1960

Somos pobres, sí, así es. Sin Dios, nos cubrimos en pecado y con pobreza de espíritu. Dentro de nosotras, carecemos de todo. Sí, Dios nos crea con sabiduría, fuerza y algunos talentos, pero sin el poder de Dios, nuestros talentos son humanos, imperfectas, sujetas a nuestros caprichos. Como es natural, clamamos a Dios y Él nos escucha. No solo nos escucha, sino que la Biblia nos recuerda que también nos rescata de los problemas. ¡Sorprendente!

¿Por qué a Dios le importa escucharnos? Porque nos creó y anhela tener una relación con nosotras. Sin embargo, nos dio la elección. Cuando decidimos reconocer cuán pobres somos sin Él, nos responde, nos rescata completamente. Fuera de Dios, somos pobres, desesperadas, en soledad. Pero con Dios, somos de linaje real, cubiertas en su redención y amor. Con Dios, somos rescatadas y salvadas. Reconoce tu necesidad del salvador. Se apresurará a acudir y rescatarte para que no te dañen. Podrán seguir viniendo dificultades o algún evento intenso en la vida, pero sin Dios de tu lado. No solo sobrevivirás las tormentas, sino que también prosperarás. Clama por el Señor. Te escuchará y te salvará. ¿No es simplemente sorprendente?

¿En qué manera necesitas a Dios? ¿Qué te falta sin él? Somos nada sin Él, pero las buenas noticias son que Dios está listo y dispuesto a ayudarte en cada momento de cada día. Sométete a Él y permítele tener acceso a tu vida. No te arrepentirás.

17 de diciembre

Liberación perfecta

Busqué al Señor y él me respondió; me libró de todos mis temores.
Salmos 34:4 NVI

No sé tú, pero siento que es absolutamente increíble que, si se lo pedimos, Dios nos liberará de nuestros temores. Dios nos responderá y nos dará la libertad de nuestros temores. ¿Cuáles son esos temores? ¿Temes a la incertidumbre? ¿Temes a alguna persona y a sus reacciones hacia ti? ¿Temes al desorden y a no ser perfecta? ¿Temes a que las personas vean que no eres perfecta? ¿Temes al rechazo? Todos fuimos creados por amor, así que encontrar aceptación es algo relevante.

Salmos 34 nos recuerda que primero debemos buscar a Dios. Dios nos da una elección para buscarle o no. Pero cuando buscamos a Dios, Él nos responderá. Está vivo, quiere una relación con nosotros. Por eso te creó. Liberarse de todos los temores suena genial, pero hay un pero. Cuando Dios te responde, te libera del temor y tienes la decisión de retroceder o no. Satanás te pone la tentación del mismo temor porque nos conoce y sabe nuestras debilidades. Quiere con desesperación absorberte en temor y dejarte inmóvil.

Cada vez que recibes la tentación del temor, debes dejar de abrir tus manos para recibirlo. Debes aferrarte a las promesas de Dios y rechazar las mentiras que Satanás te susurra por medio del temor. Llama a Dios y Él te responderá, te liberará de todos tus temores. Sigue llamando a Dios para que te ayude y Él lo hará. Siempre que lo llames, Él estará ahí para ti. De hecho, nunca te dejará.

Dios te liberará de todos tus temores cuando lo busques. Promete que te responderá y que te salvará del temor. Búscalo hoy.

18 de diciembre

La vida es maravillosa

Y que la paz que viene de Cristo gobierne en sus corazones. Pues, como miembros de un mismo cuerpo, ustedes son llamados a vivir en paz. Y sean siempre agradecidos.

COLOSENSES 3:15 NTV

¿Tu vida es maravillosa? Si has visto la película *It's a Wonderful Life (Qué bello es vivir)*, entonces conoces que la vida de George Bailey era maravillosa, pero él no la percibía de esa manera. Todo lo que él venía era lo que *no* tenía. Veía la vida a través de los lentes de lo que no poseía. Tenía solo unas cuantas cosas materiales, un trabajo estresante como agente de créditos. A pesar de ello, gracias a su control e influencia parecía tener todo bien solventado en su pequeño pueblo. Todo iba bien hasta que el tío Billy mandó a George al borde al perder un depósito de ocho mil dólares en la víspera de Navidad.

Debido a que George se vio obsesionado con sus problemas, se inundó de desesperación cuando perdió el control de la situación. Dios decidió enseñarle, mediante su ángel guardián, Clarence, una lección. Esa noche, George caminó en su pueblo y parecía que él no había nacido. De repente no tenía esposa, ni hijos, ni trabajo, ni legado. Incluso sus amigos no lo conocían. Cuando George vio esto, se dio cuenta de que realmente era importante. Su preciosa familia lo amaba y tenía múltiples amigos en un pueblo hermoso. Él era importante.

¿A través de los ojos de quién estás viendo la vida? ¿Dejas pasar tus bendiciones y observas solo tus problemas? ¿O dejas pasar tus problemas y te enfocas en tus bendiciones? Podemos decidir reformular nuestro propósito de Año Nuevo y buscar a Dios para recibir fuerza, sabiduría y paz. Le importamos a Dios y a decenas, si no es que a cientos, de personas. Así, es mi amiga, la vida es maravillosa.

Conéctate con otros y en el proceso, conectarás a otros con Dios.

19 de diciembre

Esperanza para el mundo

Entonces, Señor, ¿dónde pongo mi esperanza? Mi única esperanza está en ti.
SALMOS 39:7 NVI

La Navidad significa esperanza para nuestra redención. La Navidad es nuestra celebración del nacimiento de Jesús. Su nacimiento ungió una nueva época de esperanza en nuestro mundo caído. Cuando Jesús vino, el mundo estaba impregnado en sí mismo. Los judíos estaban esperando por el Mesías, pero cuando vino, no le creyeron. En lugar de eso, lo crucificaron como un impostor. No se veía como ellos esperaban.

¿Qué ha hecho Dios en tu vida? Cuando responde tu oración, ¿se parece a lo que esperabas? ¿Alguna vez te has sentido convencida de que tu respuesta no es de Dios porque se ve diferente? Sigue buscándolo. El corazón de Dios se derramó una Navidad cuando su hijo nació. Nació para llenar el mundo con la esperanza de la salvación. La respuesta de Dios al mundo se veía diferente a lo que la gente esperaba.

¿Qué tipo de esperanza necesitas esta Navidad? ¿Algo material, relacional o físico? Jesús vino para darse a sí mismo a este mundo. Vino a eliminar la barrera entre Dios y su pueblo. Vio a aplastar el cuello de Satanás. Mira al bebé Jesús que duerme en el pesebre. Piensa en la esperanza que tenemos a causa de Él. Dios quiere lo mejor para ti y ese buen plan era enviar a su único hijo. Jesús simplemente es todo. Gracias a Él, tenemos esperanza para todo. Debemos mantenernos agradecidas al máximo porque siempre estaremos en deuda con Dios. Recordemos que Jesús derrotó a Satanás al momento en que se levantó de la muerte. Siempre mantengamos al Señor en nuestro corazón.

Agradece a Dios por buscarte, por enviar a Jesús por ti y a estar pensando en ti.

20 de diciembre

Cuento de Navidad

Ten el cuidado de obedecer todas estas palabras que yo te he dado, para que siempre te vaya bien, lo mismo que a tu descendencia. Así habrás hecho lo bueno y lo recto a los ojos del Señor tu Dios.

Deuteronomio 12:28 nvi

¿Alguna vez has leído *Cuento de Navidad* de Charles Dickens? Lo leo junto con mis estudiantes de octavo grado cuando llega diciembre. La mayoría conoce bien la historia, pero ¿lo has leído? Ninguna película ha logrado reflejar las dificultades como lo hace el texto. Logras visualizar la batalla entre el egoísmo y la generosidad, entre el odio y el amor, entre el hábito y el cambio, entre el bien y el mal en el alma de alguien.

El texto presenta un ser humano llamado Scrooge. Él hubiera preferido que un pobre muriera, antes que dejarle migajas en el camino. Pierde al amor de su vida por su amor al dinero, que es su "ídolo dorado". La cuarta estrofa (capítulo 4) muestra un futuro en el que su vida se ha olvidado y todas sus ganancias mundanas se desvanecen en las manos de unos ladrones. El alma de Scrooge se atribula profunda y desgarradoramente. Al final, Scrooge hace una súplica desesperada al Fantasma de la Navidad del Futuro para saber si todavía tenía tiempo para cambiar el futuro.

A mis estudiantes les formulo una pregunta: ¿Qué pasaría si Dios te muestra una película de tu futuro basada en quién eres hoy? ¿Qué verías? Ahora te formulo esta pregunta a ti también. ¿Las elecciones que haces hoy están creando el futuro que Dios quiere de ti? ¿Estás anticipando tu caminar en el camino de la muerte? Reconoce las elecciones que Dios te presenta y elige sabiamente. Que Dios nos bendiga a todos.

Despiértate de tu sueño y date cuenta de cuánto puede lograr Dios cuando colocas tu fe en Él.

21 de diciembre

Pastores

Vinieron, pues, apresuradamente, y hallaron a María y a José, y al niño acostado en el pesebre.
Lucas 2:16 RVR1960

¿Alguna vez te has preguntado por qué todo el cielo anunció el grandemente anticipado nacimiento del Salvador a unos simples pastores? Eran gente sencilla. Se encargaban de traer el cordero al sumo sacerdote para el sacrificio. Los pastores servían a los demás, eran personas que por lo general no tenían educación, eran impuros. Entonces, ¿por qué todo el cielo reveló este anuncio glorioso a los pastores? ¿Por qué no lo anunció directamente a la crema y cuna? ¿Puedes imaginar a los sacerdotes desear ser testigos de esta maravilla? Y es que ellos estaban esperando por el Mesías, ¿no era así? Tal vez sus narices estaban inmersas en otra dirección que se hubieran perdido el suceso si hubieran tenido que estar con los pastores, pues hubieran inclinado la situación a su favor, o hubieran hecho su lectura nocturna del Antiguo Testamento cuando los ángeles se aparecieron a los pastores. Quizás se hubieran perdido esta oportunidad sin importar lo que hubieran estado haciendo.

Tal vez esa es la razón por la que Dios decidió revelarse a los pastores primero. Los pastores humildes estaban listos para recibir el plan de Dios. Es muy probable que los sumos sacerdotes pensaban que conocían cuál era el plan de Dios porque estaban llenos de conocimiento, pero también estaban llenos de ellos mismo. A pesar de saber lo que Dios estaba planeando, se lo perdieron. Siguen esperando. ¿Y tú?

¿Sigues esperando que Dios se mueva en tu vida? Tal vez ya lo ha hecho. No seas como los sacerdotes que pusieron a Dios en una caja y rechazaron a su hijo. Sé como los pastores, quienes con sencillez esperaron, confiaron y creyeron. Entrégate a Dios y observa su mover en formas que solo has podido soñar.

Recibe lo que Dios tiene para ti y deja de ver esos lugares donde crees que estará. Pregúntale dónde debes ver y encuéntralo.

22 de diciembre

Los hombres sabios

Después de escuchar al rey, los sabios se fueron. La estrella que había visto en el oriente iba delante de ellos, hasta que se detuvo sobre el lugar donde estaba el niño. Al ver la estrella, se regocijaron mucho.

Mateo 2:9-10 RVC

¿Alguna vez Dios te ha pedido algo? Tal vez haya sido algo muy vago, pero sabías que era Él que te estaba dirigiendo a una dirección específica. Cuando Dios te guía por el camino, seguro que es muy fácil al principio, ¿no es así? Estás fresca y llena de ideas. La esperanza llena tu corazón. Ahora adelantemos la historia un par de años. Estás cansada, irritada y escuchas las mentiras de cuán insensata eres por seguir confiando en Dios, tal vez no lo quieras aceptar, pero sí estás escuchando esas mentiras. ¿Te suena familiar? ¿Sigues confiando en Él? ¿Sigues creyendo en lo que te tiene reservado?

Miremos a estos hombres sabios que vinieron desde tierras lejanas para traer obsequios a Jesús. La historia nos muestra que estos hombres importantes viajaron por mucho tiempo para llegar a su destino. Algunos historiadores dicen que pudo haber sido meses y otros dicen que años. Sin embargo, lo importante es esto: siguen adelante hasta que completaron la travesía. Fueron fieles. ¿Lo serías tú? Cuando Dios te guía por un camino, ¿le eres fiel? El tiempo de Dios no es el nuestro. Su plan incluye tu salvación y la salvación de otros. Incluso en esos momentos en donde parece que ya no hay avance, debes seguir caminando. Sigue confiando en Dios en el proceso. Las respuestas que Dios tiene para ti siguen esperando, pero solo si sigues adelante con Él.

¿Qué has estado confiando en Dios desde hace tiempo?
¿Le has pedido que te dé fuerza para seguir adelante?

23 de diciembre

María

Entonces María dijo: He aquí la sierva del Señor; hágase conmigo conforme a tu palabra. Y el ángel se fue de su presencia.
Lucas 1:38 RVR1960

Dios le pidió a María que hiciera algo por Él. Cuando Dios se lo pidió, ella respondió con gracia. Cuando Dios le pidió a María que cambiara completamente su vida, dejando todo lo que conocía, lo que contestó fue que no se hiciera su voluntad, sino que se hiciera conforme a su palabra. No cuestionó sus planes, aceptó la responsabilidad y se declaró sierva del Señor.

¿Qué hubieras hecho tú? Quizás yo me hubiera quejado o cuestionado, o incluso me hubiera declarado indigna. Cuando Dios te pide que hagas algo en tu vida, ¿cómo respondes? ¿Respondes como María? ¿Declaras que se haga su voluntad y no la tuya? ¿Crees que tiene planes de bien para ti? Ojalá respondiéramos como María. Que nuestra respuesta vaya con la certeza de la fidelidad de Dios con nosotras, siempre. Que nuestro lugar esté lleno de confianza en Él y solo en Él.

¿Cómo puedes confiar en Dios sin lugar a duda, como María? Cree en que sus planes son buenos para ti.

24 de diciembre

La elegida de Dios

Los justos florecerán como las palmeras; crecerán como los cedros del Líbano. Serán plantados en la casa del Señor, y florecerán en los atrios de nuestro Dios. Aun en su vejez darán frutos y se mantendrán sanos y vigorosos para anunciar que el Señor es mi fortaleza, y que él es recto y en él no hay injusticia.

S‍almos 92:12-15 rvc

El ángel Gabriel desapareció y dejó a María sola con la solicitud de Dios. Se quedó detenida a mitad de la habitación, temblando después de su encuentro con el santo ángel de Dios. Imagino su perplejidad y tomar una silla para desplomarse en ella, preguntándose si había imaginado toda la escena. Gabriel se le había aparecido y había proclamado la necesidad de Dios de que ella fuera la madre terrenal del Señor. ¿Cómo podía decir que no? María pudo haber pensado eso. ¿Quiero hacer lo que Dios quiere que haga, pero me aterra? ¿Qué irá a decir la gente? ¿Me irán a creer?

María respondió que sí a Dios. No tenía ni idea de las ramificaciones de haber aceptado la voluntad de Dios. Su vida, como ella la conocía, se había acabado, pero obedecer a Dios era más importante para ella que cualquier otra cosa o persona. ¿Tuvo períodos de duda? Seguramente. ¿Tuvo momentos o incluso días en los que se arrepintió? Probablemente. Era humana. Ahora ponte en sus zapatos, ¿cómo pudiste haber reaccionado tú?

Recuerda que la humanidad del nacimiento de Jesús crea una oportunidad para identificarse con María y los otros participantes en la historia de Jesús. Dios usó a gente común y también te usará a ti, si estás dispuesta.

25 de diciembre

Paz navideña

Que el Señor de paz mismo les dé paz siempre y en toda circunstancia. Que el Señor esté con todos ustedes.

2 Tesalonicenses 3:16 RVC

Paz en la tierra. Ese es el mensaje de Navidad. Jesús nació en esta tierra para traer paz, una paz duradera y eterna. La Navidad es un tiempo en el que todo el mundo toma un respiro y se desaceleran. Incluso las guerras han hecho treguas temporales de cese al fuego el día de Navidad. Las familias se unen y recuerdan la razón de esta celebración. Las personas intercambian regalos en buena voluntad, con corazones de paz y de amor.

¿Hay paz en tu mundo esta Navidad? Si tu mundo no es una réplica de una de las pinturas navideñas de Norman Rockwell, no hay problema. Si tus relaciones familiares no son lo que deberían, está bien. Si tu trabajo, tus finanzas o la posición de tu vida no es lo que debería ser, está bien. Si estás infeliz contigo, está bien. No dejes que todo esto robe tu paz.

El tiempo de Navidad se ha convertido en uno de los tiempos más estresantes del año, en lugar de que sea los más maravillosos. No existe paz cuando tu enfoque principal debería ser el de compartir la Navidad perfecta. Disfruta cuando *no* encuentres ese regalo sorprendente. Encuentra risas en tus galletas quemadas y es que algo te puedo garantizar: el establo en donde nació Jesús olía mucho peor que esas galletas que se acaban de quemar. Haya paz en la tierra. Enfócate, el resto es solo el betún sobre el pastel.

Mira a tu alrededor. Por un momento, ignora todo, menos a Jesús. Hoy vino por ti.

26 de diciembre

La amada de Dios

Tú, Dios y Señor, eres sol y escudo; tú, Señor, otorgas bondad y gloria a los que siguen el camino recto, y no les niegas ningún bien.
SALMOS 84:11 RVC

Imagínate como María. Imagina los susurros de tus amigas y la gente con la que creciste toda tu vida. "¿Sabías que María está embarazada? ¡Y no se ha casado!". Escuchar esos comentarios cayeron bien al corazón de María. Probablemente lloró cuando se dispararon las hormonas del embarazo y es que los susurros y comentarios posiblemente no se detuvieron. La etiquetaron permanentemente y no de la mejor manera.

María pudo haber puesto atención a esas mentiras, lo cual hubiera permitido que la definieran, pero sabía que no eran verdad. Todo lo que tenía que hacer era enfocar su mirada en el rostro del hijo de Dios, Jesús, el dulce niño que cargó en sus brazos. Todo lo que tenía que hacer era pedirle a Dios que le recordara su propósito para ella. Todo lo que tenía que hacer era elegir creer en la identidad que Dios le daba, en lugar de la del mundo.

¿Y en tu caso? ¿Adoptas alguna identidad que no venga del amoroso Dios? ¿Qué mentiras o comentarios que han susurrado traes a tu corazón y les crees en lugar de creerle a la verdad de Dios? Sé como María. Acepta que los demás hablarán de ti. Acepta que no tienes control sobre las personas, pero date cuenta de una vez a quién le perteneces. Endereza tu corona y ponte firme. Eres la amada de Dios, eres escogida y profundamente amada.

¿Adoptas la identidad que Dios te dio? Ponte tu corona y recuerda nuevamente de quién eres. Eso es lo que realmente importa.

27 de diciembre

Planes que interrumpen

*Porque yo conozco los planes que tengo para ustedes
—afirma el Señor—, planes de bienestar y no de calamidad,
a fin de darles un futuro y una esperanza.*

Jeremías 29:11 nvi

María y José eran personas sencillas con planes normales: casarse, construir una vida y criar una familia judía honorable. Imagino a María recolectando recetas de su madre, tratando de adquirir las destrezas necesarias para administrar su propio hogar. Imagino a José también, perfeccionando sus destrezas como carpintero, reuniendo herramientas y empezando a construir el hogar que compartirían para siempre.

Luego, Dios se involucró y cambió radicalmente todo su futuro. José y María fueron de los planes predecibles y confiables a confiar en Dios con todo lo que tenía, a ver hacia lo desconocido que parecía un futuro intimidante. Sus amigos y familia pudieron haber pensado que estaban locos. Su fidelidad a Dios dejó solos a María y a José, pero los dejó juntos. Tanto María como José le contestaron a Dios que sí. Confiaron en sus palabras. Eligieron caminar una travesía difícil porque sabían que Dios lo había ordenado. Estaban confiando en que Dios siempre estaría con ellos y que ellos estaban en sus planes.

Sé que suena irritante cambiar planes. Me pregunto si María y José bajaron el ánimo en algún momento durante todo este suceso. A pesar de ello, siguieron adelante, recordando que el mismo Dios estaba en control. Tú también puedes. Cuando Dios interrumpe tus planes, tú eres parte de ellos. Como José y maría, deja que Dios interrumpa. Ten el consuelo de saber que Él quiere lo mejor para ti porque eres su niña.

*¿Y tú qué haces? ¿Qué ha interrumpido Dios en tu vida?
Acepta su plan perfecto para el futuro.*

28 de diciembre

María y José

Así que se levantó cuando todavía era de noche, tomó al niño y a su madre y partió para Egipto.
MATEO 2:14 NVI

José y María no eran diferente a nosotros. Sin embargo, Dios se involucró en su vida e interrumpió el camino que pensaron que iban a seguir. No alteró del todo su plan, pero sí lo cambió; agregó un bebé, pastores, los hombres sabios y un viaje a Egipto en medio de la noche para evitar la muerte. Al final, lograron establecer una vida casi normal a como la habían visualizado. Normal le puedes decir a ser padres del Hijo de Dios.

Aunque Dios no nos ha anunciado por medio de un ángel algunas declaraciones que nos alteren la vida, permite que haya cambios en nuestra vida. Tal vez solo sea por una época, pero cambian. Dios sostiene todo: el pasado, el presente y el futuro, todo está en sus manos. Podemos confiar en Él con todo. Dios te habla, pero debes escuchar.

Escucha sus susurros de ánimo cuando te abruma la soledad. Escucha su dominio sobre el miedo cuando estás llena de ansiedad. Escucha su gran amor por ti cuando te sientes abandonada. Sumérgete en la Biblia, adórale con alabanzas, enfócate en Él y en lo que sabes que quiere que hagas. María y José lo hicieron. Pudieron haber salido corriendo y gritando al conocer los planes de Dios para ellos, pero no fue así. Eligieron confiar en el Dios altísimo y luego obedecer. Haz lo mismo.

Confía en Dios con todo lo que tienes y obedécelo con el conocimiento de que te ama profundamente y te conoce del todo.

29 de diciembre

Refugio y fortaleza

> Dios es nuestro refugio y nuestra fortaleza, nuestra segura ayuda en momentos de angustia. Por eso, no temeremos aunque se desmorone la tierra y las montañas se hundan en el fondo del mar; aunque rujan y se encrespen sus aguas y ante su furia retiemblen los montes.
>
> SALMOS 46:1-3 NVI

Este salmo presenta circunstancias absolutamente funestas. La tierra se desmorona, literalmente se mueve. Las montañas se hunden en el mar, el agua las rodea causando que la montaña tiemble. Es una calamidad real. A pesar de eso, el salmo empieza con Dios. Dios está presente para ayudar en medio de las consecuencias que sacuden la tierra. Él está por encima de la tempestad. ¿Tu vida ha perdido el control? ¿Conoces a personas o situaciones importantes que se lanzan al mar del caos sin remedio? Dios promete ser tu fuerza. En medio de aguas arremolinadas que no tienen sentido, Dios está ahí. Incluso en las oraciones sin respuesta. Incluso en las situaciones incomprendidas. Puede ser que tu vida no se parezca a nada de lo que reconozcas, pero, aun así, puedes confiar en Dios. Él ha estado, está y siempre estará contigo.

    Sin embargo, esta es tu elección. Dios no puede ser tu ayuda todo el tiempo si eliges enfocarte en la tormenta. Cuando la seguridad del suelo se desvanece, ¿cuál es tu respuesta? ¿Confías en Dios que promete ser tu refugio en medio de la adversidad? Dios es presente, real y nunca cesará su ayuda en los problemas. Se mantiene firme en nosotros y con nosotros, encontramos refugio y fortaleza.

Dios tiene el control. Déjalo estar contigo.

30 de diciembre

Confianza dirigida

*Confío en Dios y alabo su palabra; confío en Dios y no siento miedo.
¿Qué puede hacerme un simple mortal?*
Salmos 56:4 NVI

¿La visión que tienes de Dios cambia de color de acuerdo con las circunstancias? ¿Lo alabas en medio de la lluvia o solo cuando hace sol? ¿Confías en Él solo cuando tu vida va navegando tranquilamente, o confías en Él a pesar de que el camino permanezca oscuro? ¿Reconoces su soberanía cuando tus planes se desvanecen? ¿Lo obedecen incluso cuando te sientes perdido?

Jesús siguió confiando en el plan de su padre cuando lo cuestionaban los líderes judíos. Fue fiel en medio de la tentación de Satanás durante los cuarenta días que estuvo en el desierto. Mantuvo las enseñanzas a sus discípulos, incluso cuando el enfoque que tenían era terrenal. Eligió a Judas, a pesar de conocer que lo traicionaría en el futuro. Jesús confió en su Padre para cada decisión, cada momento y cada respiro. Deberíamos seguir su ejemplo. Con lluvia o con sol, con nieve o con granizo, con mapa o sin mapa, con agitaciones o en paz, elegimos confiar en Dios. Confiamos en Dios solo porque es Dios y porque sostiene nuestro futuro. Quiere lo mejor para nosotras, pero solo si nos rendimos y confiamos en Él, incluso cuando los vientos de la vida cambien.

¿Confías completamente en Dios? Dios sostiene tus planes y te coloca en su camino de esperanza para tu futuro. ¿Le permitirás que reine totalmente?

31 de diciembre

Caer en la tentación

Así que sométanse a Dios. Resistan al diablo y él huirá de ustedes.
SANTIAGO 4:7 NVI

Satanás no solo quiere silenciar tu testimonio, sino también quiere aplastar tu existencia. Siempre empieza a hacerlo en maneras silenciosas, casi imperceptibles. *Mira eso. No estuvo mal. Hazlo otra vez.* Antes de que te des cuenta, ya ansías ese pecado y justificas su presencia en tu vida. Sucede con las mentiras, los engaños, las murmuraciones y los robos. Puedes darle nombre al pecado, pero en general, siempre empiezan diminutos. Puede que no parezcan todo un lío, pero sí lo son. Somos humanos, así que cuando deslices, arrepiéntete. Pídele a Dios que te ayude a resistir. Te llenará de Él, que es la única forma en la que puedas resistir completamente al diablo.

Nuestro versículo de hoy nos recuerda qué debemos hacer. Solo con Dios podemos resistir al diablo. Dios está contigo cuando te humillas, cuando te sometes a su autoridad, a sus reglas de lo que está bien y lo que está mal. Sin no lo ahogas, el pecado crece como una mala hierba y se apodera de la buena tierra. De repente, el jardín que estaba lleno de semillas es impenetrable y se seguirá infiltrando en las futuras posibilidades de bien. Permitir el pecado como padres, deja que avance en detrimento de nuestros hijos. El pecado crece y los hijos empiezan a aceptarlo como una verdad alternativa. Sin embargo, Dios es más grande y está sobre todo. Extrae esa mala vegetación con la ayuda de Dios. Tus futuras generaciones te agradecerán tu fidelidad. Sométete a Dios y Él te ayudará a resistir al diablo cada vez que se aparezca.

Arrodíllate y pregúntale a Dios si existe algún pecado en tu vida que hayas aceptado como algo normal.

Los siguientes pasos

Si sabéis estas cosas, bienaventurados seréis si las hiciereis.
Juan 13:17 RVR1960

¿Ya encontraste algún cuaderno bonito? No importa si empezaste a hacer algunas anotaciones en la parte final del cuaderno de tu hijo o en un diario, empieza a escribir tus bendiciones y los detalles que recibes de Dios. Haz un devocional personal. Las palabras en este libro solo inundarán tu alma cuando te apropies de lo que dice y lo pongas en práctica en tu vida. Dios está esperando tomar tu mano y guiarte, pero debes hacer tu parte. Confía, ten fe y expresa gratitud. No te preocupes, no tienes que hacerlo sola. Dios estará en cada paso del camino.

Sigamos sumergiéndonos en Jesús para que otros puedan verlo solo a Él a través de nuestras manos, nuestras palabras y de nuestro ser. Enfoquémonos tan deliberadamente en Él que olvidemos nuestros propios problemas y purifiquemos nuestra alma. Recordemos por qué estamos aquí, para que los amigos puedan reposar su confianza en Él. Demostremos su amor y gracia a los demás incluso cuando no lo merezcan. Acerquemos a otros a Dios por medio de nosotras mismas, porque nuestra transformación no tiene explicación más que el poder de Dios. Y cuando caigamos una y otra vez, sometámonos nuevamente en Jesús y aceptemos su gracia y perdón, determinadas nuevamente a ser como Él.

Acerca de la autora

Amy Mecham actualmente disfruta trabajar como maestra de inglés en una escuela cristiana en Omaha, Nebraska. Su amor por la educación creció al educar en casa, durante diez años, a sus cuatro hijos mayores. Dios la llamó nuevamente a estudiar para recibir su maestría en educación, lo que la llevó a tener el permiso para dar clases. Dios caminó delante de ella, sabía que ella iba a necesitarlo para proveer para su familia. Durante la cuarentena de la primavera de 2020 se sintió un tanto aburrida, así que empezó su doctorado en educación, el cual logró finalizar en diciembre de 2022.

El blog de Amy, amylinnea.com, sigue bendiciendo a otras personas mediante sus devocionales semanales. Le encanta disfrutar el tiempo con su familia y dedica su tiempo a la lectura, la música y la pintura. Sueña con vivir en la playa, pero Amy todavía no está segura de qué quiere hacer en los años futuros, así que permanecerá confiando en Dios en cada respiro que da.